メロドラマの想像力

河野真理江

Marie Kono

青土社

目次

I　メロドラマの力――概念と受容

II　メロドラマに輝くもの――日本映画、あるいは幾人かの女優

メロドラマの想像力

本文について、表記の統一を最低限おこない、また、あきらかな誤植などを訂正しております。必要な箇所については適宜〔校正者注〕を付しました。それぞれの文章の初出については、巻末の初出一覧にまとめました。

I

メロドラマの力
概念と受容

「メロドラマ」映画前史——日本におけるメロドラマ概念の伝来、受容、固有化

序論

「メロドラマ」という言葉が映画学において極めて重要な意味を持つことは、現在一つの共通認識である。一九七〇年代に英米圏で本格化したメロドラマ映画研究は、マルクス主義に動機づけられた作家理論とフェミニストによる精神分析的なテクストの読解に始まり、カルチュラル・スタディーズやジャンル論といった、その時々のフィルム・スタディーズの潮流とつねに共にあった。二項対立化された道徳的葛藤、過剰というモード、誇張の美学——数多のメロドラマ映画の中からメロドラマ的なものが見出されてきた。しかし、追えば追うほどに謎を深めるという厄介な性質を持っていたメロドラマ映画は、研究が進捗するごとにその範囲を拡張していった。[1] メロドラマを特徴づけるはずのメロドラマ的なものが、メロドラマだとは思ってもみなかった作品の中からも次々と見つかり、そのたびにメロドラマ映画の定義を修正して範囲を拡張する……それが何度か繰り返された。そうして二〇〇〇年頃までに映画研究者たちが行き着いた一つの結論は、メロドラマは特定のジャンルでもなければ一つの概念ですらない、というものだった（Williams 1998）。要するに、

議論は蓄積されたにもかかわらず、それが結局何なのかという問いの答えははっきりとしていない。

しかし、メロドラマとは何かという難問を少しでも解き進めるために、本論文では、あえて特定のジャンルへとふたたび目を向けてみようと思う。確かにメロドラマの意味と形式は、時代ごとに変遷してきた。だが、この一見面倒な事態は、まったくシンプルなことを語ってもいる。つまり、その時々においては、メロドラマはいつも特定の意味と形式を持っているのである。一九五〇年代のハリウッド・ファミリー・メロドラマ（Elsaesser 1972）、演劇と映画に跨るアメリカのセンセーショナル・メロドラマ（Singer 2001）、ディケンズやバルザックに代表されるメロドラマ的な文学（Brooks 1976）、フランス革命後の大衆演劇としてのメロドラマ。これらのメロドラマは、様々な点で異なる。だが、もし、にもかかわらず、この異なるメロドラマから、つねにと言うことはできなくとも何度か、同じ事態、同じ事柄が繰り返し立ち現れるとしたら、それは何を意味するだろうか。

すでに明らかになっているように、日本映画においても固有の「メロドラマ」の概念と形態があった。日本の映画産業は、一九三〇年代後半から一九六〇年代末まで、「メロドラマ」と呼称されるジャンル映画を一貫して製作してきた（河野 2015a）。また「昼メロ」と呼ばれるテレビドラマが広く親しまれてきたこともよく知られている（北浦 2018, pp. 230-254）。とはいえ、これらの「メロドラマ」は、いわば“merodorama”と綴られるべき日本固有のジャンル名称であって、映画学において標準化された概念的なメロドラマの語とただちに同一視できないものであるように思われる。

確かなのは、日本における「メロドラマ」が、一九三六年の時点で、『大辞典』（平凡社）に立項される程度にはすでに「国語」であったという事実である。そこではこのように解説されている。

一勧善懲悪劇。筋の変化が不自然で、如何にも芝居らしい芝居。二音楽の伴奏によって台詞のやりとりをする劇。

このような理解は、同年城戸四郎が「簡単に云えば、「お芝居」をメロドラマと我々は見て居る」（座談会 1936, p. 149）と述べていることからもわかるように、映画関係者の間にもある程度共有されていた。日本語における大衆的な使用域が確立されていればこそ、一九三〇年代に「メロドラマ」は日本映画のジャンルになりえたと言える。

しかしながら、「メロドラマ」という言葉が、一体いつ頃から、どのようにして日本語の文脈に存在してきたのかは未だ明らかになっていない。そこで本論文では、「メロドラマ」映画前史という視点から、西洋言語の翻訳が本格化した明治期から昭和初期（一八七〇年代〜一九三〇年代）までの「メロドラマ」にかんする言説の変遷をたどってみたいと思う。(2)

1 "Melodrama"＝歌舞伎？——明治期の翻訳辞典

そもそも"melodrama"とは何語だろうか。映画学の用語としてのそれはひとまず共通語としての英語であるとしても、"Melos"と"Drama"というギリシャ語を語源とする mélodrame、melodrama、melodoram といった言葉は、一八世紀にはすでに西洋各地に存在し、ある種の演劇を指すために用いられていた。そのため、“melodrama”がどこから日本に伝来したかを知るためには、あらかじめ複数の経路を想定しておく必要がある。とはいえ周知のように、鎖国が敷かれていた日本においては、通商、医学、兵術といった特定の目的を除いて、西洋の言語や文化、思想に触れることは一九世紀半ばまで制限されてきた。したがって、演劇用語である“melodrama”という言葉が日本にもたらされたのは、洋学が広く解禁された幕末以降ということになろう。本格的な翻訳辞典の出版が始まるのは一八六〇年代なので、まずはそうした外国語の“melodrama”の訳語として充てられた言葉を確認していくことにする。

今回調査したのは、幕末・明治期に出版された、英語、ドイツ語、フランス語、ロシア語の日本語対訳辞典六八冊である[3]。内訳は、『英和対訳袖珍辞書』（一八六二年）から『学生英和辞典』（一九一〇年）までの英和辞典四〇冊、『孛和袖珍字書』（一八七二年）から『二十世紀独和辞書』（一九〇七年）までの独和辞典一四冊、『佛和明要』（一八六八年）から『新佛和辭典』（一九一〇年）までの仏和辞典一〇冊、『露和字典』（一八八七年）から『露和袖珍字彙』（一九〇七年）までの露和辞典四冊となっている[4]。ここからひとまず、“melodrama”が当初において、どの国の言語としてどのように訳されていたかの大体の傾向は掴めるであろう。なお、原語表記の違いは考慮に含めないものとし、以下“melodrama”と統一する。

調査の結果、“melodrama”は英和一三冊、独和八冊、仏和四冊[5]、露和二冊の計三七冊で立項されていた。最も古いものの一つは、すでに日本文学研究者の大橋崇行が報告している通り一八七三（明治六）年の『附音插図英和字彙』であったが（大橋 2020）、同年刊行の『英和掌中字典』でも立項が確認できた。このうち、前者は「歌舞戯」と一言で対訳し、後者は「オンギヨクニアワセテウタフシバイノナ」と語釈していた。独和辞典では一八八一年の『獨和辭彙』が最も古く、やはり「歌舞戯」と訳しているが、一八八六年の『独英和三対字彙大全』では「歌曲入リノ演劇、俚俗の芝居」とされている。露和辞典は一八八七年の『露和字典』と一九〇三年の『露和字彙』の二冊で立項されており、いずれも「歌舞戯」と訳されている。仏和辞典では、中江篤介（兆民）が主宰する仏学塾発行の『仏和字彙』（一八八七年）など三冊で「演劇ノ一種」もしくは「演劇様ノ種」とされていた。このように、一八八〇年代までに“melodrama”は各国語の翻訳辞典で立項されていたことがわかる。一方、これらの対訳辞典よりも早く流通していた蘭和辞典では、幕末以前以後を含め“melodrama”に相当する項目は発見できなかった。このことから、ひとまず言葉としての“melodrama”は、洋学の主流が蘭学から英学へと変わった明治初期に、オランダ語以外の主要外国語を通じてもたらされたと考えられる。

一九〇〇年代までの期間中、仏和辞典を除く英和、独和、露和の各辞典では、メロドラマの対訳はすべて、多少の表現の差はあれ、①歌舞戯または歌舞伎（以下、歌舞伎に統一）②音楽入りの演劇という二つの系統に分かれている。区分別に事例数を示すと以下のようになる（表1）。

	英和	独和	露和
歌舞伎	16	6	2
音楽入りの演劇	7	2	0

表1

上の表を見るとわかるように、歌舞伎とするものが、音楽入りの演劇とするものよりも二倍以上多い。(6) 多くの英和辞典の底本の一つとなっていたウェブスター辞書の一八二八年版と一八五二年版を確認したところ、どちらも“A dramatic performance in which songs are intermixed" と記述されているのが確認できるので、音楽入りの演劇である旨を説明した事例は、底本の解説を逐語的に翻訳したものと考えられる。では、「歌舞伎」と訳している事例はどこから来ているのか。試しに同時期の英華辞典二冊（『英華和訳字典 坤』［一八八一年］、『英華字典』［一八八三年］）を確認したところ、どちらも対訳は「唱戲、歌戲」となっていた。となると、漢語訳からそのまま日本語訳に流用された外来語が多くある中で、"melodrama" に対しては、「歌舞伎」という日本の芝居の名称がわざわざ充てがわれ[7]、一時的にではあれ定訳となっていたことになる。実体を知らぬがゆえに、「歌唱が交じった演劇」＝「歌舞伎」と単純に意訳したという可能性が高いが、しかし、これほど数が多く、またこれらの辞書の作成に多数の在日西洋人が関与していたことを考えると、彼らの観劇体験が反映されたということも考えられる。あるいは、談話、談議というレベルで、歌舞伎と melodrama を似たものとみなした西洋人の「感想」が、翻訳に携わる日本人の耳に入ったことがあったかもしれない[8]。少なくとも、言説化の初期に、翻訳辞典と共に、明文化されない経験や口承の段階が存在することは考慮しておく必要がある。

2 「我國には之れに相應する劇語なし」――明治中後期の海外見聞録における紹介と解説

では、初めて melodrama を見知った日本人は誰かということを考えてみれば、まず思い当たるのは福地源一郎こと福地桜痴のような人物であろう。榎本虎彦の伝記によれば、文久使節団の一員として一八六二（文久二）年に初めて海を渡った福地は、各国政府の接待の一環として「行く先々で芝居を観た」が、当初は台詞や内容が解せないために、他の使節ともども居眠りをしてしまう状態にあった（榎本 1903, p. 3）。しかしイギリス滞在時に、この状況を憂いた当地の「接待官」からの提案で、毎晩「劇場に行く前に先づ其劇の梗概を聞き、是を又使節に咄し聞かせ」る職務にあたったことをきっかけに芝居への関心を深め、一八七二（明治五）年における四度目の洋行の際には欧州各国の様々な演劇に精通する「好事家」の域にまで達したとされる（前掲 pp. 4-6）。福地自身の発言や著述の中から「メロドラマ」に言及した部分は見当たらないけれども、「好事家」であったとするならば、少なくとも彼はこの頃までに、“melodrama” という演劇のタイプについて「歌舞伎」というような直裁な翻訳以上の理解を持っていたのではないだろうか。

実際、カタカナ語としての「メロドラマ」を初めて用いることになるのは、福地の後に続いた洋行者たちだった。現時点で確認した資料のうち最も古いその事例は、一八九四（明治二七）年の『早稲田文学』三月号の「佛國演劇現況」と題された文章中にある。

> 惨憺劇（メロドラム）は、劇中特に惨絶壮絶なる箇處にのみ音楽を挿みたるもの（長田 1894, p. 604）

この一文は、「巴里の劇場及び演劇の種類」という見出し以下、悲劇、喜劇、オペラ・コミックなどの紹介と共に置かれている。「メロドラム」となっているのは、仏語の “mélodrame” を音写しているためであろう。[9] 記事は長田忠一の口述によるもので、忠一は『椿姫』を翻案したことで知られる後の仏文学者長田秋濤の本名である。長田はこのとき、約四年間のフランス留学から帰国したばかりであった。彼はここで、括弧内に(メロドラム)と付記しつつ"mélodrame"を「惨憺劇」と翻訳することを試みているが、この訳語は以後まったく浸透しなかった。

約三年後の『古今内外名数雑誌』の中の比較的短い記事「西洋七種演劇」には、以下のように書かれている。

方今西洋各國に行はるゝ演劇は様々なりと雖も大別して七種とす　一トラジデー　二コメデー　三メロドラマー　四ファールス　五ヴァウテビル　六ハントマイン　七オペラ

(中略)

「メロドラマ」は歌謠を交へて技を演ずるものを云ふ　我國には之れに相應する劇語なし(筆者不明 1897, 頁数記載なし)

この記事は、フランスのような特定の国の演劇としてではなく、西洋諸国に広く共通する演劇の種別として「メロドラマ」を扱っている。興味深いのは、「我國には之れに相應する劇語なし」という一文がmelodramaの翻訳不可能性を端的に示している点である。実際、"tragedy"と"comedy"が日本の既存の演劇のタイプと似たものと解され[10]、比較的早期に「悲劇」、「喜劇」の訳語を穏当に定着させたのに対して、"melodrama"は同様の過程を経ることがなかった。

以降、約一〇年の間には、アメリカ、イギリスの演劇として紹介する記述も見受けられるようになる。たとえば、一九〇五年の『英語青年』に掲載された「英米の芝居」と題された二頁程度のレポートには、「「ガンツケ」の如き挙動をなす芝居はMelodramaと稱じて賎しめられて居る」（筆者不明 1905, p. 313）と、その身振りの誇張にかんする特徴を記しつつ当地での低い評価に言及した箇所がある。また、後に女子英字塾の幹事となる桜井鷗村は、一九〇九年に出版した『歐洲見物』の中で「扨て英國の劇界を概観すれば、コメデーかメロドラマで持切り」としつつ、ロンドンの「メロドラマ」を次のように解説している。

倫敦のヒツポドロームは、紐育のヒツポドロームほどに大きくは無いが、手品、軽業、馬藝などに加へてメロドラマをやる。何十人もの役者が出る、座中の圓舞臺が一杯の水になる、本舞臺から大波が打つ、人や馬が泳ぐ、また大地震、大海嘯で、家や木が流れて来る實景もあり、眞に寫實式の御芝居を見せる。その甘きことサッカリンの如きメロドラマがある。されど笑ふ勿れ、今日の芝居は追々とヒツポドロームのメロドラマ式に成下りつゝあるのである！（桜井 1909, p. 314）

桜井はここで、一体どんなものを見てきたのかと戸惑うほどの派手な演出とスペクタクル性にその特徴を見出しながら、「メロドラマ」の大衆的な人気をやや嘲笑気味に伝えている。留意すべきは、この文中における「写実」という言葉の意味である。後述するように当時の文学上の議論とも関係するが、少なくともこの言葉は、現実的という意味での自然主義的なリアリズムを指す場合と、迫力がある、真に迫る、という意味での生々しさをやや観念的に表す場合とがあり、桜井の「眞に寫實式の御芝居」はどちらかと言えば後者の意味で、そのセンセーショナルな側面を強調していると言える。

このように、最初期の「メロドラマ」にかんする日本語の記述は、おおむね渡欧者たちによって書かれた見聞録や観劇レポートといった類の文章のうちに含まれている。大久保喬樹が整理するように、幕末の文久使節団を嚆矢とし、一八七一年の岩倉使節団と共に明治時代に本格化した日本人の洋行は、基本的に「エリート官僚や学者、富裕な貴族や上流階級などに限られた特権」（大久保 2008）であったが、[11]それでも一八八七（明治二〇）年までに海外渡航者は優に四〇〇〇人を超えるようになる（手塚 1992）。当然渡航先で演劇・演芸に触れる者も数多くおり、[12]一八九〇年代から一九〇〇年代にかけては、そのような洋行者たちの体験談の中から「メロドラマ」なる演劇の存在が伝えられたのである。このうち、最も分析的な視点から「メロドラマ」について記述したのは、ロンドンでそれを見た島村抱月であった。

メロドラマと此の地の人が呼びますのは、日本の所謂夢幻劇よりも、も少し廣い意味で、眞の劇が人間其の物を中心とするに對し、寧ろ事柄を主とした、所謂出来事の重積、一場々々の刺戟を主として、變化、興奮、好奇、穿鑿を目的とする作の総称です。尤もメロドラマといふ語は必ずしも悪い意味のみでなく、ロマンチックといふ意味にも、また音楽のまじッたといふ意味にも用ゆる人もありますが、普通はメロドラマチックといふ語に文學的価値の卑い、刺戟を主としたといふ意味をあらはしてゐます。故にまた之れをセンセーショナルとも稱へます。此の趣味が盛んに西倫敦の劇壇を侵してゐるのです。但し歴史を見ますと、必ずしも是れが今に始まつた事といふのでは無いやうですが、近来はそれが段々募ッて行くとのことです（島村 1906, pp. 7-8）

島村はここで、「メロドラマ」が「刺戟」や「センセーショナル」な要素に特徴づけられることを示しつつ、「必ずしも悪い意味」を持つのではないとしながらも、それが基本的には「文学的価値」の「卑い」劇とみなされていることを書いている。当時早稲田大学文学部の講師であった島村は、英国演劇にかんする相当の専門的知識を有したうえで melodrama を見ていたと思われ、その理解の水準は同時期の他の報告者たちと一線を画している。[13]

それでも明治中期以降の洋行者たちは皆、西欧諸国で見た melodrama の特徴を理解し、日本語で具体的に説明することができた。彼らはもはやどんなタイプの演目であれ、文久使節団の面々のように「退屈」、「演劇《しばい》が分からん」（榎本 1903, p. 3）という状態で観劇していたのではなかった。

3　西洋演劇史の受容——明治末期と大正前期における百科事典と学術書

明治末期になると、「メロドラマ」の文字は学術的な記述の中にも見受けられるようになる。[14] たとえば、約二〇〇〇頁にわたって世界の文芸を網羅的に解説した『文芸百科全書』（早稲田文学社 1909）の「西洋演劇史」の章を見てみると、ギリシャ、イタリア、フランス、ロシア、イギリスを大項目としてそれぞれの演劇史が詳細に概説されるなか、「メロドラマ」はイタリア、フランス、イギリスの各項目で言及されている。この章の執筆者は土肥春曙といい、東京専門学校で坪内逍遥に師事した後早大講師を経て、川上音二郎一座の一員として欧米巡業に同行し、帰国後は戯作者としても活動した人物である。つまり、彼は高等教育を受けた洋行者であると同時に、演劇の専門家であり、かつその実践者でもあった。

土肥の記述では、それまで大まかに報告されてきたその歴史や特徴が、従来とは比べものにならないほど事細かに系統だって説明されている。たとえば、イタリアの項目内の「革命前後の劇団」と題された見出し以下には、フランス革命戦争を指すと思われる「欧洲における一七九八年の革命」が演劇における文学上の価値に影響を及ぼして「メロドラマ」を隆盛させたと書かれ、フランスの項目内では「十九世紀初期の劇場」の見出し以下で、「メロドラマ」の代表的作家としてルネ・シャルル・ギルベール・ド・ピクセレクールやヴィクトル・デュカンジュらが位置づけられている。イギリスの「最近の劇文学」としての「メロドラマ」については、「観衆の耳目に訴ふるを旨としてゐる」と、その視聴覚的な要素を簡潔に説明しつつ、その「勢力」が「滔々として止むところを知らない」ことを書き加えている。土肥の記述は、相当数の文献が参照されていることが窺えるばかりでなく、ピーター・ブルックスやジャン・マリー・トマソーが近年に示した歴史的な概観と重なる部分も多い（Brooks 1976; Thomaseau 1984）。

一九一三（大正二）年には、古代から一九世紀までの西洋各国の演劇の発達史をまとめたブランダー・マシューズの *The Development of the Drama*（一九〇三年）が、中村吉蔵訳により『欧州演劇史』の題で出版され、坪内逍遥が序文を寄せた。各国の戯曲の正典からその代表的作家と作品の系譜をたどったこの本の中では、「メロドラマ」は、「雑草のごとく茂生する」、「心的動機を誇張し、内容なき情を銜ひ、虚飾の哀愁より成れる[15]」などというように、かなり侮蔑的に扱われており、「階級」が劣る演劇であると説明とされた（中村訳 1913, pp. 360-361）。

中村は翌一九一四年、『西洋演劇史講話』を上梓しているが、デュカンジュの「メロドラマ」について「何等の文学的価値を有するものではない」（中村 1914, p. 130）、ヴィクトル・ユゴーの劇作品について「絢爛たる修辞と、熱烈なる感情と不自然なる性格と境遇とを綴合したメロドラマたるに過ぎない」（中村、前掲 p. 131）と書くなど、西洋演劇史の原典から melodrama に対する低い価値判断を引き継いで「メロドラマ」とその作家たちを紹介した。

日本におけるオペラ普及の第一人者として知られる小林愛雄も同年、『西洋演劇史』の「演劇の種類」の章で「メロドラマ」を扱っている。小林は「悲劇（Tragedy）」、「喜劇（Comedy）」、「感動劇（Pathetic drama）」からなる演劇の「三大別」とは異なる、「音楽演劇（Musical Play）」の系譜を整理するなかで「音楽喜劇（Musical Comedy）」、「喜歌劇（Comic Opera）」、「滑稽劇（Farce）」に続いて、「事柄を主とした感覚的の芝居（Melodrama）」を置いている（小林 1914, pp. 2-8）[16]。他のジャンルが括弧内に原語表記を併記させつつすべて二字から四字の熟語で翻訳されているのに対し、"Melodrama"だけが不自然なほど説明的に訳されていることからは翻訳に際する苦心の跡が見える。さらに重要なのは、小林に欧州への渡航歴がなかったことだ。したがって、「事柄を主とした感覚的の芝居（Melodrama）」という認識は、彼自身の観劇体験からではなく、洋書文献や伝聞を通じて獲得されたものと考えなければならない。

この新たな傾向は他にも見られ、一九一〇年には同じく洋行経験のない坪内逍遥も、「或ひは新しい演劇術を興さんとしてもそれに適當した良脚本を得ないために空しくメロドラマ程度か似て非なる寫實程度に止まつて了ふということもある」（坪内 1977a, p. 636）と、否定的な書きぶりで「メロドラマ」に言及している。早稲田大学の教授であった坪内は、このときすでに最も権威ある文学者の一人であり、シェイクスピアを中心に西洋演劇の正典に精通していた。“melodrama”と呼ばれる作品についても、洋書文献を通じて、西洋演劇史における評価はもちろんのこと、おそらくその戯曲にも目を通したうえで、正典とされるものに比べ劣った劇形式であるとみなしていたと考えられる。

しかしながら慎重に考慮しなければならないのは、たとえば桜井の記述の中で鮮やかに再現されたような、その視聴覚的な様式やパフォーマンスの特徴、スペクタクル性といった部分は、戯曲を中心とする当時の文学的な演劇研究の関心の対象から零れ落ちてしまったであろうという点だ。アカデミックな言説で「メロドラマ」を非難するにあたってしばしば引き合いに出された「写実」という概念は、坪内が自然主義文学の影響を受けて提唱した「写実主義」に依拠しており、桜井が舞台上の煽情的な演出を指して「眞に寫實式の御芝居」と述べるときの「写実」とは異なるものを指している。つまりmelodramaを実際に見たことはなかった坪内にとって、「メロドラマ」の非「写実」性はあくまでも戯曲に内在する文学的な欠陥であった。[17] 実際彼は、歌舞伎における勧善懲悪の物語を批判する一方で、その舞台上のパフォーマンスとしてのセンセーショナリズムには高い関心を寄せていたのである。[18]

島村、坪内、中村といった演劇に関心を向けた文学者たちは、洋書を通じて獲得された西洋演劇史にかんする学識に基づきつつも、互いに親しい関係にあったことも手伝って（とくに彼らは皆早稲田大学と関わりを持っていた）、「写実」的でない「メロドラマ」に対する価値判断を共有していた。反リアリズム的なものとしての「メロドラマ」への低い価値づけは、以後長きにわたって引き継がれることになるが[19]、その契機を作ったのは、演劇の欧化を是とした明治期の文学者たちであった。このとき洋行経験の有無は必ずしも問題とならず、むしろ彼らの階級意識と権威主義がこの価値判断をより強く動機づけていたものと考えられる。

4　一九一〇年代の劇評——中村吉蔵を中心に

こうして「メロドラマ」は、一九一〇年代に、洋行者たちの体験談という域を超えて、西洋演劇史という知的文脈の中にも位置づけられるようになった。このこととほとんど時同じくして、「メロドラマ」は国内の演劇批評にも広がりを見せている。とくに『欧州演劇史』の訳者であり、『西洋演劇史講話』の著者でもあった中村吉蔵は、最も早い時期から、「メロドラマ」を歌舞伎や新派といった国内の演劇と積極的に関連づけようとした劇評家でもあった。たとえば、一九一〇年に彼が『朝日新聞』に寄稿した「源平布引滝」の劇評を見てみよう。

近頃独逸などに見る、旋律をダンスの上に出そうとする行き方の、メロドラマなど、、彼此相通ずるものがある、場面のために、性格を切り出すといふ悪い意味のメロドラマたると同時に、此の作は他の旋律を所作の上に出すといふ、善い意味に於て、二重のメロドラマである（中村 1910）

「源平布引滝」は、一七四九年に浄瑠璃として成立し、歌舞伎でも一七五七年以来繰り返し上演されてきた古典的な演目である。それを中村は、「メロドラマ」の両義的な価値に言及しつつ、ドイツの「メロドラマ」と「相通ずる」と書いている。とはいえ、このとき彼は二つの劇形式の相似を単純に指摘しているわけではなかろう。彼がこのように書くに至る背景は実際、随分と込み入っている。まず、一八八〇年代末から、初代内閣総理大臣伊藤博文の意向のもと、「外国の使臣」に見せても「文明国」として「愧ぢざる新狂言」の創造が要請されるようになり（倉田 2006, p. 113）、以後「欧化政策の一環」としての演劇改良が進められてきた（田口 2004, pp. 100-101）。そこで日本のオペラ座たる歌舞伎座の創設を指揮したのが福地桜痴で、同時に彼自身を含む多くの洋行帰りの戯作者たちによって翻案歌舞伎が大量に創作されるようになる（中村 2006）。なかでも森鷗外、三木竹二の兄弟はドイツ由来の翻案戯曲を多数もたらすことになった[20]。福地は一九〇六年に六六歳で没したが、歌舞伎が古典的な演目も含め、振り付けや音楽、舞台装置に至るまでの様々な細部を「西欧化」させるようになって約四半世紀が経過した一九一〇年代は、その成果が目に見える時代であったと言える。かつ、中村自身はドイツへの渡航経験を持つ文学者でもあった。つまり彼は、「改良」された演目であるところの「源平布引滝」を西洋演劇に対する専門的な知識とドイツの観劇体験に基づいて観ていたのであり、「メロドラマ」との比較は、その趣向の巧拙を評価するために用いられているのだ。
中村はそれから七年後、やはり『朝日新聞』の記事中で、新派についても、その凋落を懸念したうえで現状からの打開策について次のように述べている。

メロドラマは事件を主とするもので新派劇と似たものであるが其の事件を真実に取り扱うこと價値があるのであるから従来の虚偽は全く捨てて了はねばならぬ、新派としては今後此の方向に向ふ外はあるまい（中村 1917）

ここで中村は、新派が今後、それよりも「真実」を扱う価値を持っている「メロドラマ」を目指していくべきだと述べている。このとき彼は根本的に日本の演劇より優れた西洋の演劇であるという点で、「メロドラマ」が新派には勝るとみなしているようだ。新派はそもそも旧派への対抗として現れ、主導者の川上音二郎は数度の欧州での巡業と演劇視察から帰国するたびに、劇場の建て直しや翻案劇への取り組みを通じてつねにその「改良」に邁進していたのだが、それでもこの頃まだ新派は様々な面で伝統演劇からの脱却を迫られていた。こうしたとき、中村にとって、「メロドラマ」は、旧派新派を問わず、日本演劇の今後の方向性を考えるうえでの一つの検討材料となっていた。新派とメロドラマに接点を見出す劇評家はもちろん彼のほかにもいた。(21) しかし、その中でもとりわけ中村は、西洋の近代的な作劇法を旧態依然とした日本演劇にいかにして取り入れていくべきかを論じつづけた人物であった。

一九一〇年代後半には翻訳辞書においても、「(舊派などの) しぐさ狂言(我「物語」劇は即ち是)。狂言じみた言葉、芝居がかりの所作(など)」(『熟語本位英和中辭典』〔一九一八年〕)のように、"melodrama"がどのような意味で「歌舞伎」的なのかを明確に説明したものが見受けられるようになってくる。こうした変容の背景には、新聞における中村の劇評のような、学術的な「メロドラマ」の概念の大衆的な言説への浸透があった。

5　新語としての浸透と映画論への移行——映画ジャンルの誕生

ここからは一九二〇年代の言説に目を向ける。この頃、演劇関連の専門書に「メロドラマ」の語は広く流布し、その全体を網羅的に把握することは難しくなる。とりわけ重要な文献を一つ取り上げるならば、二一年に木村荘太訳により『民衆劇論』の題で、二二年に大杉栄訳により『民衆芸術論』の題で相次いで刊行されたロマン・ロランの戯曲集 *Le Théâtre du peuple*(一九〇三年)がある。[22] ここで一章を割かれて解説された「メロドラマ」は、「いろいろに情緒を變はらせる事」、「本当の寫實」、「單純な道德」、「商業的誠實」の四つの特徴によって定義されていた(大杉訳 1922, pp. 126-127)。またしても「写実」という言葉が現れていることには注意が必要だが、より重要なのは、従来の正典を中心とする西洋演劇史とは明らかに異なる視点が提示されている点である。つまりロランは、高尚ではないメロドラマに、まさにそれゆえに大衆への啓蒙の可能性を見出しており、このことは当時の日本の左翼知識人の「メロドラマ」観に多少なりとも影響を与えたのではないだろうか。

この頃、「メロドラマ」は、新語・現代語という範疇で着実に国語の領域に組み込まれつつあった。たとえば、一九二〇年の『現代日用新語辞典』を見てみると、すでに「メロ・ドラマ」の項目があり、「準楽劇と譯す。通俗劇の義。俗衆の趣味を迎合したる技巧の克つている劇をいふ」と書かれている。同様に、『現代語辞典』(一九二四年)でも、「準楽劇とも云ふべきもので、感覚的な所作に富む芝居の様式である。我国の歌舞伎の「所作事」などはその一つと見て差し支へない」と解説がある。二つの辞典は、従来、学術的・批評的な専門用語であった「メロドラマ」を一般向けにわかりやすく説明している。このことと連動して、翻訳辞典においても「勧善懲悪劇、メロドラマ、お芝居じみた言動」(『新英和辞典』[一九二九年])のように、歌舞伎などの演劇との関連づけが主題や様式にかんするものへと変わり、ついに「メロドラマ」というカタカナ語が“melodrama”の対訳として現れてくる。

このことは、明治から昭和初期にかけて、melodramaが徐々に「メロドラマ」として国内に浸透していく過程で、歌舞伎用語が一貫して補助的に機能していたことを示唆している。歌舞伎という世俗的な参照項を通じて、「メロドラマ」は三〇年代前後に大衆的な言説に浸透し、地域言語化されていったのである。

しかしながら、この過程には、映画という新たな媒体もまた大きな役割を果たしていたことだろう。というのも、二〇年代、メロドラマの主たる媒体は世界的な規模で演劇から映画へと移行しており、[23]まさにこの時期、日本の映画言説においても「メロドラマ」の語が頻繁に見られるようになるからである。日本の映画言説における「メロドラマ」概念の導入についてはすでに別のかたちで発表しているので（河野 2011a; 2015a）、詳細は割愛して要点のみを以下に確認しておく。

一九二〇年代、日本における映画用語としての「メロドラマ」の解釈には、おおむね次の三つのパターンが見られる。（1）アクションやサスペンスなど、観客の好奇心を掻き立てる煽情的な要素やスペクタクルを指すもの、[24]（2）歌舞伎や新派に似た、勧善懲悪の主題や大げさな演出を指すもの、（3）通俗性及び女性にかんする要素を指すもの。（1）のパターンは基本的に優劣の意を含まず、（2）と（3）はしばしば低い価値判断を含んでいる。映画言説における「メロドラマ」が当初から複数の解釈を含んでいることは、この言葉が演劇の一種という範疇を超え、"melodrama" という原語から固有化された批評的カテゴリーとなっていたことを意味する。この批評的カテゴリーとしての「メロドラマ」は、辞典類や演劇関連の文献、外国の映画にかんする読み物の訳文などが混ぜ合わさった一種の業界用語であり、通俗的、感傷的という二つの特徴を強調するものであった。

同時期、多数の外国映画の広告の惹句中に「メロドラマ」の文字が見られるようになる一方で、映画の分類を記した文献には、『活動写真劇の創作と方法』（帰山 1917, pp. 16-18）をはじめ、一九二〇年代半ばまで「メロドラマ」という種別は見当たらない。[25] しかし二九年になると、『教育映画概論』といった指導書の中でも「メロドラマ」が映画劇のジャンルとして扱われているのが確認できる。[26]

一九三〇年代、「メロドラマ」というカタカナ語は完全に定着すると共に、必ずしも映画の専門家や愛好家に限定されない一般大衆の間でも、日本映画のジャンルの一つを表す言葉として認知されていくことになる（河野 2015a）。たとえば、一九三〇年の『読売新聞』に載った『真実の愛』（松竹、清水宏）の映画評を見てみると、「これは蒲田専売のメロドラマです」との見出しがあり、「大切な金を払って泣きに来る客」に向けられた作品としつつ「堂々とメロドラマ化」していると作り手たちの手腕を認めている（を・き 1930）。「メロドラマ」の文字が全国紙の映画評の見出しに用いられていることは、この外来語が新聞読者層に通じると考えられていたことを意味する。おそらくこのあたりから、日本の映画産業も「メロドラマ」を商業的なジャンルとして認知し、戦略的にその生産を推し進めていたと考えられ、三〇年代半ばには『もの云はぬ姉』（一九三五年、佐々木啓祐、松竹）のような国内作品の広告惹句の中にも「メロドラマ」の文字が見られるようになる。そして三六年、「もっとメロドラマティックに構成しよう」（城戸 1936）という、「悪い意味」からの脱却を図るかのような高らかな城戸四郎の宣言と共に、松竹でいわゆる「大船調メロドラマ」が誕生する。一般的な言葉としてなじみつつあり、また大衆に対してモダンな響きを持っていた「メロドラマ」の語は、城戸にとって、スタジオの無声映画時代を支えた「蒲田調」を超えるトーキー映画として「大船調」を鮮烈に売り出していくための格好のラベルであった。女性観客をターゲットとしたこのジャンルは、女性主人公の恋愛と結婚を主題とし、ハッピー・エンディングで幕を閉じる「女性映画」として構築された（河野 2011b）。以後各社で同様作品の製作が加速化するが、その成功を決定づけたのは「本格的メロドラマ」と宣伝された『愛染かつら』（一九三八年、野村浩将）の大ヒットであった。[27] このとき、「メロドラマ」は、「大衆に認知される」（Altman 1999, p. 61）という過程を経て、日本映画のジャンルとして確立されたのである。[28]

結論

以上、論じてきたように、明治中期に"melodrama"は外国語として導入され、明治後期から大正期にかけて演劇用語として浸透しつつ「メロドラマ」という表記を定着させ、昭和前期までに地域言語化され、映画ジャンルの名称としても認知されるようになった。

これまで、多くの映画研究者たちが、日本におけるメロドラマの系譜をたどってきた。しかしそれはある面では「メロドラマ」の存在を見過ごすことによって可能となっていたとも言える。たとえば岩本憲児はかつて、明治期の日本では「メロドラマ演劇が本格的に上演され、研究されることはな」く、それよりも後に「欧米の映画をとおしてメロドラマ的物語や要素が入り込んできた」という見解を示した（岩本 2007, pp. 34-35）。また、四方田犬彦は、泉鏡花の日本映画への影響を語る中で、「初期の映画は新派から劇場、観客、物語とその話法、メロドラマ的想像力といったいっさいのものを借り受けることで、成立した」と述べている（四方田 2001）。

しかしながら、本論文で明らかにした通り、melodramaと日本文化との出会いは一九世紀後半に位置し、それは映画よりも早く日本に伝来していたばかりでなく、明治末期からある程度「研究」されてもいた。また、日本演劇に「メロドラマ」の名で呼ばれるジャンルが創造されることはなかったものの、歌舞伎と新派は、どちらも演劇改良運動の大きな波の中で、西洋のメロドラマ演劇と国内の「メロドラマ」言説に少なからぬ影響を受けていた。したがって、日本において「メロドラマ」というジャンル及び概念は所与のものとしてあったのではなく、大衆文化をめぐる言説空間において遡行的に構築された」（御園生 2012, p. 12）とみなすような従来の姿勢は、今後はもはや改めなければならないだろう。

さらに一九一〇年代には、映画スターの多くが歌舞伎からの転身者であったことや連鎖劇の流行などからもわかるように、映画と演劇はしばしば完全に融合しており、ここに新派の戯曲と原作としての小説がかかわってくることを考えれば、[29] メロドラマないし「メロドラマ」をめぐる文学、演劇、映画の連続性は必ずしも直線的ではなく、むしろ相互作用的なものとして捉え直さなければならない。[30] とくに現在メロドラマ的とされる「新派大悲劇」の型――「ヒロインが、運命や社会や人間関係などの圧力によって困難な状況や立場に追い込まれ、不幸な結末に至るといった物語」を中心とする（小林 2007, p. 55）――が、このうちどの形式を中心に成熟していったのかはかなり微妙な問題である。[31]

こうした過程を踏まえたうえで、日本のメロドラマ映画は、フィルム・スタディーズのメロドラマ概念を通じて読解可能なテクストのみを指すのではなく、『愛染かつら』や『君の名は』のような「メロドラマ」＝"merodorama"を含んで存在している。それでも、フィルム・スタディーズ以後の先行研究の意義が失われるというわけではない。なぜならば、日本の「メロドラマ」映画は事実その多くが、フィルム・スタディーズ的なメロドラマ概念を通じて、確かに「遡行的に構築」されうる作品群でもあるからだ（河野 2013）。

問いかけたいのは、このようなアナクロニズム的ないし自家撞着的な現象が、日本の「メロドラマ」だけに見られるものではなく、実は、その時々においていつも特定の意味と形式を持ってきた異なるメロドラマのジャンルにも共通するのではないか、ということだ。「メロドラマ」の固有性は、ある意味では、クラスター・コンセプト（Singer 2001）として捉えるほかなくなった現在のメロドラマ概念全体の普遍性や越境性を、ローカルなジャンルであることそれ自体を通じて例証しているかもしれない。

時代と地域文化を超えてジャンルとジャンルの間に繰り返し立ち現れる特質。あるいはつねに異なるジャンルとして存在する個々のメロドラマ（いわば「メロドラマ」的なもの）が共有する成立要件。そうしたものからメロドラマの本質をふたたび模索することが、こんにちの映画研究には可能なのではないだろうか。つまり、メロドラマ映画研究には、まだ特定のジャンルから得るものが数多く残されている。

付記：本論文は、科研費助成事業「日本現代文学におけるメロドラマ的想像力の展開に関する多角的研究」公開研究集会（早稲田大学、二〇二〇年二月二日）での講演及び、科研費助成事業「新派映画と「新派的なるもの」の系譜学」研究会（早稲田大学、二〇二〇年二月三日）での口頭発表の内容を統合し、発展させたものである。査読者の方々をはじめ、執筆と掲載にあたり、貴重なご意見、ご指摘を下さった皆さまに厚く御礼申し上げます。

註

（1）フィルム・スタディーズにおけるメロドラマ研究の変遷については、（Mercer&Shingler 2004）を参照されたい。

（2）以下、本項では次のように適宜表記を使い分ける。現在のフィルム・スタディーズや演劇研究におけるメロドラマは引用符なし、日本語として扱われてきたものについては「メロドラマ」、日本語に導入される前の西洋演劇については melodrama とする。
（3）以下、辞典類に関しては、文末文献リストの煩雑化を避けるため、本文中を除いて書誌情報は割愛する。
（4）本来であれば一〇〇冊は当たりたいところであったが、東京都内で閲覧可能な文献にアクセスした結果、計六八冊という数になった。内訳のばらつきについては、「明治末期までは、（中略）全体として英語、ドイツ語の辞書のほうがフランス語の辞書よりも質・量ともにかなり充実していた」（田島 1996, p. 156）とされる当時の出版事情によるところが大きい。
（5）このうち『佛和會話大辭典』（一九〇八年）は項目名以下の部分が欠落していた。誤植と思われる。
（6）ただし前者の事例の中には、「浄瑠璃」を併記させたものが英和、独和辞典に各一件ずつ、後者の事例の中に「我が浄瑠璃の類」と訳注の付いている例が英和辞典に一件あった。
（7）日本では、「明治末の時点では「歌舞伎」とは、演劇すべてとほぼ同義」であったとされる（児玉 2005, p. 37）。
（8）実際、外国人高官として初めて歌舞伎を見たとされるラザフォード・オールコックは、著名な日本滞在記『大君の都』の中で、一八六一（文久元）年に大阪で見た歌舞伎を「メロドラマ的な性格のものであった」（Alcock 1863, p. 110）と記述し、物語内容から台詞の意味、登場人物の関係に至るまでを極めて仔細に記録している。なお、この演目は、「莩源氏」であったとほぼ確定されている（中村 1982, p. 51; 小谷野 2005）。
（9）現在の演劇研究においても一八、一九世紀フランスの演劇ジャンルを指して使用されることがある。
（10）同書では、「トラジデー」について「我が国修羅劇是なり」、「コメデー」について「我が世話物これなり」と、日本の芝居と同様のものであることが説明されている。
（11）例外として、芸人と曲芸師の存在があった（大久保 2008）。以下、本文中で言及した人物の渡航歴は、記録のあるものに限り（手塚 1992）で確認した。
（12）一八九六年にシネマトグラフを日本に持ち帰った稲畑勝太郎もまさにそのような富豪の青年の一人であり、文久使節団派遣の年に生まれた彼がリュミエール兄弟の映画に出会ったのは三度目の渡仏時であった。

(13) 島村は一九〇二年から約三年間早大留学生として渡欧し、オックスフォード大学とベルリン大学に学び、帰国後、早大文学部教授となった。〇六年には坪内逍遥と共に文芸協会を設立している。

(14) 一九一〇年以前にも西洋演劇史にかんするまとまった文献は複数あるものの、「メロドラマ」にかんする記述は発見できなかった。たとえば渋沢保の『英国文學史』の「演劇」の章には、「ミレークル」、「ミステリー」、「悲哀戯曲」、「滑稽戯曲」、「道徳演劇(モラリチース)」、「間狂言(インタールゥド)」、「道化狂言(フアールス)」のみが紹介されている(渋沢 1891, pp. 71-79)。

(15) 具体的な批判の対象となっているのは、マックス・フォン・コッツェブーの作品。

(16) 小林はさらに別の系譜として「歌劇(Opara)」の系統を解説している。

(17) 坪内は西洋の劇団の日本巡業を通じてオペラとシェークスピア劇を数回観ていたが、melodrama を実際に観たことはなかったと考えられる。

(18) たとえば、近松とシェークスピアを比較するなかで、「血の悲劇」であるという点で、「舞台上のセンシュアリズム、センセーショナルジズムの写実化だけは、古今内外、わが文化、文政より安政度までの歌舞伎劇に勝るものはなかった」(坪内 1977b, p. 277)と記している。

(19) 一九三〇年代の映画言説には「メロドラマとリアリズム」と題された論考が散見されるようになるが、一九一〇年代の文壇における問題はあくまでも「写実」との関係であった。

(20) 一八八四年から約四年間ドイツに留学した鷗外は、帰国後、弟の三木が主宰する雑誌『歌舞伎』に翻案、翻訳による戯曲を多数発表した。鷗外作『曾我』は初演時、小山内薫に「これは寧ろドイツ文に書き直してあっちの役者に演らせたら、さぞ面白いことであらう」(小山内 1914)と評されている。

(21) たとえば『読売新聞』のに掲載された「光の巷」(佐藤紅緑作)の劇評中には、「メロドラーム」というルビを振られた「場當り劇」の語があり、そのような「俗受け」を狙った作品ではないとして好意的に評価されている(五來 1914)。

(22) 大杉訳版と新訳(波多野茂弥、宮本正清、片山敏彦共訳 1982)を参照した。原書は、二〇〇三年刊行版を参照した。日本におけるロランの紹介は一九一一年に始まるが、その創作物と思想は、大正デモクラシーの気運を受けつつ、知識人たちに多大な影響を与えた（シッシュ 2006）。

(23) 一般に、「メロドラマは第一次大戦後まもなく、演劇では消滅し」、映画で「生きのびた」とされる（ホッジス 1996, p. 429）。

(24) 同時期の米国の映画言説とほぼ一致する（Neale 1993）。

(25) たとえば（橘 1920, pp. 95-106）、（海野 1924, p. 86）など。

(26) 検閲官であったこの著者は、「ドラマよりは劣るもので、見た目の面白味が中心である、アクションのアクセントが強いもの」と説明したうえで、「舞台の方では会話よりも行為の芝居と云ひ、スクリーンの方では極端のアクションと云ふ事にならう、それだけに検閲との交渉が多い」と書き、「俗受がする即ち誇張澤山」であるこのジャンルの煽情性を見逃していなかった（橘 1929, pp. 312-313）。当時映画ジャンルは、検閲や子どもへの影響といった関心からたびたび論じられていた。

(27) 『愛染かつら』は、新聞、雑誌広告のほぼすべてのヴァージョンで「メロドラマ」を含む惹句を用いて宣伝されており、「広告に「メロドラマ」という言葉が見当たらない」（岩本 2007, p. 36）とするのは誤りである。

(28) 「メロドラマ」映画は、映画法の施行とともにまもなく下火となり、戦後復活する（河野 2015b）。

(29) たとえば、泉鏡花の戯曲『日本橋』（一九一五年初演）の山場の一つには、「活動寫眞で見たですが、西洋は羨しい、女の足を舐めるだあもの」（泉 1914, p. 260）という台詞がある。

(30) 厳密にはさらに、講談、浪曲、落語等の話芸の文脈が絡むものと思われる。

(31) 日本近代文学として新派の戯曲、原作を扱ったメロドラマ研究に、（関 2007）、（Ito 2008）がある。

文献

Alcock, Rutherford, 1863, *The Capital of the Tycoon: A Narrative of a Three Years' Residence in Japan*, vol. 2, New York: Harper & Brothers.

Altman, Rick, 1999, *Film/Genre*, London: British Film Institute.

Brooks, Peter, 1976, *The Melodramatic Imagination: Balzac, Henry James, Melodrama, and the Mode of Excess*, New Heaven: Yale

University Press.（四方田犬彦、木村慧子訳 2002『メロドラマ的想像力』産業図書。）
シッシュ、ディディエ 2006「日本におけるロマン・ロラン受容史1」、シッシュ由紀子訳 http://www2u.biglobe.ne.jp/rolland/unite/34_01.html（最終アクセス二〇二〇年三月二日）。
土肥春曙 1909「西洋演劇史」、早稲田文学社編『文芸百科全書』隆文館。
Elsaesser, Thomas, 1972, "Tales of Sound and Fury: Observations on the Family Melodrama," *Monogram*, no. 3, pp. 2-15.（石田美紀、加藤幹郎訳 1998「響きと怒りの物語――ファミリー・メロドラマへの所見」、岩本憲児、斉藤綾子、武田潔編『「新」映画理論集成（1）』フィルムアート社、一四―四一頁。）
榎本虎彦 1903『櫻痴居士と市川團十郎』国光社。
ホッジス、テリー 1996『西洋演劇用語辞典』鈴木龍一、真正節子、森美栄、佐藤雅子訳、研究社。
Ito, Ken K, 2008, *An Age of Melodrama: Family Gender, and Social Hierarchy in the Turn-of-the-Century Japanese Novel*, California: Stanford University Press.
岩本憲児 2007「日本映画に見る家族のかたち――小市民映画からホームドラマへ」、岩本憲児編『家族の肖像――ホームドラマとメロドラマ』森話社、七―四六頁。
泉鏡花 1914『日本橋』千章館。
帰山教正 1917『活動写真劇の創作と撮影法』正光社。
城戸四郎 1936「「男性對女性」の製作」、『オール松竹』九月号、三四―三五頁。
北浦寛之 2018『テレビ成長期の日本映画――メディア間交渉のなかのドラマ』名古屋大学出版会。
小林愛雄 1914『西洋演劇史』赤城正蔵。
小林貞弘 2007「家庭小説から家庭映画へ」、前掲『家族の肖像』、四七―七四頁。
児玉竜一 2005「歌舞伎から映画へ」、岩本憲児編『時代劇伝説――チャンバラ映画の輝き』森話社、三三―五八頁。
五來素川 1914「劇「光の巻」の美（下）」、『読売新聞』一〇月一七日朝刊。
河野真理江 2011a「日本映画におけるメロドラマの受容――折衷と縮減のプロセス」（修士論文）、立教大学大学院映像身体学専攻。

河野真理江 2011b「上原謙と女性映画――1930年代後半の松竹大船映画における女性観客性の構築」、『映像学』八七号、二四―四三頁。
河野真理江 2013『『猟銃』論――「文芸メロドラマ」の範例的作品として」、『映像学』九〇号、五七―七五頁。
河野真理江 2015a「戦後日本「メロドラマ映画」の身体――撮影所時代のローカル・ジャンルと範例的作品」（博士論文）、立教大学大学院映像身体学専攻。
河野真理江 2015b「『君の名は』と戦後日本の「すれ違い映画」――ジャンルの形成と特質」、『映画学』二八号、三六―五五頁。
小谷野敦 2005「オールコックが見た歌舞伎」、『図書』一月号、一九―二三頁。
倉田喜弘 2006『芝居小屋と寄席の近代「遊芸」から「文化」へ』岩波書店。
Matthews, Brender, 1903, *The Development of the Drama*, New York: C. Scribner's Sons.（中村吉蔵訳 1913『欧州演劇史』大日本文明協会事務所。）
Mercer, John & Shingler, Martin, 2004, *Melodrama: Genre, Style, Sensibility*, London: Wallflower Press.（中村秀之、河野真理江訳 2012『メロドラマ映画を学ぶ――ジャンル・スタイル・感性』フィルムアート社。）
御園生涼子 2012『映画と国民国家――1930年代松竹メロドラマ映画』東京大学出版会。
中村吉蔵 1910「歌舞伎座の印象」、『朝日新聞』一月二七日朝刊。
中村吉蔵 1914『西洋演劇史講話』早稲田文学社。
中村吉蔵 1917「今年の劇壇　舊派と新派と新興劇壇」、『朝日新聞』一月一日朝刊。
中村哲郎 1982『西洋人の歌舞伎発見』劇書房。
中村哲郎 2006『歌舞伎の近代――作家と作品』岩波書店。
Neale, Steve, 1993, "Melo Talk: On the Meaning and Use of the Term 'Melodrama' in the American Trade Press," *The Velvet Light Trap*, no. 32, pp. 66-81.
大橋崇行 2020「メロドラマとしての仇討物――三遊亭円朝「錦の舞衣」」、科研費助成事業「日本現代文学におけるメロドラマ的想像力の展開に関する多角的研究」公開研究集会、二〇二〇年二月二日（口頭発表）。

大久保喬樹 2008『洋行の時代――岩倉使節団から横光利一まで』中央公論社。
長田忠一口述、南強生筆記 1894「佛國演劇現況」、『早稲田文學』一六号、六〇三―六三九頁。
小山内薫 1914「狂言座の『曾我』」、『歌舞伎』四月号、五六頁。
Rolland, Romain, 2003, *Le Théâtre du peuple*, Paris: Éditions Complexe.（大杉栄訳 1922『民衆芸術論』アルス。）
桜井鷗村 1909『歐洲見物』丁未出版。
関肇 2007『新聞小説の時代――メディア・読者・メロドラマ』新曜社。
渋沢保 1891『英国文學史』博文館。
島村抱月 1906『滞欧文談英国現在の文芸』春陽堂。初出は一九〇三年。
Singer, Ben, 2001, *Melodrama and Modernity: Early Sensational Cinema and Its Contexts*, New York: Columbia University Press.
橘広明 1920『民衆娯楽の研究』警眼社。
橘高広 1929『教育映画概論』明治図書。
田口真理子 2004「福地桜痴と歌舞伎座」、上田博、瀧本和成編『明治文芸館Ⅲ――日清戦後の文学新文芸の胎動』嵯峨野書院、一〇〇―一〇一頁。
田島宏 1996「フランス語の辞典のはなし」、辞典協会編『日本の辞書の歩み』、一五四―一六六頁。
手塚晃編 1992『幕末明治海外渡航者総覧』全三巻、柏書房。
Thomaseau, Jean-Marie, 1984, *El Mélodrame*, Paris: Presses Universitaires de France.（中条忍訳 1991『メロドラマ――フランスの大衆文化』晶文社。）
坪内逍遥 1977a「日本に沙翁劇を興さんとする理由」、『逍遥選集』一二巻、第一書房、六三五―六五三頁。初出は一九一〇年。
坪内逍遥 1977b「わが旧劇に似た外国の劇」、『逍遥選集』一〇巻、第一書房、二六九―三二四頁。初出は一九〇九年。
坪内逍遥 1977c「特殊偶人劇としての我が繰り芝居の研究」、『逍遥選集』一二巻、第一書房、七七九―七八八頁。初出は一九一七年。
海野幸徳 1924『児童と活動写真』表現社。

Williams, Linda, 1998, "Melodrama Revised," in Nick Browne (ed.), *Refiguring American Film: History and Theory*, California: University of California Press, pp. 42-88.
を・き 1930「これは蒲田専売のメロドラマである　清水監督の「眞實の愛」評」、『読売新聞』四月二二日朝刊。
四方田犬彦 2001「解説　鏡花、新派、日本映画」、坪内祐三編『明治の文学 第8巻 泉鏡花』筑摩書房、四〇〇―四〇九頁。
（筆者不明）1897「西洋七種演劇」、『古今内外名数雑誌』一号。
（筆者不明）1905「英米の芝居」、『英語青年』八月号、三一三―三一四頁。
（座談会）1936「プロデューサー検討　城戸四郎座談会」、『キネマ旬報』新春特別号、一三〇―一五一頁。

メロドラマ映画研究の現在

訳者解説

ジョン・マーサー、マーティン・シングラー『メロドラマ映画を学ぶ——ジャンル・スタイル・感性』

1

本書は、John Mercer and Martin Shingler, *Melodrama: Genre, Style, Sensibility*, 2004 の全訳である。著者の一人であるジョン・マーサーは、本書執筆当時バッキンガムシャー・チルタンズ・ユニヴァーシティ・カレッジの映画学／メディア・スタディーズの講師であったが、現在はバーミンガム市立大学メディア学部で上級講師として教鞭を執っている。スタフォードシャー大学の映画学の上級講師であったもう一人の著者、マーティン・シングラーも現在は所属先を変え、サンダーランド大学メディア&カルチュラル・スタディーズ研究センターで上級講師を務めている。この二人の研究者の文献が日本語に翻訳されるのは、今回が初めてである。

読んでおわかりになるように、本書はこれからメロドラマ映画研究の理論と歴史を学ぼうとする人のための身近な入門書としての性格をもっている。この本を通じて、読者は、フィルム・スタディーズのなかでメロドラマ研究がどのように進展してきたのかについての基本的な理解を得ることができるし、メロドラマ映画研究の隆盛の背景にあった理論的文脈や、著者たち独自の問題関心（ゲイ・シネマ等）にも触れることができる。そのうえで、これからメロドラマ映画研究についてさらによく知りたいと思う方々のためには、専門書としての本書の特徴や、問題点、及びメロドラマ映画研究の現在の状況等について、簡単に補足しておいたほうがよいだろう。

本書は、一九七〇年代から一九九〇年代末頃までのメロドラマ映画研究の展開を、ほぼ時系列に沿って振り返るかたちで構成されている。はじめに、本書のなかでメロドラマ映画研究の基礎と位置づけているネオ・マルクス主義、精神分析、フェミニズムの三つの理論について改めて確認しておくと、これらはいずれも七〇―八〇年代にフィルム・スタディーズに取り入れられ、この領域のなかでさまざまな分析概念（たとえば、同一化、父権的無意識、視覚的快楽）を発達させてきた。こうした概念を使うことで、研究者たちはメロドラマ映画の特性を多角的に分析することができたのであり、また逆にメロドラマ映画という対象を通じて、研究者たちはこれらの新しい理論を洗練させ、体系化することができたのだ。言うまでもなく、こうした映画理論の盛り上がりは、メロドラマ映画研究がフィルム・スタディーズのなかでその主調をなす大きな領域のひとつへと発展していく過程において、西欧の知的文脈の北米に対する影響がしばしば不可欠な経験としてあったことを示している。そのことは本書においては、とりわけアルチュセール以後の西欧マルクス主義の流れを汲むイデオロギー批判の論調としてあらわれている。たとえば、著者たちが七〇年代におけるサークを再評価するにあたり、彼の作家としての意図が「転覆的（subversive）」であると繰り返し指摘するところなど象徴的だと言えよう。

その後九〇年代に至ると、本書の第三章で述べられている通り、メロドラマ研究における議論の対象はジャンルやスタイルからモードへ移行していく。執筆当時、未だ現在進行形の議論であったためか、このあたりの記述に著者たちのメロドラマ映画研究者としての立場を最もよく窺い知ることができる。男性向けのアクション映画やゲイ・シネマをメロドラマとして再評価する姿勢には、ゲイの作り手や観客の感性とメロドラマの美学との親和性を強調する、研究者としての著者たちの姿勢が示されているからである。このことは、第二章におけるサークのファスビンダーやヘインズへの影響に対する著者たちの興味にもみてとれるだろう。とはいえ、研究史的な観点からすれば、「メロドラマではないジャンル」のなかに潜むメロドラマのモードを露呈させる企てだけが、大きなムーヴメントとしてあったわけではない。二〇〇〇年代に提出された主だった研究成果を総括してみる限りでは、むしろ別の問題が大きく取り上げられるようになってきたと言うべきかもしれない。それは、文化的／時間的／地域的横断性と地政学的な影響関係、そして歴史的特殊性といった言葉で説明される問題であり、現時点でも世界中の研究者たちの間で議論が続けられている。本書ではこの点について必ずしもきちんと語られてはいないので、ここからはこの問題にかんする現在までの研究経過を確認していきたい。

九〇年代を通じて、ジャンルという単一の形態にメロドラマ概念を制限しておくことが困難になり、モードや感性、修辞学といった論じられ方が主流化していくと、ハリウッドだけではなく世界の映画へと目が向けられるようになった。このことは、本書でもインド映画とアルモドバル監督のスペイン映画を通じて触れられている（著者たちの出身国であるイギリスのゲインズバラ社製メロドラマについても、巻末の「メロドラマ映画作品リスト」の一部で紹介されている）。しかし、アメリカ以外の国で製作されたメロドラマ映画についてはこれまでに多くの研究成果が報告されており、そのことを鑑みれば、残念ながら本書はその全容を十分カバーしているとは言いがたい。

　ハリウッド以外のメロドラマを対象とした論文集としては、早い例では一九九三年に、ケンブリッジ大学出版局から発表された*Melodrama and Asian Cinema*（Wimal Dissanayake(ed.), Cambridge University Press, 1993）が挙げられる。アジアのメロドラマ映画に関心をもつ研究者らによって開催されたシンポジウムの成果から生まれたこの論集には、英語圏でフィルム・スタディーズを学んだアジア出身の複数の研究者が執筆にかかわっていた。そして彼らが自国の映画を対象として書き上げたメロドラマ論には、新鮮で刺激的な、かつ十分な資料的事実にも裏づけられた報告が含まれていた。結果としてこの論集は、その全体を通じて、アジア映画にもフィルム・スタディーズのメロドラマ理論が有効な分析フレームとして通用するということだけでなく、メロドラマに文化横断的な普遍性が備わっていることを証明することになった。一方で、研究者たちは、あくまでもハリウッド映画との比較対照を通じてアジア映画に「メロドラマに似たもの」ないし「メロドラマ的なもの」が見出せるという慎重な立場をとっていたため、なぜ、そしていつからその国にメロドラマ的なものが存在するのかという問題にかんして、満足に説明してはいなかった。それでもこのとき研究者たちは、アジア映画に対するハリウッド映画の影響というヘゲモニックな関係性を暗黙のうちに想定していたように見える。

一九九九年に発表されたミリアム・ハンセンの「感覚の大量生産」[1]と題された論文は、こうした予見を跡づけるものとして読むことができる。ハンセンはこの論文のなかで、ハリウッド映画と諸外国の映画との関係を、モダニズムの輸出・受容・翻訳の過程を意味する「ヴァナキュラー・モダニズム」という概念を用いて理論化し、一九三〇年代におけるハリウッド映画の覇権の確立を明確に描き出した。この論文は、メロドラマ映画に直接言及した論文ではないものの、ゼロ年代のフィルム・スタディーズの展開にとって最も浸透力のある議論のひとつであり、メロドラマ研究におけるインパクトも相当にあった。とくにハリウッド映画を諸外国における「最初のグローバルな現地語」[2]と位置づける視点は、メロドラマの文化的・地域的横断性の謎を解くひとつの鍵であり得たはずだ。

だが忘れてはならないことに、メロドラマにはそもそも、「フランス革命以後の大衆劇」という映画以前のルーツが指摘されてきたという経緯がある。このことをより重視するならば、ハリウッド映画が諸外国へと輸出されるようになるはるか以前の段階で、別のルートでメロドラマ的モードが伝播する可能性について、より広範な時代を念頭に考える必要が生じてくる。

このメロドラマの時間横断性という問題にかんして、新しい視点を提示した重要文献として第一に挙げるべきは、二〇〇一年に発表されたベン・シンガーの*Melodrama and Modernity: Early Sensational Cinema and Its Contexts*（Columbia University Press, 2001）だろう。シンガーはここで、一八八〇年代から一九二〇年代にかけてアメリカの演劇と映画の両方にまたがって存在していた「センセーショナル・メロドラマ」というジャンルに焦点を当てた。この研究は、フィルム・スタディーズにおける映画の出現とモダニティの関係への関心の高まりを反映していた一方で、メロドラマ研究としては、「ジャンルからモードへ」という近年の変化を踏まえつつも、その「中間地点が最も有効」[3]だとする新しい立場をとった。シンガーは、メロドラマを「クラスター概念」とみなして現在までに提示されてきた雑多な要素をすべて包括することで、特定の時期・場所・条件の下で成立する単一のジャンルとしても、普遍的で横断的な性質をもつモードとしても考えることができるという、両義的な性格をメロドラマに特徴づけたのである。この立場をとることで、シンガーは、「センセーショナル・メロドラマ」という具体的なジャンルを通じて、アメリカのメロドラマ演劇／映画とモダニティとの関係を浮かび上がらせ、煽情主義《センセーショナリズム》という新しい文化的価値観の影響を指摘することができた。このときアメリカ映画を「特定の映画史的問題として探究する」[4]という方法にあえて立ち戻ることで「メロドラマ」に問い直されていたものは、「古典的ハリウッド映画」に帰結することのない普遍性のありようにほかならない。

二〇〇〇年代はこうした新しい議論を踏まえて、メロドラマの時間的／地域的／文化的横断性を、歴史的な特殊性という視点から探究する試みが本格化していく。ハリウッド以外の地域の映画を対象としたメロドラマ研究は急速な広がりをみせ、その成立の過程にかんする再検証が行なわれるようになった。

3

二〇〇二年にデューク大学出版から刊行された*Imitations of Life: Two Centuries of Melodrama in Russia*（Duke University Press, 2002）は、魅惑的な報告と議論に満ちた、ロシアのメロドラマ映画にかんする論集である。この論集は、サーク顔負けのミザンセーヌへの執拗なこだわりで画面を物で埋め尽くす帝政ロシア時代の映画作家エヴゲーニィ・バウエルを筆頭に、ロシアの無声映画にフォーカスを当て、それらがいかにメロドラマ的なスタイルと感性に満ちていたかを明らかにしている。この本の編者でもあるマクレイノルズとニューバーガーは、序章を執筆するなかで、ロシアでメロドラマ映画が確立する背景として、この国独特の受容の場があったことを指摘している。それは一方では、「商業文化のジャンル細分化や唯物論、消費に対する抽象的な理想化、ブルジョワないし西洋の個人主義への広く浸透した疑念」であり、もう一方では「過剰、センセーション、スペクタクル、そして情動」といった「ロシアの文化史に深く染み付いた特徴」に裏打ちされる受容の環境である。(5) 彼らの主張によれば、メロドラマ映画は一九一七年のロシア革命前後の価値観の混乱に乗じて、国内で重要性を増していったという。ロシアにおけるメロドラマ映画の洗練は、米国におけるそれと比しても遜色ないほど早かったのである。

この帝政ロシアのメロドラマ映画よりさらに遡って、日本の明治時代の新聞小説に、確立されたメロドラマの形式を見出した研究者もいる。ミシガン大学の日本文学研究者ケン・K・イトウの著作 *An Age of Melodrama: Family, Gender, And Social Hierarchy in the Turn-of-the-Century Japanese Novel* (Stanford University Press, 2008) は、夏目漱石、尾崎紅葉、菊池幽芳、徳富蘆花を取り上げて、日本のメロドラマ文学の成立に、明治維新という国家体制の大きな変容によってもたらされた二つの契機を指摘している。(6) それはひとつには、家制度の崩壊にともなう家族観と恋愛・結婚観の劇的な変容といった社会レヴェルでの契機であり、もうひとつには日本人作家による外国のメロドラマ小説の受容と吸収という実践のレヴェルでの契機であった。イトウは、先行研究の指摘を踏まえて、日本にはもともと江戸時代以来、中国の儒教思想から伝わる「勧善懲悪」という演劇の型が定着しており、メロドラマの形式をとくに受け入れやすい環境があったと述べている。このような研究は、日本のメロドラマ映画研究者にとってもきわめて有益な背景を提供するものだろう。というのも、映画研究者たちは、まさに尾崎や菊池らの新聞小説の映画化が日本映画のメロドラマの原型ともいうべき「新派悲劇」と呼ばれる一大ジャンルを形成したことを知っているからだ。(7)

このような研究成果をみると、ロシアと日本の物語文化におけるメロドラマの成立の背景には、アメリカと同様に、都市化と近代化という問題が考えられることがわかる。それでも、この問題はおそらくメロドラマの形成に不可欠な要素というわけではないだろう。革命や戦争などの動乱がもたらす価値観の著しい転換が、しばしばメロドラマ映画のコンテクストになっているケースも指摘されているのだ。

たとえば、東アジア地域のメロドラマ映画に高い関心を寄せる研究者たちは、中国、韓国、北朝鮮のメロドラマ映画の確立に、第二次世界大戦下における日本による侵略が少なからぬ影響を与えたことを明らかにしている。[8] これらの国の人々のメロドラマ的想像力を原動力とした「抗日映画」が東アジアに広く開花したことは、たびたび指摘されていることでもある。[9] キャサリン・ラッセルは、このような東アジアにおけるメロドラマ映画文化圏が、日本映画という（ハリウッドに対する）もうひとつのグローバル・システムによって形成されたものだと考えている。[10] しかし、このような歴史には、コロニアルな意図が潜んでいると受け取られかねない部分がある。東アジア映画の中心に日本を位置づけることには、ハリウッド映画を基準してその他の外国映画を周縁化することと同じように、結局は「支配者」による歴史記述を正当化することとの危険がともなう。だからこそむしろ進んで注意を向けるべきは、歴史上の個別の問題であるように思われる。実際、研究者たちの報告によれば、戦後におけるより特異な事情として、中国においては共産党による国家の建設と文化大革命が、韓国と北朝鮮においては朝鮮戦争による異なる結果（すなわち、南における米軍の長期駐留によってもたらされたアメリカナイズされた社会と、北における金将軍家の統治によって確立された閉鎖的な全体主義の社会）が、その国のメロドラマ映画のドラマツルギーとスタイルに現在に至るまで引き継がれる独自の諸要素をもたらしているのである。[11]

メロドラマ映画研究者たちはさらに、ラテン・アメリカという新たなフロンティアを発見している。このラテン・アメリカのメロドラマ映画史には、東アジアにおけるそれと少なからず呼応するところがある。二〇〇九年に出版された、南米圏（メキシコ、ベネズエラ、ブラジル、アルゼンチン、ボリビア、ペルー、プエルトリコ、キューバ、コロンビア等）のメロドラマ映画を多角的な視点から扱った論集*Latin American Melodrama: Passion, Pathos, and Entertainment*[12]から、やはり意義深い研究成果を知ることができる。この論集の序章を担当したダーリーン・J・サッドラーは、ラテン・アメリカのメロドラマ全体に、「様式上の何らかのトランスナショナリティ」が見受けられると認める。[13]この越境性は、ハリウッドをはじめとする外国の映画界との活発な人的交流や、タンゴ音楽の横断的な流行、そしておそらくは最も重要なことに、西欧諸国による植民地支配という共通の歴史から構成されている。その直接的な結果として、古典的な南米メロドラマ映画は、往々にしてこの植民地時代を舞台として展開し、革命と独立という主題を掲げているのだ。一方で、この革命と独立という史実に動機づけられたメロドラマ的主題は、それぞれの国を統治していた国家が異なり、支配からの脱却の時期も過程も方法も違っていたという限りにおいて、当然ながら厳密にはそれ自体まったく別の歴史的特殊性に裏付けられている。

東アジアと南米のメロドラマ映画をめぐるこれらの研究は、それぞれの歴史に固有のコンテクストを明らかにする一方で、メロドラマ的な物語の根本に、（道徳的／政治的／文化的な）価値観の混乱のなかで人々が何を信じて行動すべきかを伝達するという性質をもっていたことを示唆しているのである。

4

こうして近年のメロドラマ研究を俯瞰してみると、メロドラマ映画をめぐって、歴史的特殊性のなかからつねに現われるひとつのモード、とでも言うべき一見奇妙な傾向が現われつつあることがわかってくる。ごく最近発表されたアウグスティン・ザーゾサの論文“Melodrama and the Mode of the World”（*Discourse*, 32. 2, Spring 2010, pp. 236-255）は、ブルックスやエルセサーの啓示的な見解と近年の傾向との関連性を明確にし、メロドラマのモードの再概念化を試みたものとして注目に値する。このヒスパニック系の研究者は、メロドラマ的モードを「経験上の実際的な問題を解決するための戦略[14]」と位置づけ、それが「歴史的特殊性を通じた普遍性[15]」をもっていると主張する。ザーゾサによれば、メロドラマのモードが本質的な越境性を備えているのは、それがひとつの歴史的起源に遡ることのできる広範で抽象的な概念であるからではなく、むしろ「経験を劇化するという原初的な要請[16]」にかかわっているからである。すなわち、「世界と自己との間の二項対立を設定する根本的に素朴な想像力[17]」が存在さえすれば、メロドラマのモードはどこであれ生じる可能性があるのだ。このように考えると、ブルックスの言うようなフランス革命以後の聖なるものの喪失も、あるいはエルセサーの言うようなアメリカのブルジョワ・イデオロギーの危機も、実際にはメロドラマの「起源」をめぐるひとつの特殊な事例と考えられることになる。これほど世界各地にメロドラマ映画の存在が確認された現在においては、メロドラマ的モードをめぐるザーゾサのような見方には一定の説得力があると言わざるを得ない。もしかしたら、メロドラマは互いに等しく特殊な事例の相互関係のなかに、捉え直すことができるのかもしれない。

5

最後に、この翻訳を通じてメロドラマ映画研究に触れた読者が、次に手に取るメロドラマ研究関連の文献として、日本語で書かれた比較的入手の簡単な文献をいくつかご紹介したいと思う。翻訳文献については巻末の「重要文献リスト」をご覧いただくとして、ここでは日本映画を対象とした以下の著作と論文を記しておく。戦前のメロドラマ映画についてはすでに二つの著作が出版されている。ミツヨ・ワダ・マルシアーノは『ニッポン・モダン――1920・30年代』（名古屋大学出版会、二〇〇九年）のなかで、松竹女性映画を対象としてメロドラマをめぐる興味深い分析を行なっている。御園生涼子も松竹映画に照準して『映画と国民国家――1930年代松竹メロドラマ映画』（東京大学出版会、二〇一二年）を書いているが、こちらは女性映画という枠組みを超えてさまざまなジャンルが扱われている。単発の論文としては、精緻な作品分析が提出されている。斉藤綾子の「失われたファルスを求めて――木下恵介の「涙の三部作」再考」（長谷正人、中村秀之編『映画の政治学』所収、青弓社、二〇〇三年、六一―一二〇頁）や、木下千花の「メロドラマの再帰――マキノ正博『婦系図』（一九四二年）と観客の可能性」（藤木秀朗編『観客へのアプローチ』所収、森話社、二〇一一年、一九九―二二八頁）を読んでおかれるとよいだろう。

註

（1）Miriam Hansen, 1999, "The Mass Production of the Senses: Classical Cinema as Vernacular Modernism," *Modernism/Modernity*. 6. 2, pp. 59-72.（＝ミリアム・ブラトゥ・ハンセン「感覚の大量生産——ヴァナキュラー・モダニズムとしての古典的映画」滝浪佑紀訳、『SITE ZERO/ZERO SITE』No. 3、メディア・デザイン研究所、二〇一〇年、二〇六—二四五頁。）

（2）前掲書、二二二頁。

（3）Ben Singer, 2001, *Melodrama and Modernity: Early Sensational Cinema and Its Contexts*, Columbia University Press, p. 7.

（4）ibid., p. 2.

（5）Louise MacReynolds and Joan Neuberger, 2002, "Introduction," Louise MacReynolds and Joan Neuverger (eds.), *Imitation of Life: Two Centuries of Melodrama in Russia*, Duke University Press, p. 4.

（6）同じく日本文学研究者である関肇も、明治時代の新聞小説とメロドラマとの深い関連性について論じた著作を発表している。関肇『新聞小説の時代——メディア・読者・メロドラマ』新曜社、二〇〇七年。

（7）新聞小説、新派悲劇、メロドラマ映画の関連性に言及したものに、たとえば以下の論文がある。四方田犬彦「鏡花、新派、日本映画」、『文学』5（4）、二〇〇四年、二—一三頁。もちろん、その過程で溝口や島津に代表される野心的な映画作家たちの存在が不可欠だったことは言うまでもない。また、こうした映画作家たちにとって、ハリウッド映画の同時代的な影響はつねに計り知ることができないほど大きかった。

（8）劉文兵によれば、中国における最初期のメロドラマ的なジャンルは、一九一〇—二〇年代の上海映画時代にみられるという。このことは西欧諸国による租界形成という上海の地理的条件と無関係でない（劉文兵『映画のなかの上海——表象としての都市・女性・プロパガンダ』慶應大学出版会、二〇〇四年）。姜进も上海メロドラマ映画と租界と関係について同様の指摘をしている。姜进「追寻现代性：民国上海言情文化的历史解读」、『史林』二〇〇六年四期、七〇—七七頁。他に韓国、北朝鮮のメロドラマ映画について、以下の論文を参照した。韓国 Kathleen McHugh, Nancy Abelmann(eds.), 2005, *South Korean Golden Age Melodrama: Gender, Genre, and National Cinema*, Wayne State University Press.　北朝鮮　Alexander Dukalskis, Zachary Hokker, 2011, "Legitimating totalitarianism:

Melodrama and mass politics in North Korean film," *Communist and Post-Communist Studies*, 44, pp. 53-62.

（9）たとえば劉は、中国の「抗日映画」にみられる「メロドラマ仕立て」の構成について、「映画人による精いっぱいの抗日の呼びかけ」であったと指摘している。劉文兵『中国抗日映画・ドラマの世界』祥伝社新書、二〇一三年、二四頁。

（10）Catherine Russell, 2010, "Japanese Cinema in the Global System: An Asian Classical Cinema," *The China Review*, 10. 2, (Fall), pp. 15-36.

（11）Dukalskis, ibid.

（12）Darlene J. Sadlier, 2009, *Latin American Melodrama: Passion, Pathos, and Entertainment*, University of Illinois Press.

（13）ibid., p. 4.

（14）Augstin Zarzosa, 2010, "Melodrama and the Modes," *Discourse*, 32. 2, Spring, ibid., p. 237.

（15）ibid., p. 238.

（16）ibid., p. 237.

（17）ibid., p. 243.

II

メロドラマに輝くもの
日本映画、あるいは幾人かの女優

「わたし、ずるいんです」——女優原節子の幻想と肉体

はじめに

「原節子」として、銀幕のなかで二七年を生きたそのひとは、日本映画史上もっとも神秘的な女優として知られている。「永遠の処女」。彼女はいつの頃からか、そのように呼ばれてきた。それはなにも、彼女自身が生涯を通じて独身を貫いたという事実だけに拠るのではない。おそらく、スクリーンに投影されたこの女優のふっくらとした体躯と大きな黒い瞳から発せられるまっすぐな眼差しの力、そして豊かな唇から造形される豊かな微笑みは、気高さやかたくなさ、清潔さといった印象を観る者に与えた。もちろん彼女は女優なのだから、特権的な容貌を持っているのは当然のことだ。ただ、原節子のそれはあきらかに、親しみよりもはるかに、畏怖に似た憧れを懐かせる類のものだったのだろう。

唯一無二のイメージを持たれることは、女優にとって誉れ高いことに違いない。美貌や演技力を超えたオーラをそなえたスターだけがこのような経験をする。しかし、原に授けられた「永遠の処女」という称号は、どこか矛盾した響きを持っている。女優としての彼女の肉体のありようは、い

つもその称号が指示するイメージに従属していたわけではないからだ。

そもそも原節子は、いつからそのような女優になったのか。

原節子が映画界入りしたのは、一九三五年、一五歳のときである。デビュー作は『ためらふ勿れ若人よ』（田口哲）であり、原は、男子学生たちの憧れの的になっている文具店の娘を演じた。スクリーンに最初に投じられた彼女の容貌はいかにも鮮烈だ。ふんわりとしたセーラー服の似合う肩幅のある体形、つぶらな黒い瞳、そして素晴らしい歯並び。これらの身体的特徴はいずれも、同時代の日本映画の女優たちの中では突出している。

翌年、原は山中貞雄監督の『河内山宗俊』に出演する。繊細な演出が画面の隅々まで行き届いたこの傑作で演じたのは、素行の悪い弟のしくじりのために身売りを決意する甘酒屋の娘お浪であった。庶民風の質素な着物と島田髪という出で立ちは、大柄だと言われていた原のからだをほっそりとして見せる。本作においては、弟を思わず叩く、河内山の妻のまえでこらえきれず泣き出す、といったいくぶんヒステリックな原の所作が観客のペーソスを誘うが、痛ましく映るのは、演技というよりも、まだ胸のふくらみも目立たない彼女の上半身である。

次の一九三七年、原は日独合作映画『新しき土』（アーノルド・ファンク／伊丹万作）に主演し、早くも日本女優の代表という大役を得る。当時の両国の政治的意図が露骨に見え透く本作の映画的価値は現在では決して高くない。しかし、振袖を文字通り振り回しながら広い庭を蝶のようにひらひらと飛び回る原を捉えたショットは、少女のからだのしなやかさを映し出したものとして純粋に素晴らしい。

一〇代の半ばの彼女は、純真無垢な乙女そのものだ。西洋的だと称された近代的な美貌のためだけでなく、より端的に若いということで、原節子は演技力とは無関係に、清らかで瑞々しいからだをせつないまでに煌めかせることができた。それは誰にもできることではない。フィルムの連なりに刻まれているのは、まさに処女、それも特権的な処女としての彼女の生だ。

しかしながら、彼女が終生を通じて「永遠の処女」と呼ばれていることになった所以をこうした初期作品の記憶に求めることはできない。これらの作品における「処女」としてのイメージの現前はあきらかに、彼女の永遠ではない若さゆえに成立している。それに、原が「永遠の処女」と広く呼ばれるようになったのは、彼女が肉体的な少女期をすっかり脱してからのことだ。つまり、彼女は女優として、スターとして不動の地位を築いたその頃に、永遠に処女化されたわけである。

成熟と象徴化

「永遠の処女」神話の生成を考えるうえで鍵となるのは、おそらくは二〇代だ。世の中の多くの女たちが、好むと好まざるとにかかわらず大人にならざるをえない時期に、原節子だけがその変化を免れえたはずもない。ただ例外的な背景があったとすれば、それは彼女の青春時代が戦中と戦後という例外状態のなかに位置していたことだろう。

二〇代前半、原の出演作は、もっぱら戦意高揚を目的とする映画に限られていた。彼女が演じたのは、ほとんどつねに極端であるか空虚であるかのどちらかに偏った人物である。もちろん、このような経験は、なにも原節子だけに強いられたものではない。当時の映画界、とくに東宝に所属する俳優であれば誰しもが、多かれ少なかれ自らのイメージが政治的にコントロールされることを経験したはずだ。

原節子が他の女優たちとはっきりと異なっていったのは、むしろ戦後である。軍国主義から解き放たれた映画界で奨励されたのは、接吻と自由恋愛にかんする描写である。原節子は、その潮流に抗ったわけではない。しかし、多くの女優たちが自らの肉体的な魅力をスクリーンに弾けさせることで新時代の価値観をなかば乱暴に啓蒙したのとは対照的に、原は抽象的で象徴的な存在でありつづけた。

一九四七年の『安城家の舞踏会』（吉村公三郎）の舞台は、過去の栄華な暮らしに固執しづつける旧華族の一家だ。映画は、経済的に困窮しているにもかかわらず舞踏会を開催するというこの家の当主の破滅的な提案に対し、ただ一人末娘だけが毅然と反対を表明する場面から始まる。この末娘が、原節子である。舞踏会は開催される。しかし、豪勢で排他的なその宴はもうかつてと同じようには実現しない。物語はむなしさだけがとめどなく露呈されていく悲劇的な展開をたどり、映画の終盤、当主はついに自殺を決意する。それを末娘が思いとどまらせる。彼女は父親とダンスを踊る。そのとき、家族一同が悲哀のなかで、今までとは違う生き方をしていくことをようやく受け入れる。映画は、父親に寄り添う末娘が窓の外に向かってのびのびと腕を開げるところで終わる。この映画を通じて、原のイメージは一貫して「希望」というべき主題そのものを象徴している。

『青い山脈』（一九四九年、今井正）で演じたのは、古い慣習を好む女学校で、民主主義と自由恋愛の素晴らしさを説く若い教師雪子だった。原は、人目をひく色の濃い口紅を塗った大きな口で微笑み、ふさふさとした黒い睫毛でまばたきをする。にもかかわらず、彼女は性愛的な対象ではない。豊かな黒髪をぴっちりと四角く整え、肩パットの異常に張り出したブラウスに、ゆったりとした白いパンタロンといった出で立ちから彼女が醸し出すのは、女性的というよりもむしろ男装者の魅力である。自らの膝の上で泣く杉葉子演じる進歩的な女生徒を包み込むように抱いて髪を撫でてやるとき、そのからだは母性というにははるかに性別を超越した大らかさに満ちる。

復興を掲げる映画界で原節子が見事に演じてみせたのは、顛倒した世間の価値観に対する葛藤を乗り越えていこうとする理知的で賢明な女性だ。そのことで原を、新時代の理想的な女性像の体現者として評価するのは容易い。しかし、女優のキャリアにおいて、いつも崇高なシンボルでありつづけることは望ましかったのか。

もちろんこの時期、原節子は女優として幅広くさまざまな役柄を演じている。だが残念ながら、原節子という女優の価値をみるうえでそうした例外的な作品の重要性はそれほど大きいとは言えない。彼女はたしかに、『颱風圏の女』（大庭秀雄）や『誘惑』（吉村公三郎）、『白痴』（黒澤明）といった作品で大胆な言動をともなう娼婦や愛人といった役を演じはしたが、その妖艶さや性的魅力は表面的で、脚本家がその役に描きこんだ以上の生々しさを表現しえたとは思われない。とくに『白痴』では、原の全身を覆う黒いマントのせいか、彼女が演じる妙子はきわめて観念的な存在である。

戦後数年間の原節子の出演作の傾向について指摘できるのは、彼女がたとえ恋愛や性愛といった主題にかかわったとしても、肉体的でエロティックな事柄に対して、どこか押しとどまった存在でありつづけたことだ。それは、観客と女優との関係においては、あるいは不幸なことであったかもしれない。女優の恋愛がゴシップの種として気軽に楽しまれることなど決してありえなかった時代に、原節子と名乗る一人の女性が撮影所の外でどんな恋愛を経験したのか、観客には知る由もない。しかしそればかりでなく、彼女はスクリーンのなかでさえ燃えるような恋愛をすることがなかったのだ。

恋愛映画とされる『お嬢さん乾杯』（一九四九年、木下恵介）にしても、彼女はあらかじめ結婚することの前提された相手を、かろうじて愛することを受け入れるにすぎない。この全体としては微笑ましい作品のなかで原節子が表わしているのは、『また逢う日まで』（一九五〇年、今井正）の久我美子や『浮雲』（一九五五年、成瀬巳喜男）の高峰秀子が爆発させるような、死ぬほどまでに熱烈な恋情とは兎にも角にも違うものなのだ。

「紀子」――『晩春』と『東京物語』

しかし「永遠の処女」と呼ばれた女優のもっとも重要な仕事は、言うまでもなく小津安二郎との協働にある。小津と原節子の特別な関係性は、公私にわたって伝えられてきた。だが、彼らの関係についてわたしが関心を持っているのは、監督と女優としての二人がスクリーンのなかで何を成し遂げたかだけだ。具体的には、紀子という名のヒロインを繰り返し原が演じたことに、どんな意味があるのか。

原節子が最初に紀子を演じたのは、適齢期を過ぎた娘と妻を失って久しい父親の関係を描いた一九四九年の『晩春』である。この作品の後半に置かれた紀子と父親とが旅行先の宿で共に就寝する場面は、不可解な壺のショットとともにつとに名高い。その場面で、紀子は自身の将来を案じて結婚を勧める父親に、「もう少しお父さんとこのままでいたいの」と言う。わたしたちはそう言う紀子を目撃しながら、彼女が結婚を拒むのは、嫁したあとの父親の孤独を慮るためではないということを知る。

すでに複数の批評家が親娘間の性的な関係性が示唆されていると指摘しているこの場面で、少なくともはっきりしているのは、紀子が他の男ではなく父親の隣で寝ていたいと言うということである。だが、何かが妙だ。というのも、危なげな会話をする父と娘の視線が決して絡み合わないのだ。紀子はなにも、父親と肉体的に結ばれたいのではないだろう。父親と一緒に寝ていたいというのは、彼女がほんとうに子供であれば、単にかわいらしい、無邪気な望みに違いない。しかし、それを口にする原の声は、すでに少女時代の甲高さを失って落ち着き払い、年相応に成熟した女のからだを布団の下に覆い隠し、さらには父親であるはずの男と目を合わせることさえ憚る。

紀子の態度は、彼女が自分の望みに潜む危険性を理解していることを暗示している。その証拠に、彼女の瞳はしっとりと潤んでいる。けれども、そのまま決定的な瞬間を捉えようかというときに、画面は壺のショットに切り替わる。彼女の表情の意味はついにはぐらかされてしまう。わたしたちはその不確かな欲望について、何か断定的なことを言うことはできない。だから、なにげない壺がになう意味について、あれこれと解釈をめぐらすほかないのだ。

一言で言えば、それは「ずるい」ことだ。そう、紀子であるときの原節子は、ずるい。

「わたし、ずるいんです」

実際、『東京物語』（一九五三年）の終盤の紀子には、こんな台詞がある。笠智衆演じる亡夫の父の「あんたはいい人じゃ」という労いの言葉を何度も否定しつつ、彼女は笑顔でそう言う。この場面は、只ならぬ緊張感と強度とで、多くの批評家たちを惹きつけてきた。ここには、観る者の心を震わせる過剰な何かがある。そしてその何かが、物語世界の閉ざされた完全さや、小津に特徴的な不自然な演出として説明するだけでは到底不十分なものなのだ。

つまり、原節子が紀子という登場人物の身分を借りて、そのからだと声で、カメラを正面からまっすぐ見つめて、自分をずるいと言う、そのこと自体に凄まじい衝撃がある。自分をずるいと紀子として告白する原節子の表情は、この上なく曖昧でありながら、随分と迫真的なのだ。

それがどうしてなのかを説明するのは簡単ではない。しかし、もし説明することができたなら、わたしたちは小津の映画のなかの原節子がなぜ特別なのかという問いに対する一つの答えを得るかもしれない。

転覆的な成瀬、残酷な小津

ここで考えてみたいのは、一九五〇年代の原節子のフィルモグラフィーにおける成瀬巳喜男作品での異質さについてだ。成瀬と組んだ数本の作品のなかの原は、驚くほど生々しい存在として、そのからだの持つ官能的な可能性を惜しげなく発揮させている。

なんといっても面食らうのは、『めし』（一九五一年）だ。この作品に現れる原は、小津の映画のなかで紀子を演じた彼女とは目を見張るほど異なっている。少しばかり経済的にゆとりがない中流家庭で、優柔な夫と二人で暮らす主婦三千代を演じる原は、瑞々しさと母性のどちらとも縁遠い熟した女のからだを持っている。べったりと顔に纏わりつく淫靡なパーマネントの髪、くたびれたシャツの下のずっしりとした乳房の撓み、柔らかく弛んだ腹の肉にくい込む白いエプロン。正座をすると臀部から太ももにかけての厚みが豊かな腰回りを際立たせる。そのからだは、女として持ち主が生きてきたぶんの現実の時間と経験とを隠そうとはしていない。

三千代と紀子との違いは、単純にして繊細なある身振りを通じて決定的なものになる。三千代は、紀子のように正面を向いてまっすぐな瞳で曖昧に微笑んだりはしない。少し上目遣い気味の横目で、相手をじろりと流し見る。大きな黒い瞳に劣らず力強く光り輝く白眼のせいで、夫や義理の姪を見つめるその眼球は、妻として彼女が強いられている抑圧について多くの事を物語る。その眼は、侮どり、媚び諂い、怒り、欲望する。三千代のからだを借りた原節子は、自らの身体イメージに附着した神性をいとも勿く剥ぎとってしまう。そのからだに匂い立つのは「処女」とはとても言えない、世俗的なエロティシズムだ。

女性を描く成瀬はあらゆる局面で転覆的な作家であったが、殊に原にかんしては、その聖的なイメージを幻滅させ、性化させることに対して、つとめて積極的であったように思われる。

『山の音』（一九五四年）で菊子を演じた彼女が暗示してみせたのは、「あまりに性的に幼げな彼女の不感症」（四方田犬彦『日本の女優』岩波書店、二〇〇〇年、一八五頁）というよりも、いっそう限定的に、上原謙演じる修一という男の妻であることに対する生理的な嫌悪ではなかったか。彼女は堕胎したからだで義父への恋慕をつのらせる程度には複雑に成熟しており、性欲を持たない退屈な「こども」であろうはずもない。そのからだはむしろ、女であることの宿命と人知れず闘っている。

夫婦の倦怠期を扱った『驟雨』（一九五六年）でも、原節子は妻文子を演じている。そのからだは、ピンナップ・グラビアから飛び出してきたような根岸明美の鮮やかな肢体との対照によって、夫婦の営みにもすっかり飽きた完全な中年女のそれとして映える。この映画には、文子が些細なことを理由に急に泣き出し、途端に夫を演じる佐野周二から「みっともない！」と一喝される場面がある。そのとき、原節子の顔は実際にみっともなく歪む。それは小津の映画であれば、誰も彼女には望まない顔だ。しかし、その顔を見て少なからず戸惑いながらも、わたしたちは悟る。原節子にもこんな顔ができるのだということを。

成瀬の映画のなかで、原は、いつも何事かに逼迫した満たされない人物を演じ、魅力的と表現するには些か醜悪な顔とからだとを晒してみせた。そのとき「永遠の処女」としての原節子は、まったく幻滅させられている。だが、だからといって観客は単に落胆することはないだろう。なぜなら、画面のなかの彼女はいかにも溌剌として、「どうだ」と言わんばかりの気丈さで女優の面目を躍如させているからである。

さて、小津の映画に戻ろう。

紀子であるときの原節子はずるい。殊に『東京物語』では、自分ではっきりと主張するのだから、そうに違いないのだ。しかし〈紀子＝原〉がずるいのは、彼女のせいだけではない。彼女はずるくならざるをえなかったのだ。周りの誰もが、彼女の本心や素顔を見ようともしないで、それでいいとだけ言う。それは彼女にとっては不本意だが、仕方のないこととして受け入れなければならないことだ。だからせめて彼女はまっすぐに相手を貫く黒い瞳と曖昧な微笑の裏側に、とりみだした泣き顔や、夫とは別の男を欲するなまめかしい女の顔をすっかり隠して、「そんなんじゃないんです」と言うだけは言う。真実を語った言葉がどうせ真に受けられないということを知っているのだ。

つまり、「わたし、ずるいんです」という台詞が底知れぬ迫力を持つのは、その言葉が、演じる者と演じられる者との境界を侵犯するからだ。紀子という物語のなかの人物と女優原節子とが完全に同一化して、登場人物でも女優でもない不敵な何者かになり、自らに視線を注ぐ全ての者たちの前で、決して受け入れられることのない裏切りを告白する。彼女はこの瞬間、幻想を否定しながらなお幻想とともに生きていくことの重さに静かに耐えている。

小津は残酷だ。すべてをわかったうえで「ずるい」と言わせたのだから。しかしその残酷さは、おそらくは優しさと同義なのだろう。原節子と紀子が一体化すること、そこには女優と監督とが結びうる限りのもっとも親密な関係が示されている。こう言い換えてもいい。自分を「ずるい」と言いながら微笑む紀子は、「永遠の処女」として生きる原節子そのものだと。

女優の一生

原節子は、所有する生身の身体とその表象の間に、埋めることのできない間隙を築いた女優である。彼女は最期まで、本質的に矛盾した「永遠の処女」でありつづけた。そして、自分を「ずるい」という『東京物語』を代表作としたのである。原節子の女優としての本分は、なによりも彼女自身のフィルモグラフィーに刻まれている。

これまで、日本映画の銀幕を素晴らしい数多くの女優たちが生きた。しかしながら、殊にずるいという意味で、原節子を凌駕した女優はいなかっただろう。幼げに見える小柄なからだでどんな役でも放埓に演じきった田中絹代も、しとやかな気品をとどめたまま進歩的なフェミニストたりえた入江たか子も、俗世間を力強く生き抜く女を演じることにその美貌を費やした山田五十鈴も、のびやかな肢体と闊達さとで愛された高峰秀子も……美しく優れた女たちは皆、スクリーンのなかで自分と別の人間のふりをして生きたのだから、それぞれにしたたかではあったに違いない。けれども、自らに注がれる現実離れした幻想を受け止めながら、「わたし、ずるいんです」ときっぱりと裏切りを告白しつつ、誰も傷つけずにいられたのは、きっと原節子だけであったはずだ。

原節子として生きたそのひとは、ついにこの世を去ったという。けれど肉体がついに命を終えたとしても、イメージは永遠だ。銀幕のうえで在りし日の姿を輝かせている限り、原節子は女優としての一生をまだ孤独に生きつづけなければならない。だから、彼女はきっとこれからも「永遠の処女」と呼ばれていくだろう。原節子はずるい。しかし、その女優のずるさは、自らの幻想を愛するすべての者たちの身勝手を許す寛大さでもあるのだ。

問 しかし、あなたは〝永遠の処女〟とよばれている……。

原 それもジャーナリズムがお作りになった言葉でしょう。私ね、最近になって現実のいろいろなことが、やっとわかってきましたわ……（と、斜め右の空間へ眼をそらし、しばらく沈黙）……そりゃあ、女というものは、汚れていないのがいいにきまっていますけれども……不可能よ……

（『週刊東京』一九五七年二月二三日号）

変化《へんげ》する顔、蝶の身体——京マチ子のスター・イメージに見る倒錯的従順さ

1　役柄／スター・イメージ／表象

女優は、様々な役を演じる。それは、地位や経験や能力にかかわらず、同じである。女優たちの中には、その顔や体に授けられた特権的なイメージの力が、彼女自身の性格や気質、演技するうえでの努力や工夫といったものの一切を超越してしまう者がいる。彼女は本当の自分と、自らのイメージとの間の違いに苦しみ、葛藤するかもしれない。しかしそのかわり、彼女はスターになれる。スター女優になった彼女は、国じゅうの人たちに、時には世界中の人たちに、自分の顔を知られる。直接に会うこともない、言葉を交わすこともない大衆は、彼女がどんな人物であるかを決めつけ、またその通りであるように望む。大衆の抱くその像が、現実の自分とどんなにかけ離れていたとしても、スター女優はその期待に応えなければならない。そのかわり、彼女は大勢の人から愛され、時には意図せずしてその中の誰かを救ったりもする。

どのスター女優にも、お馴染みの雰囲気の役柄と、そうでない役柄がある。スター・イメージにそぐわない役柄を演じたとしても、それが思わぬ当たり役となって、新境地を開いたと評されるこ

ともある。一方で、少しも受け入れられず、ハマっていない、ミスキャスト、力不足などと扱き下ろされてしまうこともある。かと言って、同じ役ばかりを演じていれば、必然的に、大根役者、マンネリ、演技に幅がないと批判される。それゆえスター女優たちは誰もが、好むと好まざるにかかわらず、自らの持つイメージと付き合いつつ、時には自ら誇張し、時には抗いながら、演じるという女優の営みを、自らの心と体のどちらかが燃え尽きるまで続けることになる。

では、京マチ子とはどんな女優だったのか。一九二四年に大阪で出生し、四九年に大映に入社した彼女はまもなくスターとなり、年下の若尾文子や山本富士子らと共に、そのスタジオの看板を背負った。言うまでもなく、彼女は特権的な顔と、特権的な身体を持っていた。彼女がその魅惑的な肢体を武器にヴァンプ女優として売り出されたことは、多くの人が知っている。初期の出演作をざっと見ただけでも、『痴人の愛』(一九四九年、木村恵吾)、『偽りの盛装』(一九五一年、吉村公三郎)、『牝犬』(一九五一年、木村恵吾)などの現代作であれ、『羅生門』(一九五〇年、黒澤明)、『雨月物語』(一九五三年、溝口健二)、『地獄門』(一九五三年、衣笠貞之助)などの時代劇であれ、彼女が〈男を幻惑する女〉のヴァリエーションを演じてきたことは明白である。

しかし、〈男を幻惑する女〉というものは、あくまでも京マチ子が演じた役のタイプであって、彼女のスター・イメージそのものというわけでもない。つまり、いかに男を幻惑するのか、いかに男を幻惑する女であることを納得させるのかを、そのイメージから掬い上げることが重要であり、さらにその上で、彼女のイメージが何を表象しているのかは別の問題である。たとえば、〈男を幻惑する女〉を演じる彼女のイメージが、倒錯的にも〈従順さ〉を表象することはありうるのではあって、スターの魅力というものは、しばしばそのように複雑である。ステレオタイプが神話化される過程と全く同時に、そのステレオタイプを打ち破りながら溢れ出るものもまた彼女の真のスター・イメージに違いない。だから、どんな当たり役やどんな売り出し方をされたかを確認する手続きと等しく、個々の作品テクストの中にあるその顔と身体を見つめ直し、その夥しい集合の中から、滅裂するイメージをある一つのイメージに収束させる企ては、何度でも試みられる意義がある。ここから記述していくのは、彼女の顔と身体をめぐる一つの再探求の試みである。

2　変化《へんげ》する顔——女優であることの再現

京マチ子が主演もしくは、重要な役を演じた作品群を振り返って気づくことの一つは、〈化ける〉という過程を彼女が繰り返し演じていることである(1)。女剣劇のスターを演じた『浅草紅団』(一九五二年、久松静児)と、田舎芝居の役者を演じた『浮草』(一九五九年、小津安二郎)では、劇中劇の中で浪人髷の鬘を被った異性装を披露している。共演者であった乙羽信子や若尾文子が同じ舞台の上でさほど代わり映えしない姿を見せているのに対し、京マチ子は一人の人物が、全く別様の姿へと変貌する過程を見せている。あるいは『穴』(一九五七年、市川崑)で演じた新聞記者と『黒蜥蜴』(一九六二年、井上梅次)で演じた緑川夫人は、変装の名人であり、化粧や衣装を施して自分を別人に見せかけることができた。『楊貴妃』(一九五五年、溝口健二)の前半における見せ場の一つは、飯炊き場で働く薄汚れた娘が山村聰演じる安禄山によって見出され、見違えるほど美しい姿に変身して、皇帝の妃候補として再登場する場面にある。『赤線地帯』（一九五六年、溝口健二）、『夜の蝶』（一九五七年、吉村公三郎）などで演じた〈夜の女〉にとっては、客に気に入られるために媚態を繕うことが仕事であったし、『牝犬』（一九五一年、木村恵吾）や『足にさわった女』（一九六〇年、増村保造）で演じた美貌の女たちは、アイコニックな脚を惜しげなく晒しつつも、生きるために好きでもない男たちを誘惑して、愛を錯覚させる。最も撹乱的な変化が見られるのは、『いとはん物語』（一九五七年、伊藤大輔）である。この作品ではまず、絵に描いたようなお多福顔が、彼女の実際の美貌を知っている観客を前提として、喜劇性とアイロニーを生み出す。さらに、彼女が見る夢の中で美化された自己像として、馴染みのある京マチ子の顔を映し出すのである。

このように、京マチ子は、同世代の、そして同じ頃に活躍していたどの女優たちよりも、物語世界の中で、顔や姿を変え、別人を演じるという女優の本質的な営みを再現したり、ときに露悪的なほどその過程を晒し出したりする機会が多かったと言える。このとき、重要なのは、この〈化ける〉という過程が必然的に、〈素顔になる〉というもう一つの過程を引き連れてくることにある。『浮草』で、舞台から降りた彼女が化粧を落として浴衣姿で現れる時、画面上の素顔は、本当の素顔でないことは明らかだというのに、観る者をドキッとさせる、匂い立つような色気を放つ。『穴』では、変装前の化粧っ気のない記者役として現れる彼女の方が、むしろ見慣れない容姿をしている。戯画的な太い黒々とした眉と、モジャモジャの頭髪、くたびれた普段着といったその出で立ちは、生活感溢れるアパートの一室の中で、彼女のスター・イメージに染み付いた美貌を一瞬忘れさせるほどのインパクトを持つ。だから、彼女が派手なワンピースとハイヒールを身につけ、艶やかなストレートのロングヘアを被り、濃いアイラインで目元を強調してヴァンプ的な美女に変身する時、それはむしろ親しみのある女優のイメージを示して安堵さえもたらすのだ。

おそらく京マチ子の顔貌は、様々に異なる顔へといかようにも変化する潜在的な擬態性を持っている。その鉤鼻と下膨れの輪郭を強調するメーキャップをすれば、『羅生門』、『雨月物語』、『新平家物語』などの、能面にも似た古典的な日本の女の顔になり、瞳の大きさと唇の厚みを強調するメーキャップを施せば、バタくさいと言われるような派手で現代的な女の顔つきにもなる。(2) 素材としてのその顔は、絶世の美女にも、醜女にもアレンジ可能であり、そのどちらの役も彼女は生き生きと演じた。いずれにしても彼女は、演じた役柄のタイプとは別に、しばしば濃い化粧によってその顔の印象を特徴づけてきた。『羅生門』や『地獄門』などで、彼女が真実や本心とは異なることを語るとき、その発言が虚偽であることは、それが暴かれることになる前に素顔を覆い隠す化粧を通じて示唆されている。また、その濃い化粧の強い印象のために、しばしば素顔や化粧っ気のない顔として示されるイメージが、不意打ちのような生々しいエロティシズムを溢れさせることもある。あるいは彼女が観客にだけ見せる、男を騙している時のしたり顔が、本当の表情という意味で素顔に似たものとして映ることもある。

彼女の変化する顔には、演じるという過程、そして女優であるということに対する、本質的な自己言及性が含まれている。同じく大映の看板女優であった山本富士子が高雅な美貌の内に得体の知れない執念を潜ませ、若尾文子が可憐さのなかに鉛のような重さを蓄えていたのとは対照的に、京マチ子は悪女や魔性の女を演じながらも、どこか誤魔化しの跡が見えるような素直さを透けさせ、卑劣さや冷酷さに徹しきれないか弱い部分を持っていた。彼女の演じる悪女はたとえ『牝犬』や『地獄門』のように男を滅ぼす存在であったにせよ、彼女もまた苦しみと悲しみを抱えて、最後には深く傷ついて命を落としていく。『猟銃』（一九六二年、五所平之助）の山本富士子や、『妻は告白する』（一九六二年、増村保造）の若尾文子のように、彼女を愛する男を去勢不安の恐怖に陥れるようなファム・ファタルとして現前したことが果たして京マチ子にあっただろうか。彼女はいつも、化ける過程と素顔になる過程を惜しげも無く晒すことで、顔色を操りながらも、結局は思ったことがすぐに顔に出る役を演じていたのではなかったか。『赤線地帯』で、彼女の最高の当たり役と言えるミッキーが、巨大な貝殻のオブジェの中で体をリズミカルに揺らして見せるあまりにも有名な場面を思い起こしてみても、その挑発的な肢体と白痴美的なまでにあっけらかんとした顔の表情は、手懐け甲斐のある女として見られることを聊かも拒んではいない。

3　蝶の身体——飛翔と固定

京マチ子の主演作を通じて反復されるもう一つの特質は、彼女の身体性にかんするものである。北村匡平が指摘する通り、京マチ子の身体は、しばしば「ボリューム」という言葉を通じて既定されてきた。この「ボリューム」は単に、彼女の長身や、引き締まった肉付き、あるいは顔まわりや胸部のふっくらとした丸みのことだけを意味していたのではなく、そのイメージが持つ迫力や見栄え、北村の言葉を借りればその「暴力的な強度」のことを指してきた(3)。なるほど彼女の身体イメージの持つ生々しくも溌剌とした官能性は、それ以前の轟夕起子の野卑な生命力や李香蘭の尖ったしなやかさとも異なる、ダイナミックな戦後的女優像をスクリーンに提示したと言える。しかし、ここから私が注目してみたいのは、その身体が運動の中にあるときの表象である。

その弾力性に満ちた身体を、多くの監督たちが動かしたがった。松竹少女歌劇団出身である彼女にも、それに応えるだけの高い運動能力とダンスの素養があった。決して華奢な体躯の持ち主でなかった京マチ子が、しばしばその柔らかな脂肪を揺らしながら走ったり、踊ったりしていたのを、わたしたちは記憶している。そしていくつかの作品においては、その躍動する身体イメージは、ボリュームという瞬発的なイメージが持つ「暴力的な強度」とはまた別の感覚を呈示している。

『祇園の姉妹』(一九三六年、溝口健二)のオマージュとして知られる『偽れる盛装』で京マチ子が演じたのは、山田五十鈴が演じたおもちゃによく似た君蝶という名の芸妓である。冒頭、スクリーンに姿を現す君蝶は、その名の通りの蝶のごとき身のこなしで、客から客へ、座敷から座敷へと舞うように飛び回っている。それからの君蝶は、おもちゃがそうであったように、何人かの男たちを手玉に取り、そのうちの一人から恨みを買って、とうとうナイフで刺される。しかし、結末におけるおもちゃと君蝶の描かれ方はひどく異なっている。『祇園の姉妹』の最終場面、頭に包帯を巻いたおもちゃは、病院のベッドに体を横たえ、傍に寄り添う姉に向かって語りかけるというふうでもなく、天井を見上げながら悲痛な叫びの声を上げる。

「なんで芸妓みたいな商売この世のなかにあんのや。なんでなくならんのや。こんなもん…こんなもん、間違ったもんや。こんなもんなかったらええのや。ほんまにこんなもんなかったらええねん」

同じ内容を繰り返すこの台詞を通じて、おもちゃは、芸妓という商売を成り立たせている世界のありようを呪い、異議申し立てをする。彼女は体の自由を奪われているにもかかわらず、その声を通じて抵抗のエネルギーを激しく溢れさせる。だが、『偽れる盛装』の君蝶はそうではない。最後の場面、それまでよりもずっと薄化粧になって現れた彼女は、病室の窓際に置かれた籐椅子に腰掛け、肘をついた手に顔をもたれかけ、物憂げに上方の虚空を見つめている。そして訪ねてきた妹との会話のなかで穏やかにこう語る。

「今までの生活、もうこのへんできっぱり清算や」

彼女はその後、これからの生活についてこれからじっくり考えるとも言い、恋人と去っていく妹を見送る。この時、彼女は、母と共に病院の窓枠の中に嵌め込まれ（まるでダグラス・サーク的なフレーム内フレーム[4]）、外の世界に旅立っていく妹とは対照的に狭い祇園の世界に依然として取り残される。彼女はそこから飛び立っていくことを諦める、あるいはもはや望まない。祇園で生き、やがて死んでいくはずの年老いた母の横で、彼女もやはり同じ道を辿っていくことを画面は暗示している。

おもちゃと君蝶はどちらも、男たちを弄んだことの罰として身体を傷つけられる。しかし、世界のありようを否定し、傷ついてもなお抵抗の姿勢を露わにするおもちゃに対して、君蝶は、その世界の秩序に自分の生き方を合わせようとしている。つまり、男たちの間を飛び回り、自らの意志でその関係性を結んだり切ったりすることの自由を手放して、彼女は籐椅子の中に、あるいは窓枠の中に、その身体をかろうじて固定させるのである。

同じく吉村監督の『夜の蝶』でも、この身振りは繰り返される。すなわち、彼女はまずバーのマダムとして、店を切り盛りしながら、客から客へとあの流麗な身のこなしで飛び回っている。しかし、結末では、愛人の運転する車の助手席に収まり、あどけない顔で眠りに落ちているところを見せたまま、山本富士子演じるライバルの運転する後続車に追突され墜落死するのだ。

山田五十鈴を倒れてなお攻撃的なおもちゃに仕立て上げた溝口健二もまた、『楊貴妃』で京マチ子の身体を吉村同様に扱う。人目を忍びながら、皇帝と共に市民たちの祭りを見物する場面で、楊貴妃は皇帝が琴を奏でる中見事に踊って見せる。ふわふわと袖を翻し、体をしなやかに揺らす彼女の舞は、皇帝に至福の時を与える。しかし、物語の終盤、史実通りに命を落とした彼女は、鮮やかに織り成された布に包まれて不動のものになる。

このように先に記した三つの作品では、京マチ子の弾むように躍動する魅力的な身体は、どういうわけか、終いには動きを封じられてしまう。いわば飛翔する蝶を捕えて標本に固定するまでの過程が、反復的に提示されるのである。

この京マチ子に対する溝口＝吉村式の伝統的な演出のモードを、実直にも型どおりに踏襲しているのが山田洋次である。『男はつらいよ　寅次郎純情詩集』（一九七六年）で、寅次郎のマドンナ役として登場した京が演じたのは、病弱で不運な未亡人だった。物語のごく前半、長い入院生活を終えて帰宅した彼女が嬉しさのあまり庭を駆け回る場面に見られる、ひらひらと舞うような彼女の身体の動きは、様々な先行作品で繰り返されてきた、まさに京マチ子的な身振りそのものである。そして物語の終盤、死に至る病によって衰弱していく過程で、彼女は縁側に置かれた籐椅子の上に身を沈めてほとんど微動だにしなくなる。京が演じたこの未亡人は、「男はつらいよ」シリーズを通じてしばしば異質なマドンナとして語られる。彼女はマドンナのうち、唯一寅次郎よりも年上であり、さらに唯一死んでしまう人物だからだ。リリーという運命的な相手を除いて、数多くのマドンナたちが、寅次郎以外の男性との結婚という幸せへと導かれていったというのに、京マチ子だけが動かぬものとなって死んでしまわなければならなかったのはどうしてなのか。「男はつらいよ」というシリーズの慣例を破るほどの何かが、京マチ子という映画女優のイメージから生起していることは疑いようもない。

4　倒錯的従順さ

京マチ子は、他の多くの女優と同じように多彩な役を演じた。そこにはヴァンプや魔女といったイメージ通りの役があり、そうではない役もあった。その典型的な役柄と例外的な役柄を通じた像の群れから抽出されるイメージの中には、本稿で見出したような、変化する顔や、蝶のような身体があった。京マチ子の映画女優のイメージ。それは大衆的な言説の中でヴァンプ、魔性、悪女として語られがちである一方で、撹乱的で転覆的であるというよりは、むしろ倒錯的な従順さを示してもいる。個々の作品に反復的に表れ、その集積から収斂されるイメージとしての、その柔らかで弾力性に満ちた顔貌と肉体は、変化し、運動するものとしてまず呈示され、最後には剥ぎ取られ、暴かれ、捕らえられ、固定される。ここで言う従順さとは、その過程を余すことなく晒け出して見せる奉仕のことである。それはまた、演じるという行為に対して徹底的に真摯であろうとするような、従順な女優というスター・イメージを作品のテクストを超えて形成してもいただろう。北村が緻密な言説調査からすでに明らかにしている通り、京マチ子は同時代のファン雑誌の記事を通じて、演じる役柄と普段の姿はまったく違う、清楚で純情な女性であるとも強調されてきた。[5] 彼女が魔性の女を何度も演じながら、スター女優として安定した人気と支持を集め続けることができたのは、スクリーンの中で見せるその蠱惑的で煽情的な顔が、〈作りもの〉であるという安心感を、より複雑で強烈なスター・イメージを通じて観客たちに訴えていたことが、理由の一つであるかもしれない。あるいは、その従順さは、抵抗することを諦め、犠牲や代償を受け入れる姿勢をデモンストレートすることで、戦後において大衆が直面していた切実な現実に呼応してもいたのだろうか――。

註

（1）北村匡平は、著書『スター女優の文化社会学――戦後日本が欲望した聖女と魔女』の終章で、『いとはん物語』

に言及しつつ、京マチ子のパフォーマンスにおける〈変身〉の主題に触れている。北村匡平『スター女優の文化社会学――戦後日本が欲望した聖女と魔女』作品社、二〇一七年、三八六―三八七頁。

（2）北村は前掲書を通じて、京マチ子のスター・イメージが、映画産業の中で戦略的に、バタくさい顔から、格調ある古典的な顔へと変貌させられていく過程を詳細に論じている。

（3）前掲書、一五六―一五七頁。

（4）「登場人物はたびたび鏡のフレームや出入り口、窓、絵画の額縁、装飾的な衝立の中に封じ込められている。これらの技巧もまた、登場人物が彼らの孤独な世界のなかで孤立したり、閉じ込められていたり、あるいは環境に抑圧されていることを示唆する」、ジョン・マーサー、マーティン・シングラー『メロドラマ映画を学ぶ――ジャンル・スタイル・感性』中村秀之、河野真理江訳、フィルムアート社、二〇一三年、一二一頁。

（5）北村、前掲書、一六一―一六五頁。

『君の名は』とは何か――ブームの実態とアクチュアルな観客

「キミノナハ」と聞けば、すっかり『君の名は。』(二〇一六年、新海誠)が想起される時代になってしまったが、一昔前までは、その名は偏に戦後における『君の名は』三部作(一九五三―五四年、大庭秀雄)のことを指していた。

菊田一夫脚本のラジオドラマを映画化したこの作品は、ラジオ放送中に第一部と第二部が封切られ、さらにその間に小説が出版されるなど、徹底したメディアミックスを通じて売り出され[1]、全国の放送局を出演者が来訪するキャンペーンや、今で言うところの「聖地巡礼」のようなロケ地巡りツアー[2]、全国から三万人が応募したミス・コンテストの開催なども行われた。そうした映画化の前後を含めたイベントも含め、まさにブームと呼ぶにふさわしい社会現象を巻き起こし、その伝説的な大ヒットは長きにわたって語り継がれてきた。

もちろんこの現象の背後には、製作会社の周到な計画があった。一九五二年にラジオドラマ「君の名は」が最高聴取率を記録した時点でいち早く映画化権を獲得した松竹は、本作を『愛染かつら』(一九三八―三九年、野村浩将)以来の「大メロドラマ」とすべく、企画段階から大掛かりな観客調査を実施している。一九五三年五月には「希望配役及び希望場面」の懸賞募集を行い、応募者が

「地域分布に関しては全国くまなく分散している事」、「女性がその七割を占め、若い層（二十五歳以下）が殊に多い」というデータを得た。第一部の撮影がクランクインした七月一三日には、宣伝浸透度の測定のために、映画館での面接調査も実施した。(3)

松竹はこうして若い女性をターゲットとした宣伝対策を徹底し、九月一五日に満を持して第一部を公開したのである。さらに第一部公開中には、観客がどの場面で感動しているのかを、心理反応アナライザーを用いて測定する試みも行われ、この科学的な調査を通じて得られた結果（クロースアップが効果的であることなど）は第二部、第三部の製作に活かされた。(4)

一方で、シリーズを通してこの映画は、「いいところの少しもない作品」(5)、「こういう作品に対して正面から芸術的文句をつけるのも、実は馬鹿馬鹿しい」(6)、「第一部もつまらぬものであったが、はっきり言って第二部は更につまらない。（中略）終始めそめそとじめじめとして暗い」(7)「もっとも拙劣なお涙頂戴劇」(8)、と言った具合に、散々に批評家たちの酷評を買った。そのほとんどは批評に値しないというような呆れ気味の論調のものであったが、この作品に潜在する特質を分析し、これを深刻に憂いた瓜生忠夫のような批評家もいた。

忍だ、忍だ、これは――とぼくは思った。真知子も春樹も、あの天皇制が要求した忍従の美徳のなかに生きている。（中略）この映画は空襲下の数寄屋橋からはじまっているのに、登場人物は一人として、あの大戦争も敗戦もくぐりぬけてはいないのだった。（中略）どんな理不尽をも犠牲をも忍耐し、その辛さを涙で慰めることを教えたのであった(9)

出会いと別れを繰り返しつづける真知子と春樹のすれ違いの恋愛劇を延々と見せつけられるという点では、なるほどこのメロドラマは、「耐え難きを耐え、忍び難きを忍ぶ」戦中の集団心理を反復するかのような不気味なマゾヒズムを漂わせている。(10)

『君の名は』ブームにおいて興味深いのは、どうしてそんな事態が起こっているのかということが、一つの大きな謎として、階級や通俗性をめぐる真摯な議論を少なからず呼び起こした点にある。(11)批評家に総スカンを食らったこの映画は確かに興行的に大当たりしたのであり、『映画の友』が実施した一九五三年度の日本映画ベスト・ワンに関する世論調査でも、『東京物語』(一位)、『にごりえ』(二位)、『雨月物語』(四位)などの押しも押されぬ「名作」につづいて、九位に『君の名は(第一部)』がランクインしている。記者はこの結果に戸惑ったのか、「あえてベスト・ワン映画に推すだけのものを持っているだろうか(12)」と解説中でわざわざ苦言を呈している。『群像』の依頼で第二部を観た文芸評論家の佐々木基一も、なぜこれがウケているのか「実を言うとそれがよく分らなかった」と率直な感想を記している。佐々木は事前に週刊誌等から、劇場でどよめきやため息、嗚咽の声が聞こえてくるとの情報を得ていたため、「どんなにどえらいことが起るかと、多少期待していた」らしいのだが、彼が足を運んだ劇場では「みんな静かに、表情なくしまいまで」観ていたという。(13)

では、本作のターゲットとされた当の女性観客たちは、どのようにこの作品を受け止めていたのか。資料は決して多くないが、貴重な座談会の様子を収めた記事が手元に二つある。

一つは、文筆家の阿部艶子が司会となり、既婚女性三名と独身女性二名に、独身男性二名が加わる計八名で、『婦人生活』の誌上で開催されたものがある。[14] 参加者の女性たちはここで、とくに本作のヒロイン真知子について忌憚のない意見を交わしている。ある主婦は、「女の私が見ていても真知子が頼りなくてしようがなかった。腹が立つようで…」と語り、ファッションモデルの女性も「あの真知子にはユーモラスなセンスが全然欠けているんですね」とやはり手厳しいことを言っている。結局、司会の阿部は、「やっぱり真知子が結婚しなければ一番よかったんですよ」と、それを言っちゃあおしまいよ、という発言でこの話題を締めくくっている。[15]

もう一つは、『スポーツニッポン』が企画したもので、主婦、学生、会社員、ホステスの四名の女性が参加している。[16] ここでは、ホステスの女性が鋭い視点で本作の登場人物のイメージに切り込み、「勝則って人物の分析なんですけど、典型的な現代派ね。気が弱くって春樹に対するインフェリオリティ・コムプレックスをいつも抱いている男」、「第二部で初めて登場するアイヌ娘のユミ、北原三枝さんの野生的な持味がピチピチしているようで、あの場面だけは私も春樹と真知子の存在を忘れました[17]」などと発言している。

二つの座談会で、『君の名は』を観て、感動した、泣いた、と語った女性は意外なことに一人もいない。むしろ彼女たちは冷静に作品を批判し、大ヒットという現象についても俯瞰的に捉えていた。

本作のヒロイン真知子は少なくとも誰からも共感を得るというタイプのキャラクターではなく、演じた岸惠子でさえ、「真知子という女性はつかみどころがないわね、この人が人間かしらと思うくらい……わがままで決して「純情な女」なんかじゃないと思うの、もちろん自分が苦しむだけ真知子にも苦しめという勝則も悪いけど、一たん嫁いでしまった以上、あんな行動に出るのはわからない」[18]と述べていた。にもかかわらずスクリーンに映る彼女のイメージは、「真知子巻き」を流行らせる程度には女性たちの憧れの的となり、生まれた子に「真知子」と名付ける親をも生み出した。

しかし、観ることの経験は本来、個別的であり、アクチュアルな観客の反応は多様である。男女の別を問わず、『君の名は』は誰かを泣かせ[19]、そうでなければ何かを語らせ、何らかの行動へと駆り立てもした。なんであれブームの実態とはこのように多層的なものであるが、『君の名は』をめぐる観客の経験はとりわけ、涙する女性観客という記憶と結びつけられてきたと言える。

さて、『君の名は』は、たとえば『二十四の瞳』（一九五四年、木下恵介）のように、今もなお泣ける映画でありつづけているだろうか？　俳優たちの過剰な身ぶりと次から次へと襲い掛かる難事の連続は、現在の観客にとっては涙よりも笑いを誘うものであるかもしれない。だが、まさにこのとき、本作に熱狂した名もなき戦後の観客たちの遠い記憶は、観る者の心に不穏な戸惑いを残すことだろう。

註

（1）横濱雄二「メロドラマと帝国――『君の名は』研究」、『層　映像と表現』創刊号、北海道大学大学院文学研究科映像・表現文化論講座、ゆまに書房、二〇〇七年、二〇七頁。

(2)横濱雄二「メディアイベントとしての『君の名は』と『君の名は。』」、地域コンテンツ研究会編『地域×アニメ　コンテンツツーリズムからの展開』成山堂、二〇一九年、一〇六―一〇九頁。
(3)松竹本社調査室「「君の名は」の綜合調査」、『キネマ旬報』一九五三年一〇月下旬号、八九頁。
(4)「松竹が観客心理を分析　君の名はについて」、『毎日新聞』一九五三年九月二四日夕刊。
(5)「新映画」、『朝日新聞』一九五三年九月一八日夕刊。署名〔純〕。
(6)津村秀夫「ヒットした「君の名は」他」、『近代映画』一九五三年一二月号、一二〇頁。
(7)『スポーツニッポン』一九五三年一二月八日。
(8)登川直樹「日本映画批評　君の名は（第二部）」、『キネマ旬報』第八三号、五五頁。
(9)瓜生忠夫『日本の映画』岩波新書、一九五六年、九〇―九二頁。
(10)『君の名は』とマゾヒズムとの関連については、拙論「映画『君の名は』（1953-1954）論――戦後的メロドラマの感傷性と通俗性」、『〈ヤミ市〉文化論』井川充雄、石川巧、中村秀之編、ひつじ書房、二〇一七年、二八二―三一〇頁を参照されたい。
(11)拙論「『君の名は』と戦後日本のすれ違い映画――ジャンルの形成と特質」、『映画学』二八号、二〇一四年、四六―五五頁。
(12)「一九五三年度世論調査発表」、『映画の友』一九五四年五月号、一二三頁。
(13)佐々木基一「『君の名は』についての架空演説」、『群像』一九五四年二月号、一九〇―一九二頁。
(14)「人妻の恋愛を語る!」、『婦人生活』一九五四年一月号、二二六―二二四頁。
(15)真知子の夫勝則についても、声優の女性が「私、ああいう夫だったら絶対いやです」と扱き下ろしている。前掲、二二二頁。
(16)「身近に感ぜられる物語　立派過ぎた春樹」、『スポーツニッポン』一九五三年一二月五日、四頁。
(17)『君の名は』におけるアイヌの表象をめぐる政治的力学については、横濱「メロドラマと帝国」のほか、拙論「『君の名は』と戦後日本のすれ違い映画」を参照されたい。
(18)『スポーツニッポン』一九五三年一一月一六日。

(19) 公開から約三〇年後、映画批評家の佐藤忠男は「いくつかのヤマ場の濃さに、私は大いに泣いたものだった」と告白している。佐藤忠男「感傷的メロドラマの頂点として」、『朝日ジャーナル』一九八三年一二月号、三七頁。

語らざる断片の痺れ――メロドラマとして見た清順映画

《清順的なるもの》とメロドラマ――差異と混濁

極彩色の舞台、やたらと置かれた鏡、お誂え向きに降り出す雨や雪、散り乱れるばかりの花、これみよがしに繁吹く怒濤……このような恰も象徴的な断片を思い浮かべつつ、鈴木清順の演出美学について語ろうとして、ふと、まるでメロドラマのようだという軽い発見に至ったものの、結局は、やはりメロドラマにはなっていないという反語的な感懐を抱く。このような経験をしたことがあるのは、なにもわたしだけではないだろう。どういうわけか、鈴木清順のフィルモグラフィーからごく単純に抽出される《清順的なるもの》は、そのけれん味とは裏腹に、メロドラマに対して余所余所しくも一定の距離を保って、その映画的な感性と美意識の異端性を誇っているようにみえてならない。

しかし、だからといって、清順映画がすべてメロドラマと似て非なるものだという結論を急いでしまってよいのかといえば、そうではない。そもそも、既に三十余年前において上野昂志が鋭くも指摘しているように、真に《清順的なるもの》とは、最終的には花や鏡や色といった《清順的なるもの》に対する「破壊性」として立ち現れてくる「違和感」(「振り出しに戻る監督」、『鈴木清順全映画』立風書房、一九八六年、九頁)に帰結するのだとしたら、メロドラマ的だという察知がたちどころにかき消されてしまう儚さに留め置かれるのもやむをえないのかもしれない。だが一方で、わたしの直感は異なることを語ろうとしている。清順映画はメロドラマにみえないが、それでもやはりメロドラマでありうるのかもしれないと。だから乱暴は承知で、清順映画はメロドラマであるという前提から始めてみようと思う。

この前提はいかにも自家撞着的であるものの、かといって袋小路に陥って終わりになるとも限らない。たとえば、清順はかつてあるインタビューに答えてこう言っている。「アクション映画はメロドラマと同じ。若い主人公がいて、そいつが女に惚れて、それで一緒になるか別れるか。話はそれだけですよ、日活映画というのは」(『清/順/映/画』ワイズ出版、二〇〇六年、一一頁)。この発言に従うならば、アクション映画を看板とする日活の専属監督として約二〇年を過ごした鈴木清順は、メロドラマと同じという自覚で数多くのアクション映画を手掛けてきたことになる。問題は、そうして出来上がったはずの作品が、往々にしてメロドラマだと到底断言しづらいものになっているという不思議議にある。

あらかじめ断っておくが、清順映画においては圧倒的な様式美と陳腐な物語とが葛藤しているのだ、などというメロドラマについての使い古された批評的ロジックをいまさら持ち込むような無駄足を踏む気はない。そうして斜に構えた賛美を導き出しても、《清順的なもの》をめぐる時代錯誤なクリシェを複写することになるだけでむなしい。

実際、忌憚ない所感として、鈴木清順の映画において、テキストの内部で圧倒的な様式美と陳腐な物語とが拮抗しているというような事態をわたしは未だかつてみたことがない。かえってこれだけは確かだと断言できるのは、清順映画における極端さや強烈さといったものが、優れたメロドラマ映画の場合とはほとんど正反対に、イメージが鬩ぎ合うことでもたらされる過剰な語りの威力としてではなく、むしろあらゆるものをできるだけ削ぎ落としてしまったあとの剥き出しの直情として呈示されるということだ。

そう、『関東無宿』における障子が倒れて現れるあの緋色に染まった背景も、『東京流れ者』のラストシーンの舞台となるグランドピアノと階段だけが残された真っ白なナイトクラブの空間も、『春婦傳』で衣服を脱ぎ去った裸体の野川由美子が駆け抜けていく漂白されたように明るい画面も、清順映画においては極端で強烈な場面ほど、驚くほど僅かなものしか映し出してはいない。あるいは、説話的整合性を欠くほどに「季節感のない」雨(『百万弗を叩き出せ』)や雪(『けんかえれじい』)を思い出してみたところで同じことだ。その演出は、何かを語り足そうとしてはいない。清順映画のいかにも清順らしい画面は、みてのとおりだといわんばかりに観る側に対して解釈の余地を残さない。そこでは、洗練されているというにはあまりにも真率な作家の感性が、主人公たちの粗野な言動と一緒くたになりながら、鮮烈な様式の内に、さらけ出されているだけだ。

清順映画の画面は、たとえ「デタラメ」といわれようが曖昧ではなく、多義的とは程遠くどこまでも一途で、複雑どころか至って素朴な意図に動機づけられた演出で成り立っている。その突拍子のなさに、観る者は時として言葉を失う。それだけならよい。鈴木清順の厄介な凄みは、そうした演出で、しばしば観客の全身を、脳天に拳を食らったように痺れさせてしまうことにある。「粋」だとか、けれん味だとか、キマっているとか、グッとくるとか、言い方はいろいろあるけれども、とにかく、あれは痺れる、と思わせるなにかを生み出す。おまけにそれは後から癪に障るということもない類のものだ。だからこそわたしは、メロドラマとの差異から、あるいは混濁から、この「痺れ」についてせめて幾つかのことを語りたいと思うのである。

下手なメロドラマの尋常ならざる断片——デビュー作『港の乾杯 勝利をわが手に』の異様さ

清順映画をメロドラマという批評的カテゴリーを媒介として論じるという企ての手始めに、日本映画のジャンルという商標的な意味での「メロドラマ」と鈴木清順とがそう浅からぬ関係を持ってきたという事実を確認しておこう。

よく知られているように、清順の映画界でのキャリアは、一九四八年に松竹の助監督試験に合格して大船撮影所に入ったところから始まる。とくに岩間鶴夫に就いていたというから、彼はまず大船調メロドラマと呼ばれる松竹伝統の女性映画から映画作りの基礎を学んだと考えて差し支えあるまい。ところが『君の名は』ブームの只中にあった一九五四年に、清順は日活に移籍する。そこで野口博志の助監督となり、日活の男性観客向けのアクション映画の制作にかかわっていったのである。

本名の清太郎名義で監督デビューを果たしたのは一九五六年、『港の乾杯 勝利をわが手に』でのことだ。「日活歌謡メロドラマ」と銘打たれた作品が与えられたのは、彼が松竹大船出身であることとおそらく無関係ではないだろう。しかし、出来上がった作品をメロドラマというジャンルの枠のなかで評価しようとするならば、たとえ駆け出し監督の習作としても、はっきりいって上手くない。

物語の筋はいたって単純だ。新進気鋭のジョッキーが競馬場でみかけた謎めいた美女に惚れる。しかしこの女はある裏社会の大物の愛人で、ジョッキーは女を譲り受けることと引き換えに競馬の八百長を持ちかけられる。ジョッキーは女への愛情と勝負に対する騎手としての正義やプライドとの間で揺れる。だが最終的には見事脅迫を振り切り、レースにも勝つ。こういう話である。物語の舞台もまた、型通りにお膳立てされている。怪しげな雰囲気と華麗な装飾のナイトクラブ、熱気あふれる広々とした競馬場、ムード満点の歌謡とダンス……日活らしく男性主人公に中心を置きつつも、「歌謡メロドラマ」という製作側の目論見は筋書きと舞台のなかにあらかじめきっちりと備えられている。

にもかかわらず、清順が仕上げた作品には、映画をメロドラマ的な語りを通じて盛り上げ、しかるのちに晴れやかに落着させようという当たり前の意欲がみえない。葛藤や対決という物語上の山場が、劇化された語りとして伝わってこないのである。清順は作品の出来について上層部から怒られたと語っているが、それは納得できるまともな反応だ。

それでもなお、この下手なメロドラマは、退屈で力不足な作品だと言い捨てられぬ幾つかの日を見張る画面を含んでいる。恋する女を賭けた主人公のジョッキーが八百長の要求を反故にして競馬をする場面。大胆なスクリーンプロセスを通じて生み出されるのは猛烈な疾走感だ。そして、悪役の芦田伸介と主人公が対峙するクライマックスでは、強烈なキアロスクーロによってセットはほとんど善悪の象徴空間と化す。これらの断片は、上手い下手という価値を飛び越えて、尋常ならざるスペクタクルの迫力に満ちる。おかげで、物語の内容はプロセスもエンディングもほとんど頭に残らない。

清順のデビュー作は、次の二つの疑問を抱かせる。すなわち、一体この人は大船で何を学んだのか？　そして、メロドラマにおいて最も肝心な語りを成立させることもできないのに、どこをどうして、断片だけを壮烈なスペクタクルに仕立ててしまうのか？

全体として語りは下手だ。しかし断片においては目覚ましい。その開き直った異様さ。五〇年代の清順の作品群は、このような特徴に強く裏付けられているといえる。とはいえ、それはまだ作家の刻印といえるほど明確な域には到達していない。

語らざるひたむきさとしての《清順的なるもの》

《清順的なるもの》の片鱗がいっそう力強くあらわれていく過程を辿るうえで、ポスト太陽族映画としての少年非行映画と分類可能な三本の作品――『踏みはずした春』（一九五八年）、『素ッ裸の年令』（一九五九年）、『すべてが狂ってる』（一九六〇年）――は重要だ。それぞれ小林旭、赤木圭一郎、川地民夫というデビューまもない若手スターを主演に擁したこれらの作品は、いずれも家庭や環境に問題を抱えた二〇歳前後の少年を主人公としている。社会や周囲の大人たちへの反発から暴力や犯罪に手を染める若者の葛藤というプロット上の主題からすれば、監督はメロドラマ的な語りに則りつつ、たとえば『理由なき反抗』（一九五五年、ニコラス・レイ）風の作品を仕上げる余地があったはずである。だが、清順はもちろん、そのような撮り方に拘ることを放棄している。

まず、『踏みはずした春』と『素ッ裸の年令』の二本に関しては、語りそのものが上手いとは言い難い。少なくとも観客の共感や同情といった反応をごく自然に刺激するための、物語の自然な流れを重視したシークェンス構成にはなっていない。だからメロドラマとしては、やはり不出来だということになる。しかし例によって断片は魅力的であり、とくに若い主人公たちの顔のパーツは鮮やかに記憶されることだろう。小林旭の潤んだ唇の膨らみ、あどけなさと逞しさとを共に含んだ豊かな顎の輪郭。赤木圭一郎の髪、肌、なによりも瞳の、光を透過する色素の薄い感じ。これらはすべて、小林と赤木という若いスター本来の特権的なパーツであって、監督が生み出すことも付け加えることもできないものだ。そう、アキラの唇とトニーの瞳は、なんの工夫も誇張も必要としていない。清順は、このような部分にかんして、演出を手付かずにしている。意図的であるかどうかは知る由もないが、とにかくそうなっている。スクリーンに映し出された肖像には、スターという作り物に特有の擦れた濁りがない。素朴な若者の、まだ温かい生な感触が残っている。そして、そのイメージは、物語を語ることによってではなく、むしろ語らない断片であることによって主題化が瞬時に実現されるような例外的な事態を引き起している。

話を進めるために、『すべてが狂ってる』に移ろう。この作品の冒頭には、ヌーヴェル・ヴァーグ的なスタイルの完璧な再現というべき素晴らしいシークェンスがあり、素早いショット転換で一九六〇年の東京の風俗とそこに染まりきった若者たちが捉えられる。とはいえ、この作品の完成度は、鮮やかな断片の魅力だけで説明されるべきではない。というのも『すべてが狂ってる』にかんして清順は、前の二作とは異なり、語りに対してかつてなく真摯な姿勢をみせているからだ。

物語の主人公である少年（川地民夫）は、母親とその愛人の金と情欲で絡み合った結びつきを嫌悪し、ガールフレンドと肉体関係を持っても愛することはできず、男女の性愛に対する根本的な否定の感情を持て余して屈折する。やや抑制されつつも起伏ある語り口を通じて物語は滞りなく進行する。さらに、未だ女であろうとする母と息子、あるいは大人と子供との対立の構図や、母性に対する信仰と裏腹のミソジニーといった少年期特有の葛藤という部分にかんしては、メロドラマ的な手法が巧みに取り入れられているといってよい。

実際、この作品のクライマックスでは、メロドラマ的解釈において「過剰」と定義される、感情的に誇張された語りの瞬間が大きな役割を果たす。若者の溜まり場となっているバーで、川地民夫は、母親の愛人が自分のガールフレンドを誘惑したという仲間たちの噂話を聞く。その噂は、実際には真実ではないのだが、きりきりと歯を食いしばる川地の顔を捉えた強烈なショットによって、彼が取り返しのつかない誤解をし、怒りと暴力への衝動を抑えきれないという心理状況がはっきりと示される。そして次の瞬間、川地民夫は物凄い勢いでバーを飛び出していく。ここでは、メロドラマがしばしば好む「誤解」のテーマが、メロドラマ的な過剰を思わせる感情的なショットの連鎖を通じて正確に語られている。作品全体の評価はさておき、少なくともこの場面で清順は、メロドラマ的な語りを正攻法でやり切っている。

ところがどうしたものか、川地民夫のその悲愴ともいえる表情から、涙を誘われるということはない。それは胸を打たれるというよりも、やはり痺れるというべき断片だ。そして、この痺れは、他の身体的な反応よりも早いスピードで全身を覆いつくしてしまうらしい。メロドラマ的な瞬間においてさえ、語りの過剰さを飛躍した断片の語らざるものとしての強度が、メロドラマというジャンルの庇護の埒外で、映画の主題を構築してしまう。『すべてが狂ってる』は、このような清順映画の特質が《清順的なるもの》という明確な作家性に到達した最初の一本であるように思える。

それは、作家のひたむきさによって説明できるものだと思う。つまり、生々しく魅力的な俳優の細部に対する放任や、流行りのスタイルに対する軽薄にして剛毅な便乗は、六〇年代半ばから加速していく奇抜と捉えられがちな様式への拘りと同じように鈴木清順という作家の本質を示している。しばしば《清順的なるもの》についていわれるリアリズムとフォルマリズムのちぐはぐな混在は、独自の世界観を構築することに対する作家の自己破壊的な性格をあらわしているというよりも、むしろ、撮影現場において対象と向き合っているときの作家の必死さを物語っている。「いまここ」としての現場——制約も、期限も、限界もある現場で自分が撮るべきものを撮れるだけ撮ろうとした。そのようなひたむきさが、メロドラマ的な語りが成就された一瞬においてさえ、そのこと以上に胸に迫る痺れをもたらすのではないだろうか。

圧縮と炸裂――『悪太郎』、爆発する眼球

さて、ここで鈴木清順のフィルモグラフィーのなかで最もメロドラマ的な一本といえる作品に言及することにしよう。『悪太郎』（一九六三年）は、『野獣の青春』、『東京流れ者』、『殺しの烙印』が六〇年代の代表作だとすれば、異色作という位置づけをされることが多い。かつて蓮實重彦は「成瀬巳喜男の初期サイレント作品のすがすがしさを思わせぬでもないこの叙情的な作品は、（中略）鈴木清順を抽象的な「美」の世界の隠者のように考えがちな思い込みを正すのに十分」（「鈴木清順または季節の不在」、『ユリイカ』一九九一年四月号、四七頁）と書いた。作家の「伝説」からも外れて、上層部から好評をえたという別の逸話もある。

こうした既存の評価が示しているように、『悪太郎』は、破綻のなさという点では、清順映画のなかで群を抜いている。この作品では、筋書きと演出とが矛盾なく編み合わさりながら、感傷性を免れないノスタルジーを背景に、疾駆と挫折の青春という主題を前景化する。《清順的なるもの》の本質にさらに迫ろうとするとき、鍵となるのは、まさにその素朴さ、ないし素直さである。

とはいえ、残された紙幅で書くべきことは、一つの場面、とりわけ一つの断片にかんするものに限られる。物語の最終盤、山内賢演じる悪太郎こと紺野東吾は、将来を誓った娘が結核で急死したことを手紙で知る。それは急死の名にふさわしく、まったく唐突に、ゆえに衝撃的に訪れるアンハッピーエンディングである。手紙を読み切った山内賢は、ハッと顔を上げて正面を向く。このとき、無言で正面を向く山内賢の瞳孔に、行き場をなくした恋慕が一気に圧縮されるのを、わたしたちはみる。その黒々とした円らな眼球は、ほとんど火薬の詰まった爆弾のように肉薄して映る。メロドラマ的な過剰の瞬間。しかし、その瞳に映るのは、解決の糸口がみえないほどに複雑化した鬱積というよりも、悩むことを放棄した制御不能な直情である。ゆえに、その断片の類稀なる強度はほどなく、メロドラマというジャンルの制度から作品の結末を厳密に孤立させることになる。爆弾となった眼球は当然次の場面で炸裂する。下宿屋前の喧嘩騒動。お囃子、砂埃、入り乱れる男たち……しかしながら、引きの画面で捕らえられたその情景には、この作品がメロドラマとして本懐を遂げるだけのカタルシスはない。ただヤケクソの自爆というべき無意味な乱闘が、うさ晴らしのようにして、最後の画面を虚しくも瑞々しく飾っている。

『悪太郎』の異質さは、端的にいえば全体として作家の私的な愛着が率直に滲み出ている点にある。たとえば大正時代という設定にしてみても、それは後の浪漫三部作のような美意識の範疇に抽象化されることなく、昭和の戦中に青春時代を過ごさざるをえなかった清順の、幼児期のかすかな記憶のなかにある大正時代への遡行的な憧れとして率直に示されている。

悪太郎は、あくまでも自分の道理を通し、中学を退学となろうが、女郎と寝ようが、喧嘩に明け暮れようが、決して擦れず、世慣れもしない。この主人公の、帳尻合せの得意な融通のきく大人になってしまうことに対する徹底的な逃避の態度は、撮影所のなかで、デビューから解雇まで怒られ続けながらプログラムピクチャーを作り続けた鈴木清順その人と明らかに共振し合っている。

結論からすれば、清順はメロドラマに対して転覆的であったわけでも、否定的であったわけでもないだろう。ただ無軌道なひたむきさが作り出す語らざる断片が、メロドラマ的な語りを凌駕して、ヒステリーやカタルシスに昇華されない直情からえもいわれぬ痺れを生み出していたということだと思う。

最後に、解雇の前年に撮った、同じ今東光原作による『けんかえれじい』（一九六六年）に少しだけ触れておきたい。主題や題材という点で、『悪太郎』と多くを共有するこの作品のなかで、高橋英樹演じる主人公は、思いを寄せる下宿先の娘を想ってノートに次の一文を書き記す。「ぼくは自瀆しません。ただ喧嘩で発散するのです」。その拙い文字で書かれた言葉は、叶わぬ想い、遂げられなかった期待が虚しく炸裂するあの『悪太郎』のラストシーンと響き合っているばかりでなく、おそらくは、《清順的なるもの》についての作家自身からの最もシンプルな回答でありうるだろう。

渋谷実の異常な女性映画
――または彼は如何にして慣例に従うのを止めて『母と子』を撮ったか

投げることなんか、出きたら、たいしたものです。我々は力一杯、どんな題材ものでもやってゐます。投げたりしたら、写真なんか纏りつこありません。

――渋谷実[1]

1 看板に偽りあり――『母と子』は女性映画か

映画『母と子』は、一九三八年七月一日に公開された。同年度の『キネマ旬報』ベストテン第三位を獲得したこの作品は、映画監督渋谷実の戦前期における出世作としてしばしば語られてきた。宣伝手法や製作時期、キャスト、スタッフ、あらすじに至るまでの一通りの成り立ちを確認してみれば、「男の真心を一途に信じて淋しく日陰に生きる女の一生をしみじみと描いた渋谷実最初の原作もの」[2]、「捨てられつゝあるも知らで、男の心一ツに生きる女」[3]等の広告惹句や、女性作家矢田津世子の『秋扇』を原作とすること、田中絹代演じる知栄子というヒロインを中心に展開する物語内容などの特徴から、本作は松竹大船調の女性映画の一作と考えられるだろう。ところが、実際に作品の全体を観た後で姿をあらわすテクストとしての『母と子』は、「女性映画」という分類の正当性に「?」を連れてくる。女性映画と呼ぶことをためらわせる何か不穏なものが、そこにとぐろを巻いている。タイトルに含まれる「母」の字から自動生成される女性性と、企画上、宣伝上の扱いとしては間違いなく女性映画であったという事実にもかかわらず、『母と子』は当時における大船調女性映画の慣例からの逸脱があまりにも甚だしいのだ。ここでいう慣例とは、ジャンル映画理論家のバリー・キース・グラントが、「頻繁に用いられるスタイル上のテクニックであるか、特定のジャンルの伝統に典型的な（しかし必ずしも特有のものではない）物語装置である[4]」と述べるようなジャンル映画特有のお約束のことである。

一九三〇年代後半、日本映画にはいくつかの女性向けのジャンルが存在していたが、なかでも松竹は、大船撮影所移転以後「メロドラマ」と呼称される作品を量産していた。これは撮影所長城戸四郎の方針によるもので、彼は、三六年の『男性対女性』（島津保次郎）の製作時に、従来の蒲田作品に比べ大船作品を「もっとメロドラマティックに構成しよう」というマニフェストをはっきりと打ち出していた[5]。こうした城戸の指揮のもと、松竹における「メロドラマ」は、いくつかの基本的な慣例を有することになったが、とりわけ重要であったのは、女性主人公、恋愛と結婚という主題、ハッピー・エンディングの三つであったと言える[6]。だが、『母と子』はまず、この基本的慣例から外れている。田中絹代演じる知栄子は、二一歳独身女性という設定で、縁談が持ち上がるというところまでは定石通りなのだが、彼女は最終的には結婚を拒絶する。また、ラストショットにヒロインが映されないという点だけを見ても「メロドラマ」の結末というには掟破りなやり方で幕を閉じる本作において、ヒロインにはあらゆる意味でハッピー・エンディングは訪れない。この映画はどうやら「メロドラマ」ではなさそうだ。

となれば、当然考えられるのは他の女性映画との関連性である。たとえば「母もの」はどうか。板倉史明が整理しているように、「母親の子供に対する愛情を主題にした映画作品」としての「母もの」映画は、一九二三年の『母』（野村芳亭、松竹蒲田）以来、各映画会社でつねに製作されてきた。[7] しかし、少なくとも『ステラ・ダラス』（一九二五年、ヘンリー・キング／一九三八年、キング・ヴィダー）のようなカノン的な作品を念頭に置いた場合、『母と子』の「母もの」映画としての面目は脆《もろ》くも崩れる。なるほどこの映画にも、母と娘の親密さを捉えた画面があり、その瞬間においては確かに数多の「母もの」映画の面影が重なるのだが、しかしすぐさま歴然と立ち現れてくるのは、この作品の全体がいささかも「母親の子供に対する愛情を主題に」していないという事実でしかない。『母と子』の母であるところのおりん（吉川満子）は、子供のために自分を犠牲するというよりは、自分のために子供を犠牲にしてしまう人物であり、何よりも悲惨なことに、『母と子』において、母の犠牲は子供に何一つよい影響を与えない。母の犠牲が報われ子供が幸せになるというところ（リンダ・ウィリアムズが「痛みの中の喜び、犠牲の中の快楽」[8]と呼ぶもの）で観客の涙を絞るのが「母もの」映画のお約束だというのに、ここでは肝心のお約束がまたしても守られない。これほどまで泣くに泣けない「母もの」映画にはちょっと覚えがない。

では、木下千花が一九三六年から一九三九年にかけての日本映画に見出すサイクルとしての「シングルマザーもの」という括《くく》りではどうか。[9] おりんと知栄子の家庭は、たまに帰宅する長男を除けば、基本的には母一人子一人という所帯になっている。しかし、これもどうやら当てはまらない。[10] ここには、『愛怨峡』（一九三七年、溝口健二、新興キネマ）や『愛染かつら』（一九三八年、野村浩将、松竹大船）のような「シングルマザーの抵抗とサバイバルというテーマ」[11] は見出しようもない。おりんは無抵抗で、サバイバルすることなく死ぬ。さらにこの家には、父親は存在しないというわけではない。むしろ、父は不在というかたちで圧倒的に存在し続け、母と子の暮らしを守り、そして壊す。

このように、『母と子』は、当時の松竹大船調のみならず当時の女性映画の主流であった「メロドラマ」、「母もの」、「シングルマザーもの」のいずれの型にもしっくりと当てはまらない作品だと言える。にもかかわらず、この作品は、そうした多様な女性映画のさまざまな要素を組み込んで生み出されたキメラのようなものとして成立してもいる。女性映画においてコード化された慣例のいくつかを明らかに侵犯しつつも、全体としては、疑問符付きの女性映画?としておくほかない扱いづらい様態を示しているのが『母と子』なのだ。言ってしまえば、女性映画の殻をかぶっているが中身は別物という可能性をこの作品は強く示唆する。女性向けの映画、という最も根幹的な部分がどうにもいかがわしい。であれば、このいかがわしさの発生源を突き止めないわけにはゆかない。

他人の映画については雄弁に批評してみせるわりに、自作のこととなると身内の悪口と暴露に富んだ裏話しか聞かせてくれないこの監督は、一体どういうつもりで『母と子』を撮ったのか。[12] 松竹女性映画の慣例を侵犯したこの作品の、見事ではあるが、不気味な映画的身体を解剖することを本稿の役目としたい。

2　「お妾映画」の系譜――妾／母としてのおりんの身ぶり

女性映画のフォーミュラに当てはまらない『母と子』の本質に、同時代の批評家たちはいみじくも気づいていた[13]。そこにオリジナリティを見出していればこそ、彼らは『母と子』を渋谷実の「作品」として評価したのであり、そのような評価の典型例は当時の『キネマ旬報』に掲載された合評記事に見てとれる[14]。興味深いことに、合評に参加した四名の批評家（友田純一郎、滋野辰彦、水町青磁、飯田心美）は、この作品を「母もの」としても「メロドラマ」としても扱わず、代わりに「お妾映画」という別の系譜に連ねさせている。このとき彼らが同類の作品とみなしたのは、『二人妻　妻よ薔薇のやうに』（一九三五年、成瀬巳喜男、P・C・L。以下『妻薔薇』と略記）、『浪華悲歌』（一九三六年、溝口健二、第一映画）、『或る女の道』（一九三八年、原研吉、松竹大船）の三作であったが、とりわけ『二人妻』を本題とする『妻薔薇』と本作は興味深い近似性を示している。

『妻薔薇』には『母と子』と同じく二つの家庭を持つ父親が登場する。詩人として活動する自立した本妻と娘と別居している彼は、髪結いとして身を立てる妾と彼女との間にもうけた息子と共に暮らしている。ある日妾宅にやってきた娘が本宅に戻るよう父を説得するところからドラマが動くのだが、娘の理解を得た彼は最終的に本妻と別れ、妾を真実の妻とする生活を選ぶことにする。経済的にも、身分的にも、より弱い立場にある女が選ばれるこの作品は男の理性的な決断を肯定しているようだが、フェミニスト的な意味でのその妥当性はかなり微妙である。物語は、彼が社会的には妾であるところの二人目の妻を選ぶことを、本妻との間の娘の承認を通じて、道徳的に正当化しているように見える。男性の貞操と一夫一妻を旨とする近代の婚姻制度の規範に従えば、男が二人の女のうち一人を選ぶのは一見筋が通っているようだけれども、しかし妻にふさわしいのは結局、あらゆる面で男よりも無力で可哀想な女の方であるという父権的な価値観をこの作品は内包している。男の選択の正当性は説明されず、また逃げるように本妻の元を去っていく態度への落とし前もつけられることなく、終わりよければすべてよしとばかりに彼の帰りを暖かく迎える妾の笑顔にすべての疑問は吸収され、うやむやになったまま終わる。

一方、『母と子』は、『妻薔薇』とは異なる結末を迎える。選ばれる選ばれないの次元に到達することさえなかったおりんは、妻の座を望んだわけでもないというのに、自ら与り知らぬところで無残にも捨てられる。彼女は、「お父様」と呼ぶ主人の帰りを最後まで信じたまま、身を持ち崩した挙げ句に死ぬ。その屍は、与えられた茅ヶ崎の別宅でなおも主人の帰りを待つ。実際、もはや死ななければ彼は帰ってこなかった。職も持たず、ただ主人の帰りを待つことだけを営みとしていた彼女は、死んで主人を迎えるまで妾であることをやめない。妾の身分に耐え忍んだ女が妻の座に「昇格」し、哀れな日陰の暮らしが報われるという『妻薔薇』のようなハッピー・エンディングは彼女にはもたらされないのだ。一方、『妻薔薇』の結末で曖昧にされる、二つの家庭を持った男のそもそもの身勝手さと、その背景にある家父長制という支配構造そのものに対する批判性を『母と子』は明確に打ち出している。「捨てられた女」の顚末を描いた『妻薔薇』と『母と子』は、どちらもフェミニスト的な批判を免れない部分を明らかに含むが、しかし時代背景とその価値観を踏まえて見たときに、女性映画としてどちらに酌量の余地があるかといえば、それは前者の方であるように思える。なぜなら、『妻薔薇』は、捨てられた妻に娘と仕事という別の生きがいを残すが、『母と子』の捨てられた姿は、ただ文字通り目も当てられない姿として布団に覆われ、その存在ごと画面から亡き者とされるからだ。まったく妾にできることは、この物語世界には三つしかない。つまり、待つことと、信じることと、死ぬことである。

物語の始まりから終わりまで、おりんはこの「妾の三原則」を固く守っている。たとえば冒頭、舞踊のお披露目会の出番を終えた知栄子をおりんは電話で呼び出し、帰宅した娘に畳いっぱいに広げた何着もの着物を見せて呆れさせる。聞けば、これから戻ってくるはずの「お父様」に会うための着物を選んでほしいと言う。随分と他愛のないことで娘の帰りを急かしたものだが、父の帰宅がこの家においてはただごとではないのだという雰囲気とともに、おりんがその「お父様」の帰りを楽しみに待ちわびている様子が示される。直後の場面で彼女は、庭先に娘を連れ出し、「お父様」が昔植えたというリラの花が見事に咲いているのを誇らしげに見せながら、「これまで一度も咲いたことがなかったのに咲いた、今年はきっといいことがあるに違いない」と迷信めいたことを言う。このとき彼女が見せる、あまりに無邪気な笑顔（どこか焦点の定まらない両眼とむき出しの歯茎）は、彼女が心からそれを信じているということに説得性を与える（図1）。少女のように屈託なく笑う母を、割烹着に身を包んだ母のようないでたちの娘は心配そうに見つめ、力なくからかう。

この母娘の関係性は、母が娘の寝床にやってくる場面にさらに顕著に示される。就寝間際の知栄子の部屋に騒々しく入ってきたおりんは、その枕元に座り込み、寂しい、退屈だ、と頻《しき》りに言い立てる。知栄子は上体を起こし、母を宥《なだ》める。おりんが、「ちえちゃんが、お母さんを捨てるような

図1　庭先に咲いたリラの花の前で笑顔を見せるおりん（吉川満子）。以下、『母と子』（渋谷実、松竹大船、1938年）からの引用。

ことがあったら、死んでやるから」と脅すと、「そんなこと言ったって、私だってわがまま言うことあるかもしれないわ」と知栄子は言い返し、母の発言にお手上げ、と言わんばかりに両手を上げて仰向けになる。すると母はその胸元に体を傾け、今日は一緒に寝てよと懇願するので、「やだなぁ、またお守りするの？」と知栄子は、すっかり母を子供扱いして、ぶっきらぼうに言う。おりんはさらに一緒に寝てくれとせがみ、知栄子の体から掛け布団を引き剥がす。それを取り返した知栄子は頭の上まで覆い、足をバタバタと動かして抵抗する。布団を使って示される一緒に寝る寝ないの応酬は、馬鹿馬鹿しくも愛おしさに溢れた、作中で随一の母もの映画らしいひとときを作り上げ、『ステラ・ダラス』のつとに名高いあの寝台車の場面を、似てはいなくとも想起させるだけの「母と娘の比類なき近しさと類似性[15]」を示す。他方で、この寝床の場面は「娘」の座をめぐる母娘の争いとしても読むことができる。つまり、母と娘の役割分担が甚だしく曖昧化しているこの家において、おりんと知栄子はこうした戯れの中で、より負担の大きい「母」の役割を担うことを回避し、「娘」という楽な立場を取り合って暮らしているのである。二人の女は、子供じみたふるまいを見せつけ合い、どちらが大人気ないかを競い合う。そしてこの夜は、布団の中に籠城した知栄子が勝ったのである。

　おりんの母性は、彼女が妾として強調される画面を通じてさらに曖昧になる。それは、茅ヶ崎の別荘をあてがわれ事実上妾として「引退」させられた彼女が、なおも夫の帰りを信じて待っているのを示す次の場面に凝縮される。鏡台の前に座った彼女は、知栄子に染髪を手伝わせている（図2）。黒々とした豊かな髪を降ろして笑顔を浮かべるその姿に女のエロティシズムが匂いたつとき、彼女は娘の前ですら母としてよりも妾として存在している。娘は母の体調を案じるが、そこで母が口にするのは、今日お父様の夢を見たから今日あたりひょっこりおいでになるかも知れないという実現しそうもない予想である。だが彼女はそれを本当に信じているからこそ髪を染めている。直前の場面で、おりんは水商売で生計を立てる妹のおとよ（松井潤子）から、「厄介払いされた」という厳しい現実に目を向けるよう諭されたばかりなのだが、しかし耳を塞いで「うるさい、うるさい」と叫んで逃げ出したために、その話を最後まで聞かなかった。そしてこの場面では、恐るべきことに、その話題ごと忘れてしまったかのように、「どうして来てくださらないのだろう」と言うのである。夢を見た、ただそのことだけで父の帰還を信じる母を、娘は不安げに見つめる。しかし彼女は、母の信じるものがいかなる盲信であろうとも奪うことなどできない。信じて待つ、それを死ぬまで続けるのが妾である母の生き方だと知っているからである。知栄子は、母の信じた夢を実現するために、父に来訪を懇願しに行くが、むげなく断られ、そしておりんは死ぬ。

図2　知栄子（田中絹代）に染髪を手伝わせるおりん。

妾の末路を描き切るこの映画は、確かに「お妾映画」である。しかしこれは女性映画だろうか？　疑問符は取れそうもない。だが、女性映画というカテゴリーの名に二重線を引っ張ることもまだしないでおこう。次に見ていくように、同時代の批評家たちは、『母と子』のヒロインである知栄子にかんする描写にこそ、本作の女性映画的な特質を見出していたのだ。

3　抵抗――妾の子は妾ではない

これは「妾」を母として生まれ育つて来た「子」のその「母」への限りなき愛情から出発した「生活」批判、男性への一種の「抗議」を描いてゐる[16]

『読売新聞』に載ったこの批評は、『母と子』について、「最近日本映画の中にあって特筆に値する」、「佳作」だと書いている。「子の母への愛情」という部分に、この映画の母もの映画としての曖昧さが示されているのも興味深いが（「母もの」はふつう、母の子への愛情に重点を置く）、重要なのはやはり「男性への一種の「抗議」」といういかにも女性映画らしいテーマが見出されている点であろう。

この批評家が注目したのは、母の死の床に居合わせた寺尾（佐分利信）が、本当のお母さんのようだったと故人を偲びその体を覆う布団に手を触れようとするのを、知栄子が制止する終盤の場面である。「わたしだけのお母さんです」と台詞が続くこの場面に、「「男」への抗議がぶつけられてゐる」と彼は書いている。むろん括弧つきの「男」であることが重要である。寺尾はその前の話の流れからしても、十分におりんの遺体に触れる資格のない人物ではあるのだが、この批評家の言う通り、ここでの知栄子の拒絶は単に彼個人に向けられたものではなく、彼を含む「男」全体に差し向けられている。この同じ場面は、先述の合評でも取り上げられていて、批評家たちはそこに「幾分批判性」があると指摘している[17]。

ここで女性による男性への抗議、または批判性として捉えられたものが何かをより具体的にするためには、基本的なプロットといくつかの場面を確認しておく必要がある。まず、寺尾はかねてより勤務先の専務の妾宅に「忙しい」当人に変わって月々の生活費を付け届けに出入りしており、そこで慎ましく暮らす母と娘——おりんと知栄子——に同情を寄せている。両親を早くに亡くしたという彼が、おりんの姿に「死に別れた母親を思い出す」と語る様子に、知栄子も好感を抱く。一方彼女の父親である工藤は、二つ目の家庭に対してそれなりに責任があることを自覚しているが、その責任は娘に「適当な」婿を迎えることで「解除」されるとの身勝手極まりない考えから、その「適当な」婿を寺尾と見込んで縁談話をまとめようとする。久方ぶりにやってきた父から話を聞かされた知栄子はその数日後、茅ヶ崎への引っ越しを手伝う寺尾が、かつて父から贈られたという、出ない音のあるオルガンを弾くその音色を聴いて、彼と結婚してもよいと考える。「わたし妾の子よ。お嫌じゃない？」というその言葉は、彼女から寺尾へのプロポーズの言葉と言ってもよい。その後の、おりん、おとよ、知栄子に寺尾も混じり、四人でちゃぶ台を囲んで引っ越し蕎麦をするのを捉えたショットは、彼がこの新居の中で新たな家族の一員となる可能性を朗《ほが》らかに暗示する（図3）。

しかし、この未来予想図が実現されることはない。この家の中では未来の婿に収まっているかに見えたこの男にも、外には別の顔がある。実は彼には、ほとんど内縁の妻と言ってもよい仲の恋人

図3　ちゃぶ台を囲むおりん、知栄子、寺尾（佐分利信）、およよ（松井潤子）。

しげ子（水戸光子）があり、彼女が働くうどん屋の二階に彼は下宿している。寺尾は、しげ子の前では、弱音を吐いたかと思えば、怒鳴って威張ってみせるなど、丁寧な口調の好青年という専務の妾宅での様子とは随分違ったふるまいを見せる。彼は、しげ子には知栄子との縁談話が持ち上がっていることを隠し、知栄子にはしげ子の存在そのものを隠すことで、それぞれの女との関係を維持しようと目論む。この寺尾の目論見が崩れる次の場面は、間違いなく本作の見せ場の一つである。

知栄子はある日、彼を訪ねてうどん屋の二階の彼の部屋に入り、そこでしげ子の姿を目にすることになる。が、女中か下宿屋の娘と考えたのだろう、寺尾の恋人だとは思わない。しげ子が寺尾の布団の上掛けを取り替えるのを知栄子が手伝う中で、二人の女たちは互いに寺尾のことを「あの人」と親密な言い回しで呼ぶ。このとき画面は、頬被りをして針と糸を手にする二人のよく似た格好の女が、いつの間にか未来の「二人妻」となりかねない状況に身を置いていることをアイロニカルに映し出す（図4）。

やがて知栄子だけがこの状況を正しく理解する。彼女は、自分と寺尾との関係を知らないでいるらしいしげ子が、はにかみながら彼の性格について親しげに語るのを見て、寺尾との仲を賢明にも察するのである。

知栄子は父親に寺尾との縁談を破棄したいと訴えに出る。しかし、これ見よがしに面倒くさそうな態度を取る彼女の父親は、彼女の申し出を受け入れようとしない。それどころか彼は、たとえ寺尾にそのような相手がいたとしても、結婚していないのであれば問題ないと断言して、娘を幻滅させる。

父に追い返された知栄子は叔母おとよの家に立ち寄り、「私だって母さんだって、女なんて人間じゃないのね」と父のふるまいを非難する。彼女はこのガールズトークの場で、寺尾の妻となることについて、「むろん嫌よ」とその意志をはっきりと示す。

続く場面は、寺尾の部屋にぼんやりと立つしげ子の全身を捉えたショットから始まる。このとき、彼女は左の頬を手で押さえている。やがてゆっくりと動き出したカメラが殺気立った寺尾の顔を映し出すので、しげ子が彼にぶたれたのだとわかる。「どうして言っちゃいけなかったの?」とまだ状況を察せずに問いかける彼女に答えることなく、彼は、俺の出世の邪魔をしたいのか、とさらに叱責する。横柄に寝転んだ寺尾に、しげ子はなおも布団を敷こうかと世話を焼くが、彼はほっといてくれと言う。この間中、しげ子はずっと頬を押さえ続ける。その時間の長さに彼がどれほど強く彼女をぶったのかということが窺い知れるとき、映されることのなかった暴力の決定的な瞬間は、見るに耐えないものとして逆説的に強調される。

後の場面で、寺尾はしげ子を捨てようとしている。「俺の不幸を望んでいる人間なんかと付き合ってる暇はないんだ。いいか、もうどうなったって俺の責任じゃないぞ。君が悪いんだ」と彼が言うときの、

図4　寺尾の部屋にて、針仕事をするしげ子（水戸光子）知栄子。

その堂々たる悪党面は、あわよくば二人の妻を得ようとし、それが頓挫したなら一人を切り捨てることに心を痛めることもない、彼もまた知栄子の父と同じ「ロクでもない男」の一人であることを観る者に知らしめる。

のうのうと茅ヶ崎の家に顔を出した寺尾に、知栄子は毅然として言う。「あなたが大事なのは、私でも母さんでも、その娘さんでもないのよ。出世の手づるだけなんでしょう」と。その顔に誇らしげな笑みが浮かんだのもつかの間、母の死を告げる女中の声が響く。

母の遺体に手を伸ばす寺尾を知栄子が制止する件《くだん》の場面は、ここに置かれる。「触らないで！」という強い語気に示される彼女の激しい拒絶は、一方では、妾であった母に同情を寄せるかに見せかけて彼女としげ子を母と同じ二人妻の片方にしようと目論んでいた寺尾への軽蔑を意味する。この言葉に含まれる生理的な嫌悪感は、知栄子と寺尾がもうどうやっても結ばれることはないと確信させる。しかしもう一方では、それは寺尾ただ一人でなく、父と同じことを平然とやってのける不特定多数の「男」たちへの幻滅の果ての強固な抵抗を意味してもいる。彼女が「わたしだけのお母さんです」と静かな、しかし頑《かたく》なな口調で続けて言うとき、それは二人妻の片方として彼女をリプロダクションしようとする、すべての男たちに対する拒絶を表すことになる。

同時代の批評家たちの言うように、この場面に示される「男」への抗議は、強烈にして明白だ。しかし、この映画の女性映画としての性格を曖昧にしている問題は、まだ解決しない。なぜならその問題は、女による男への抵抗が描かれているかどうかということよりも、その抵抗が誰に向けての何を語っているかという点に生起するからだ。だが、この疑問の解消に取り組む前に、本作に登場するもう一人の重要人物に触れておかなければならない。

4　みなしごの涙――もう一人の「子」

実はおりんにはもう一人子供がいる。知栄子の兄にあたる息子、幸吉（徳大寺伸）である。序盤の場面で、おりんは着物を広げていそいそと主人の帰りを待っていたのだが、そこに現れたのは結局この幸吉だった。そこで彼は、呆気なく父は来られたら来る（要は、来そうもない）と伝え、さらに「あっちのお袋から」と言って手土産を渡す。知栄子はそれを嬉しそうに受け取り、おりんは自分の息子が「あっちのお袋」と呼ぶ人を「奥様」と言い換えて、その近況を尋ねる。おりんがさる人物の妾で、知栄子の他に、本宅で暮らす息子もいるのだというこの物語の一通りの設定が詳《つまび》らかになるこの場面で、タイトルに掲げられた「母と子」が母と娘だけを指すのではないことはすでに示されている。

次の場面で、知栄子は兄に母の窮状を訴え、父を説得するよう兄に迫る。兄は、状況はわかっているができることはないのだと気のない返事をし、その後で、「妾の子なんて、両親のある孤児《みなしご》みたいなもの」だと呟く。

父親と二人の母を持ちながら自らを「孤児」だと言って憚《はばか》らないこの兄は、おりんと知栄子に比べ、作中影の薄い存在である。というのも、彼は息子でありながら、妾宅における日常の家族の一員ではないため、日夜時間を共に過ごす母と妹との間にあるような強い愛着を、彼女たちとの間に持っていない。すでに述べた通り、母と娘の親密な関係が、親と子を超え、姉妹のようにも、親友のようにも、あるいは逆転した母娘のようにも示されるのに対し、本宅で暮らす彼にはそのような場面も用意されていない。しかし、まさにその影の薄さから、知栄子とは異なる妾の子としての幸吉の像が浮かび上がってくるのだ。

知栄子の叔母に当たるおとよの私室は、彼女が営むナイトクラブと連結した『ジェニイの家』（一九三六年、マルセル・カルネ）風の造りとなっている。[18] 伯母に店に来ている兄と話すよう促された知栄子は、簀《すのこ》状になっているスライド式扉の隙間から、幸吉が多数のホステスに囲まれながら酒をあおるのを目にして激しい拒絶反応を示し、兄の方からこちらに来るよう伯母に訴える。このとき、知栄子のヒステリックな声と身ぶりは、兄もまた父と同じ「男」であることに対する幻滅とショックの表れを意味する。一方、その視線の対象として捉えられた幸吉の像（図5）は、彼の孤児としてのアイデンティティを強調している。両親に対して夫婦のロール・モデルを見出せない彼は、一人の女性を選択することへの不安と深い自己不信を抱えた人物であり、その享楽の身ぶりは自暴自棄なものとしてしか映り得ない。

この後知栄子と幸吉は連れ立って茅ヶ崎の家に帰り、おりんは上機嫌で二人を迎える。ところが居間でおりんと幸吉は彼の素行をめぐって口論となり、息子は母が妾として「無反省に」生きていることを詰《なじ》る。知栄子はそれを「兄さんダメよ」と涙声で必死に止め、腕を引いて廊下に連れ出す。母と子の団欒の場面は一瞬で終わり（実際、ちゃぶ台を囲むこの家族＝母と子の姿を見るのはこれが最後になる）、カメラは手ぬぐいで顔を抑えて泣きじゃくっている母の姿をとうとう映し出す。

兄妹は別室で話をする。「捨てられていることも知らない母さんを見ると……」と幸吉が言いかけたところで、知栄子は「兄さんは男よ」とその発言を遮る。だから、観客はその後に続く言葉が「不憫だ」であるのか「腹が立つ」であるのかわからない。だが、どちらでも知栄子には同じことだ。兄が男であるという事実だけが彼女には重要だ。知栄子は父の真似をして女を囲っているらしい兄を責め、純粋に生きたいとは思わないのかと聞く。そんなものに用はないと答えた彼はそこでもう一度、自分と妹の境遇について「両親のない孤児《みなしご》」だと言う。そして、自分は寺尾とは違うと もロにする。「それ皮肉なの」と返す知栄子の目に涙が光る。おそらく幸吉は、寺尾は自分よりも立派な男であると本心で思ったのであろうが、その違うはずだった寺尾も結局は父と同じように二人の妻を持ちかねない男であったことをすでに知っていた知栄子は、その言葉を「男」を信用してしまった自分への「皮肉」として受けとるのだ。

図5　おとよの営むナイトクラブでホステスたちに囲まれながら酒を呷る幸吉（徳大寺伸）。

母も妹も傷つけてしまった彼は、そのあとの毎日を父の会社で無気力な働きぶりで過ごし、おりんの臨終の場面にも居合わすことができない。父が他の社員もいるところで彼に何事かを耳打ちし、母の死が淡々と告知されたのであろうことが示されるとき、彼はカメラから背を向け肩を震わせる（図6）。その涙を見てはならぬものとして映し出す画面は、血も涙もない父の唯一の息子として生きていかなければならない彼の悲壮な未来を暗示する。このあと、幸吉は耐えられないとばかりに父のオフィスを飛び出していく。そして二

図6　母・おりん死去の報を受けた後の幸吉。

度と画面の中に戻ってくることはない。

　このように幸吉は、彼自身が語る通りのみなしごとして、その孤独な身体を晒《さら》し続ける。彼はさながら、『風と共に散る』（一九五六年、ダグラス・サーク）のカイルについてローラ・マルヴィが言うような「父権社会の犠牲者」[19]として表象されることで、父や寺尾のような「ロクでもない男」であるばかりでなく、「妾の子」として二重に特徴づけられるのである。

5　オンナコドモではないもの――世界地図を背負った「父」

　ここまで、母おりんとその二人の子である知栄子と幸吉、そして知栄子の夫になりかけた寺尾のキャラクタライズとその表象について明らかにしてきた。最後に知栄子と幸吉の父である工藤（河村黎吉）に注目し、ようやく問題の核心に迫っていくことにしよう。工藤は、前述した通り『母と子』の物語世界において不在という逆説的な方法で絶対的に存在している人物であり、「母と子」から成る家族の構造に前提をもたらしている。

　貿易関連であるらしき会社の専務という立場にある彼は、仕事のできる有能な人物として描かれる一方、妾やその子供たちに対する愛情を欠いた、非道な人物として誇張されて描かれる。こうした工藤にかんする性格づけは、会社を訪問した知栄子と面会する場面における、世界地図を背にしたショットと端的に関連づけられる（図7）。

このイメージは、工藤が世界を股にかけた大事業を手がけていることを視覚化するとともに、彼が妾宅とそこに属する「母と子」を取るに足らないものと考えていることを示す。実際、彼は妾宅から持ち込まれる様々な相談を、どうでもいい仕事だと言わんばかりの苛立ちと煩《わずら》わしさに満ちた表情でいつも事務的にこなす。このとき工藤という人物を通じてみた「母と子」は、単に「妾と、妾との間の子」を意味するばかりではなく、「男」に対する「オンナコドモ」という意味を持つ。つまり、工藤は、父権社会において男性がその仕事を達成するために、女性と子供を犠牲とすることを厭わないという思想を体現している。重要なのは、そのような彼の思想が、世界地図に示される、領土拡張主義的なイメージと結び付けられているという点にある。なにしろ世界地図を背にした工藤を捉えた同様のショットは、劇中何度か繰り返しあらわれるのだ。

図7　世界地図を背にした工藤（河村黎吉）。

『母と子』が一九三八年の作品であることを顧みれば、当然ながらここにも当時の日本の時局性が色濃く反映されている。日中戦争が激化し、帝国の拡張主義の論理に従って国民が総動員体制へと組み込まれていく最中に撮られた本作では、会社員という体《てい》で登場する男たちは海外進出を是とする事業に邁進している。工藤は、その組織の中においても「父」としてふるまい、部下たちを「子」として、ときに怒鳴って躾《しつ》けながら、駒のように使う。社員の中に、実の子である幸吉と「小僧」として働く若い少年、そして娘婿に仕立てるつもりの寺尾が混在していることも、家父長制の縮図としてのオフィスの表象を強化する。すでに見てきたように、男たちは皆「ロクでもない男」として画一化される傾向があるが、しかしその中ですべての男たちを統率するただ一人の「父」として、工藤は君臨している。

工藤と唯一、対等に話すことのできる人物が岡部（斎藤達雄）である。岡部と工藤は、社交クラブでビリヤードをしながら、いかにも雑談、猥談といった軽い対話のなかで、不要になったおりんの処遇、知栄子の縁談などの重要事項を取り決め、工藤の新しい愛妾の存在までをも明らかにする。彼らにとって、女は玉突きのような遊戯に等しく、一度遊戯としての価値を失ってしまえば金と労力を使う意味がない。このことは、「今まであの女に使った金を考えてみたんだがね、我ながら驚いたよ」という工藤の発言に明示されている。彼らの対話で秀逸なのは、おりんが死んだことを工藤が伝える終盤の場面で、岡部は「自殺か？ ホッとしたろう」と語りかけて工藤を狼狽させる。この台詞は、当時の批評家たちからも注目され、『キネマ旬報』の合評でも話題になっている。

水町　「ほつとしたらう」――つてね。鋭いところがあつていゝ。全体的にも工藤に其れに対する鋭さが出て来てゐると良かつたがね。
友田　あれは云はした。といふ感じが多いが鋭い台詞を書いたもんだ。
滋野　思はず出た言葉ではなく、役者の台詞として聞える。
友田　併《しか》しい台詞だね。(20)

批評家たちは、この台詞のわざとらしさを認めつつも、おそらくは「鋭さ」という言葉に示唆される工藤への批判性を評価している。「そんな馬鹿な、君」と咄嗟に声を出した彼の戸惑いが、図星を意味していたのか、否定を意味していたのかは微妙だとしても、おりんが自然に亡き者となったことは、妾の存在を厄介事としてしか見ていない彼にとっては、幸運と言ってもよいはずなのだ。工藤はこの後、すでに確認したように、ごく事務的な身ぶりで幸吉に母の訃報を告げ、息子の肩を抱くでもなく、すぐさまその場を離れる。

問題は、この後に置かれたラストシーンである。広間に集合した多数の男たちが、カメラに背を向けて座っている。そこに工藤らしき人物の声が聞こえてくる。「……と同時に、我社の精神が、いかに我国のみならず、海外の歓迎を受けつつあるかを現実に示すものでありまして……」[21]――その声を背景にカメラはゆっくりと左に移動し、壇上で演説する工藤の姿を映し出す（図8-1）。業績の向上を語る工藤へとカメラがさらににじり寄っていくところで、会場の黒々とした男たちの群れの中から拍手が沸き起こる。工藤はなおも語り、カメラはさらに彼に寄っていく。工藤が立つ壇上には、「議長席」と書かれた紙が吊り下げられているのが見える（図8-2）。

「つきましては、現在の向上能力をもちましては、いかに努力をもちましても、内地はもとより海外への需要には応じ得られない状況にあるのであります。さらに我が国の大陸政策進展に伴いまして、我が社の製品が一段の飛躍的発展を予約されておるのであります。慎重なる計画のもとに我が社の資本を倍額に増資したいと考えておるのでありますのであります[22]」――工藤がこう語り終えるや否や、画面外から「異議なし！」「賛成！」と顔の見えない男たちの声が上がる。そして拍手が再び鳴り響

図8-1、2　社員たちを前に壇上で演説する工藤。ラストシーン。

く。ここで画面は暗転し、エンドマークが出る。『母と子』が女性映画?としてその疑問符を取り去れずにいる最大の問題はここにある。つまり、工藤が、自ら体現する「我が社の精神」と「我が国の大陸政策進展」が連動していることを言明して無数の「男」たちの賛同を得ている、その画面で終わるというのは、単に女性映画の慣例的ハッピーエンディング——通常は恋を成就させた男女のツーショットか、自由を獲得したヒロインの像、あるいは家族の光景を映したショットによって示される——に違反しているというばかりでなく、異常である。

この異常性は、男たちによって主導されるこのような「精神」や彼らが支持する国家の「政策」に『母と子』の物語世界が従属していることそれ自体ではない。御園生涼子がかつて指摘していたように、それはむしろ当時の松竹大船女性映画のスタンダードなコードであったとさえ言える。御園生は、『恋も忘れて』（一九三七年、清水宏、松竹大船）を母性愛メロドラマとして読解する中で、その母性の表象をめぐって、「十五年戦争の最中、帝国日本の拡張主義が東アジアへの侵攻を加速させてゆくのに歩を合わせ、国民＝民族の共同体の一体化とそれを基礎付けるエスニシティの同質性」が希求されていた歴史的背景を示し、また『愛染かつら』（一九三八年、野村浩将）のメロドラマ的葛藤に対しても、「資本主義的な論理」と「領土主義的な論理」の相克を読み取っていた。[23] したがって、同時代に撮られた女性映画であるところの『母と子』が、父権主義な「精神」に基づく領土拡張主義的な論理に加担しているとしてもそれは当然のことだと言える。

そうではなく、この『母と子』が異常であると言えるのは、その呼びかけの対象に女性が含まれていないのではないか、という点にこそある。すなわち、ラストシーンで、工藤が匿名化された男たちの群れに向かって、組織の海外戦略と国家の「大陸政策」を結びつけつつ演説をし、勇ましい賛同と拍手を浴びているとき、そこに主人公であったはずの「母と子」や、あるいはこの作品を観るはずの女性観客を代理＝表象《リプレゼンテーション》するものが、何か一つでも含まれているだろうか。

ここでは、女性映画の主役であるはずの女性が、男性と彼らによって構成される国家組織的な空間から完全に排除されることで、女性映画というジャンルの本質が根底から覆される事態が起こっている。しかも、この排除は、単なる女性の締め出しではなく、おりんの死に象徴される女性の犠牲によって成り立っている。それは包摂としての排除であり、オンナコドモの犠牲は、その不可視化を通じて、領土拡張主義を標榜する男たちの欲望の論理にたちどころに飲み込まれていくのである。

『母と子』は、その物語の途上で、確かに「ロクでもない男」たちに対するヒロインの抵抗を鮮明に描き出してはいた。しかし、その抵抗は結末においてほとんど無意味なものとなって、血も涙もない「父」である工藤と彼の前に群がる男たちの黒い影に吸収されてしまう。あの完璧にも見えた知栄子の抗議を無力化するだけの有無を言わせぬ包摂のエネルギーが、このラストシーンには渦巻いている。その過酷さに、男たちへの批判性を読むことは可能ではあろうが、だとしてもこのとき彼らに批判の目を差し向けるようけしかけられているのもまた「女性」ではないのではないか。『母と子』は同時代の多くの女性映画とは異なり、高い批評的評価を受けた。それは批評家たちが、この映画を女性観客に至福や快楽の時間を与える見事な女性映画だと考えたためではない。そのような女性映画は大抵、「メロドラマ」や「お涙頂戴もの」と一刀両断にされて評価の対象とならなかったし、そもそも『母と子』はそのような要素を見出すことの難しい作品である。[24]とすれば、批評家たちは、これを女性映画らしくないという意味で「最近の日本映画に於ける優れた仕事の一つ」[25]と好意的に評価したはずで、そこで指摘された女性の「抗議」や「批判性」もまた、女性映画の慣例を破り、その枠組みを逸脱していればこそ興味を持たれたのだろう。[26]

結果としてここに描かれる女性の抵抗は、女性観客に対するプロパガンダとしてというよりも、男性観客に対する「幾分批判性」を持った問いかけとして機能していたように思われる。つまり、『母と子』は、こんな男になりたいかと男に問うている映画なのであり、こんな女になりたいかという答えが自明であるような問いを女に対して投げかけているわけではない。男性批評家たちがその問いから、「鋭い」、「幾分」の「批判性」を受け取ったことには多少の意味があるとしても、しかしそれを受け取らせるために物語世界の女性たちが払った犠牲はあまりにも大きい。にもかかわらず彼女たちの犠牲には、批評的な関心は寄せられていない。批評家たちが注目したのが、女性の犠牲ではなく、むしろ「抗議」の方だったというとき、一見女性映画らしいその主題が男性的なまなざしを通じて見出されたことの政治性は正しく汲み取られるべきだろう。つまり、『母と子』のテクストに内在しているのはその実、女性の観客性ではなく、男性のそれなのではないだろうか。

このことを裏づけるかのようだという意味で興味深い記述が一つある。一九七六年、山本喜久男は、戦前期の日本映画史を記述する中で、本作の主人公を知栄子でもなければおりんでもなく、寺尾をそれと記憶して、「物語は、重役の妾宅に出入りするようになった社員が、その娘との縁談に喜び、急に社内で大きな態度を示しだすが、女友達との交際を知られて娘に破談にされるというもの」[27]とあらすじを書いている。山本は、本作を日本の「会社組織を解剖した」佳作として評価しているが、同時に「松竹メロドラマの制約で、薄倖の妾母娘の描写に集中力を分散してしまったことが惜しまれる」とオンナコドモに割かれた部分がなおも多いと見ていたのだった。[28]

『母と子』はそのラストシーンで、オンナコドモを容赦なく犠牲にし、血も涙もない人でなしになってまで国家の事業を成し遂げることの是非を、男たちに突きつけている。その姿勢の当否はともあれ、『母と子』が男性観客への呼びかけという本質を露わにするとき、この作品が女性映画としてまず正しくないありようをしていることはもはや明らかである。

6 作家の署名

渋谷実は、『母と子』という題を見ただけで女性映画とみなされる作品を、ヒロインにとってのハッピーエンディングというジャンルの鉄則を無視することによって、似て非なる異常な作品として仕上げた。ここに作家の手腕を認めずにはいられない。この作品は戦前期の渋谷実のフィルモグラフィの中で『南風』(一九三九年)と並んで、優れて技巧的で、かつスタイルと主題とが著しい調和を見せた、作家的な作品であると言える。ゆっくりと動きつつ的確に対象を捉えるカメラは、物語世界を統一する全知の視点を据えるとともに、登場人物に対するシビアなまなざしを注ぎ続ける。オルガンやレコードの音といった物語世界内に生起するものを除いて音楽は使用されることがなく、そのことはロマンティックな要素よりもリアリズム的な要素を重視する作品全体の基調を成している。

演出面で際立っているのは、映すべきものと映すべきでないもの、そして語られるべき言葉と語られるべきでない言葉が選別されている点にある。『母と子』では、しげ子が寺尾にぶたれた場面やおりんが死ぬ場面で、その暴力や死の瞬間を映すことを意図的に回避しているようなショットの繋ぎが見られる。頬に手を当てたしげ子、おりんの体を包んでいる布団を捉えたショットはいずれも、異なる場所に置かれた別の場面の終わりと同時に繋がれることでショックを与えやすくなっている。このため、それら不可視のものは単に映す必要がなかったというよりも、見るに耐えないもの、目も当てられないものとして、逆説的に視覚化され、かつ強調される。何度か繰り返される、誰かの言葉が遮られる場面、あるいは動きを制止される場面も同様である。たとえば幸吉がおりんに言いかけた言葉がそうであったように、その内容は明かされないことで、かえってそれは言ってはならぬこととしての意味を持つことになる。また、寺尾がおりんの体に触れずにいるのではなく、触れようとして触れるのを許されないところを映さなければ、知栄子の彼への決別の姿勢は曖昧になってしまったかもしれない。この一貫したスタイルが、妾宅における不在を通じて存在する工藤を中心に、「父なる男の欲望に包摂されるオンナコドモの犠牲」を作品の主題のレベルにまで引き上げているのだ。

このように『母と子』において振るわれた渋谷の演出力は見事と言ってもよいのであるが、しかしその見事さは同時に、映画作家が作品の「作者」である上で、彼が偉大である必然性などないということを意味してもいる。ガス・ヴァン・サントがかつて、観る者すべてをげんなりさせた『サイコ』(一九九八年)のシャワー・シーンで、暗雲立ち込める空のショットを二つ紛れ込ませることで実証したように、独創性を欠いたいかなる贋作にも作者が署名を残すことは可能なのだし、そもそも映画作家による主題とスタイルの自己言及的な構築のプロセスを、「鬼の首でも取ったかのように得意になって[29]」論証しようとする時代はとうに終わった。同じくそのイデオロギー的な意図に作家の痕跡を読み取ろうとするのもやめておこう。作家の意図とテクストが常に一致するわけもないのだし、そのような作家性の模索もまたこんにちにおいてどれほどの意味を持つだろうか[30]。

本稿の結びにひとまず述べておくことができるのは、まだ新人監督と呼ばれていた渋谷が、松竹大船撮影所の中でシネアストとして自らの立場を築こうというしたたかな野心を持っていたのだろうということだ。事実、彼は『母と子』を女性映画ならざるものとして仕上げ、その独創性を高く評価された。だが、その独創性はジャンルの文脈なくして成立しえただろうか。渋谷が『母と子』を我が物とすることができたのは、慣例を破ることを通じてであり、この場合、慣例なくして作者は存在し得ない。このことは、渋谷が本作を撮り終えた後の座談会で、今後どのような作品を手がけたいかと聞かれて、「現状としては文芸物はいゝと思ひます[31]」と答えていることにもやや示唆されるかもしれない。少なくとも、監督としてのキャリアの初期において渋谷は、女性作家の原作や、その原作から期待される映画化作品に対して別様なものを作り上げることで批評的な評価を得ていたと言える。(32) であればこそ『母と子』は反＝女性映画ではなく女性映画?として成立しているのだろう。

したがって、本作に認められる渋谷の作家性とは、彼のフィルモグラフィの中から立ち現れる一貫したスタイルと主題のようなものではなく、結局のところ、ジャンル映画の群れの中に刻まれた、下手な贋作者の慎みを欠いた署名に等しいのかもしれない。いや、女性映画の主人公であるはずの母と子を、その無名性からオンナコドモという自己卑下にまで貶《おとし》めたところで『母と子』は完結している――その異常なラストシーンに刻印されたものを映画作家の署名とするならば、それは下手な贋作者と呼ぶばかりではとても足りない、ふてぶてしき悪名であるには違いあるまい。

註

（1）岡田眞吉・双葉十三郎・高季彦・佐藤邦夫「大船の新人渋谷実 原研吉と語る」、『スタア』一九三八年九月号、八頁。
（2）『読売新聞』一九三八年六月二七日付夕刊、二頁。
（3）『読売新聞』一九三八年七月一日付、四頁。
（4）Barry Kieth Grant, *Film Genre: From Iconography to Ideology*, Wallflower Press, 2007, p. 10.
（5）城戸四郎「「男性対女性」の製作」、『オール松竹』一九三六年九月号、三四―三五頁。
（6）河野真理江「上原謙と女性映画――１９３０年代後半の松竹における女性観客性の構築」、『映像学』第八七号、二〇一一年、二四―四三頁。

（7）板倉史明「大映「母もの」のジャンル生成とスタジオ・システム」、岩本憲児編『家族の肖像――ホームドラマとメロドラマ』森話社、二〇〇七年、一〇四―一〇五頁。

（8）Linda Williams, "'Something Else Besides a Mother': Stella Dallas and the Maternal Melodrama" in Christine Gledhill(ed.), *Home is Where the Heart is*, BFI, 1987, p. 299.（初出は *Cinema Journal*, Vol. 24, no. 1, Fall 1984, pp. 2-27）

（9）木下は、「当時そのように呼ぶ者はなかったが」と断りつつ、「シングルマザー物」が三〇年代後半の日本映画における女性映画の一つのサイクルであったことを指摘している。木下千花『溝口健二論――映画の美学と政治学』法政大学出版局、二〇一六年、三四〇―三四二頁。

（10）渋谷は同時期に、『ママの縁談』（一九三七年）、『南風』（一九三九年）で「シングルマザー物」に当たる作品を手がけてもいる。

（11）木下『溝口健二論』、三四〇頁。

（12）渋谷実インタビュー（聞き手＝小川徹）「蒲田から大船へその華々しい日本映画のルネサンス――その監督・女優の地囲系譜と親交関係縦横断」、『映画芸術』一九七七年六月号、七五―八三頁。

（13）たとえば岡田眞吉は当時次のように述べている。「「母と子」は確に型を破らうとしてゐる。所々破綻があるが、何か窓が開いた、と云ふ感じがしましたね」（前掲『スタア』、六頁）。

（14）友田純一郎・滋野辰彦・水町青磁・飯田心美「「母と子」合評」、『キネマ旬報』一九三八年七月一日号、一五三―一五六頁。

（15）Williams, "'Something Else Besides a Mother,'" p. 300.

（16）「新映画評」、『読売新聞』一九三八年七月五日付夕刊、三頁、署名（K）。

（17）友田ほか「「母と子」合評」、一五四頁。

（18）渋谷は、一九七七年の小川徹によるインタビューの中で、「カルネがちょうど僕が一本立ちになった時、監督になったんだ。『ジェニー《ママ》の家』」と、この作品とマルセル・カルネへの思い入れを告白している（渋谷インタビュー「蒲田から大船へ」、七五頁）。『ジェニイの家』は一九三八年五月二六日に公開され、同年度の『キネマ旬報』ベストテン外国映画部門の第四位に選出されている。『母と子』におけるこの伯母の部屋の場面には、構造の他にも、物語世界内の音楽が劇伴の役割を果たすという共通点も認められるため、渋谷が撮影前、撮影中のいずれかの期間に、『ジェニイの家』を観ていた可能性は高い。

（19）Laura Mulvey, "Notes on Sirk and Melodrama" in *Visual and Other Pleasures*, Springer, 1989, pp. 40-41. 初出は、*Movie*, Vol. 25 (Winter 1977-78): pp. 53-56.

（20）友田ほか「『母と子』合評」、一五五頁。

（21）『母と子』完成台本（国立映画アーカイブ所蔵）一〇-九―一〇-一〇頁。台詞の確認にあたっては、国立映画アーカイブ特定研究員の紙屋牧子氏に当資料を調査していただいた。この場をお借りして感謝申し上げる。

（22）同前。

（23）御園生涼子『映画と国民国家――1930年代松竹メロドラマ映画』東京大学出版会、二〇一二年、一三一頁。

（24）城戸四郎は当時、批評家たちに好まれる作品の傾向について次のように述べている。「メロドラマをお芝居とするならば、プチブルの悩みは割合リアルです。批評家にはそのリアリスティックなものが割合に評判がいい。ところが映画としてロマンティックな扱いというものが実は大事なのです。殊に観客は、一つの映画から生活の糧を得よう、指導を得ようという以外に、娯楽を――夢を求めて居る。夢を求める場合にはリアリズムよりも、メロドラマとかロマンティックなものの方を喜ぶ」（座談会「プロデューサー検討――城戸四郎座談会」、『キネマ旬報』一九三六年新春特別号、一四九頁）。

（25）友田ほか「『母と子』合評」、一五三頁。

（26）実際、女性映画の慣例を守り、結婚というハッピー・エンディングで幕を閉じる次作『南風』は『母と子』のように評価されなかった。たとえば以下の批評。「『母と子』よりも余程落ちる成績でこんなにも「生活」のない絵空事のような恋愛映画は今時感心できない」（「新映画評」、『朝日新聞』一九三九年二月二二日付、六頁、署名なし）。

（27）山本喜久男「戦時体制下の映画作家たち」、『世界の映画作家31 日本映画史』キネマ旬報社、一九七六年、一〇六頁。

（28）同前、一〇六頁。

（29）フレドリック・ジェイムソン「アレゴリーで読むヒッチコック」、『目に見えるものの署名――ジェイムソン映画論』法政大学出版局、二〇一五年、二〇一頁。なお、この言葉は、ウィリアム・ロスマンの著書『ヒッチコック――殺しのまなざし』に向けられている。

（30）バーバラ・クリンガーは、ダグラス・サークの作家性がいかに理論化されたかを整理する中で、表現主義とブレヒトの影響を受けたドイツの知識人監督がハリウッドのスタジオ・システムの下で仕事をしたという彼の経歴や、自作について分析的に語る彼の姿勢が、テクストの読解に影響を与えていたことを指摘している。さらに、クリンガーによれば、初期のサーク研究に関与した七〇年代のマルクス主義者とフェミニストたちにとって、サーク作品のイデオロギー的な特質は、それぞれの主張に合わせて都合よく解釈されうるものだった。Barbara Klinger, *Melodrama and Meaning: History, Culture, and the Films of Douglas Sirk*, Indiana University Press, 1994, pp. 1-35.

（31）倉田文人・春原政久・山本薩夫・豊田四郎・渋谷実・原研吉・内田岐三雄・友田純一郎・水町青磁・清水千代太（座談会）「日本映画の未来を背負ふ――新鋭監督に訊く」、『キネマ旬報』一九三八年七月一日号、九一―九八頁。このとき、渋谷は清水から「喜劇かメロドラマ或ひは悲劇か、好みはないのですか」と問われて、「僕はいろいろなものをやりたいといふ希望がある。早く決めたくないといふ気持ちが強いのです」と答えた後、「文芸物とオリジナル物とは？」という質問にこう答えた。

（32）『朝日新聞』一九八〇年一二月二〇日付夕刊に掲載された渋谷の訃報記事には、「自分のペースを守る職人はだの頑固な監督としても有名で、当時の企業内の映画監督としては年に一、二本と異例な寡作ぶりだった」とその人となりが記されている。実際、渋谷は新人時代と呼ばれていた一九三〇年代後半においてさえ、年二、三本を手がけるのみで、この数はほぼ同期の原研吉が四、五本撮っていたのに比べると確かに少なく、彼が企画の選択に強いこだわりを持っていたことを窺わせる。

上原謙と女性映画——一九三〇年代後半の松竹大船映画における女性観客性の構築

はじめに

一九三七年、映画『朱と緑』（島津保次郎）の撮影を終えた上原謙は、松竹専門のファン雑誌『オール松竹』の誌上で佐野周二と対談し、次のような会話を交わした。

上原—あの役はとても演りにくかった。何しろ、顔を出せば、すぐに惚れられる役だからね。
佐野—いいではないか。まるで地をいってるようなもんだね。(1)

役作りの苦労を吐露する上原に対し、佐野は上原が日常でも多くの女性に「惚れられている」ことを示唆しながらその発言を冷やかす。実際、佐野の言に違わず、女性メロドラマのスターとしての当時の上原の人気は、松竹映画ひいては日本映画界において実にめざましいものだった。一九四〇年、批評家・山法師は「彼の人気が如何に圧倒的であるかを知りたい方は「上原謙主演」なる看板のかかった週の松竹の上映館をちょっと覗いてみるとよい」と前置きした上で、当時の上原に対する女性観客の熱狂を次のように記している。

実際彼のごとく世の御婦人方を陶酔させ、悩殺する俳優は未だかつて無かった、と言っても過言ではないのだ。若い乙女たちはそこに、常日ごろ夢に描く理想の男性を見出す、そして年を召された御婦人方は稍々不真面目に彼のまたとない端麗な容姿を娯しむのである。そこは最早芸術を楽しむ殿堂ではなく、一つの生理的な享楽の場所となっているのである。(2)

ここで同業のスターによって「顔を出せば惚れられる」役を「地をいってる」と評され、また別のところでは批評家から女性にとっての「生理的な享楽」と表現されている上原の魅力、特に女性にとっての抗し難い彼の魅力とは、いったいどんなものであったのか――。上原は戦前期における特権的なスターの一人でありながら、近年の映画研究において多くの関心を集めてきたとは言えなかった。しかし彼のトップ・スターとしての特徴と宿命は、ジャンルとスターを対象とする映画研究の領域に興味深い問題を提起するようにみえる。

本稿の目的は、上原謙という一人のスターを中心として三〇年代後半の日本映画において構築された女性メロドラマのプロトタイプの特徴を明らかにすることにある。本論では映画テクストや同時代のファン雑誌における上原のイメージを分析し、ジャンル映画とスターダム、(3)スター・ペルソナと女性観客の諸関係を理論化する。(4)

本稿で特に強調することになる二つの論点をあらかじめ明らかにしておく。第一に、上原謙がその特徴的なスター・イメージを通じて松竹女性メロドラマに対する観客の性的主体性の支配的なモードを構築したという点である。そして第二に、上原謙というスターの存在が、一九三〇年代の日本の主流映画における国産メロドラマ・ジャンルを概念化する上で重要な存在であり、上原のスター・ペルソナは彼個人の特徴であると同時に、ある種のグローバルな男性像の一角をなし、さらには日本映画のメロドラマにおける典型的な男性像の起点にもなったという点である。

1　スタア誕生――メロドラマ・ジャンルとスターダム

かけ出し時代――だって？　さァ、僕にはいきなり決勝点が目の前にあったかたちだ

――上原謙(5)

上原謙のスターダム

上原謙の映画人生は、映画界の常識にまるで無知であった彼の想像をはるかにしのいで、松竹という巨大スタジオの〝目玉商品〟として売り出されることからはじまった。

上原は、一九三三年、『理想の良人』映画化に向けた「理想の良人型男優」の公募によって松竹入社のきっかけを得たが、しかしこの映画には出演することなく、それより二年後の一九三五年、『若旦那・春爛漫』によってデビューを果たす。この空白期間に松竹がこの新しいスターの売り出しに向けてどんな構想を練っていたのかは定かではないが、巨大スタジオがこの一人の青年に託し

た期待は一方ならぬものであったと推察する。[6] というのも松竹にとって上原は蒲田三羽烏（高田稔・鈴木伝明・岡田時彦）を失った後にようやく現れた現代劇スターの有望株であったからである。上原を際立たせていた特徴のすべては、大船移転を控えた撮影所が望む新しいスターとして完璧なものばかりだった。つまりその卓抜した美貌もさることながら、上原が当時の多くの俳優の出自とは異なり良家の子息として育ち大学を卒業していたことは、彼がスクリーン上で女性たちの理想的な結婚相手であるブルジョワ家庭の息子を演じることに好都合な裏付けを提供した。おそらくは当時の上原がしばしば露呈した「素人らしさ」（たとえばぎこちない台詞回し）さえ、彼が演じる役柄にリアリティを保証するための材料とみなされた。[7]

当時、松竹は既に林長二郎（長谷川一夫）のプロモーションを通じて女性を消費のターゲットとしたスターダムを作り出すことに成功し、女性観客を中心とする映画ファン・カルチャーの商業的重要性を十分に認識していた。[8] そして上原のスターダムもまた、はっきりと女性観客を想定して構築され、そのスター・イメージは少なくともデビューからの五年間、一貫して「理想の良人型男優」というコンセプトに関連付けられた。結果として、それは単にスターの個人のイメージであるというだけでなく、国産メロドラマにおけるヒーローの類型として制度化されたのである。

女性メロドラマのヒーロー

「理想の夫」としての上原の登場とともに松竹女性映画は如何に展開したのか、あるいはそれ以前のタイプはどのように異なる方向に書直されたと言えるのか。

上原の登場以前、既に一九二〇年代を通じて日本映画における女性向けメロドラマは技巧と物語形式において洗練され、大手製作会社は個性的な作家を重用しながらもこうした特定のフィルム群を均一化する傾向にあった。たとえば、一九三〇年の『麗人』は島津保次郎によって完璧に様式化された、無声期における蒲田調女性メロドラマの典例だといえる。『麗人』は、強姦による処女剥奪、望まない妊娠と子別れ、愛憎入り交じる復讐劇など「新派悲劇」の世界観から物語の題材を多く引き継ぎつつ映画スペクタクルを成立させる。蒲田調の女性映画について端的に指摘できることは、転落した女の物語を主調としたものが多かったということだ。しかしトーキー到来後、特に一九三六年の撮影所移転以降、こうした蒲田的ナラティヴ・パターンは上原の登場とともにそれ以前とは明白に異なる方向性を与えられることになる。それは一般には「大船調」と呼ばれるフィルム群の成立を意味している。スターとしての上原謙はまず、大船調女性映画の最も有名なヒーローとして確立された。そして彼を主役とする大船調女性映画のフィルムはすべからく、放蕩娘ないし不幸な女性が「理想の夫」となる男性に出会って幸福になるまでの紆余曲折ある成長譚あるいはサクセス・ストーリーへと書直されていった。

大船調成立の背景には、トーキー技術の確立以外にもいくつかの映画史上の重要な転換を指摘することができる。たとえば二〇年代に女性映画が原作としていた家庭小説が廃れモダニズム的な大衆小説が台頭したことや、(9) それを受けてハリウッド式のハッピー・エンディングが本格的に採用されたこと、その結果映画ジャンルとしての新派悲劇が衰退したこと、他方ではメロドラマ言説が浸透しつつあったことなど。こうした状況下で決定された松竹の撮影所移転に際し、所長・城戸四郎が発表したいくつかの声明からは、彼が日本映画過渡期におけるこの混沌をたった一つの方向性、そして「大船調」というラベルの中に強引にも集約しようとする企図を読み取ることができる。一九三六年、城戸は「『男性対女性』の製作」と題された声明の中で、移転後最初となる作品がマンネリ化しつつある蒲田映画に対して「映画のスケイルをもっと大きくし、更にプロットをもっと複雑にし、心境的であろうと、事件的であろうと、もっとメロドラマティックに構成しようとした」と語っている。[10] この声明を読む限り城戸は明らかに大船調という新しいメガ・ジャンルの建設を重視しており、さらにそれが蒲田調を凌駕するためには「メロドラマティック」な構成が不可欠だという認識を示している。

上原謙は松竹が蒲田調から大船調へと企業転換を図るさなかに、まさに彗星のごとく売り出されたスターだった。『男性対女性』への上原の出演はスタジオにとって必然的な決定である。彼のまっさらなイメージ、そして幸運にも「私生活」から潜在的に引き出すことのできた信憑性の高い「理想の夫」というペルソナ――それらはすべて、松竹が城戸流の「メロドラマティックな」作品を量産していく体制に導入されたのである。

「女性メロドラマ」のプロトタイプの構築

既に定説化しているように、日本映画は国内のスタジオ・システムの成立とともに外国映画の模倣と吸収を通じてさまざまな外来ジャンルを再編成してきた。[11] その過程で多くの古典的ハリウッド映画のジャンルは日本映画の製作現場で似て非なるナショナルなジャンルへと書直されていった。

メロドラマはその最たる例であり、またもっとも複雑化した例でもある。

木下千花はマキノ正博の『婦系図』を主題とした論文の中で、日本映画研究の文脈で見過ごされてきたメロドラマ映画の存在を鋭く指摘する。[12] 当時のメロドラマを再評価する上で「真正メロドラマ」をめぐる批評家らの議論に注目する木下の論考は、日本の主流映画におけるメロドラマが既に「集合概念」として見なされるアメリカでの意味に対して、[13] 誤解と改変を繰り返す過程でいっそう雑多で不明瞭なカテゴリーとしてジャンル化されたことを示唆してもいるだろう。ここから推測しうる一つの事態は、日本におけるメロドラマ・ジャンルのプロトタイプ構築が批評家間の専門的な議論とはかけ離れたところで、スタジオ・システムによって着々と進められたということだ。

国産ジャンルとしてのメロドラマの生産は、実際には松竹というスタジオ・システムの戦略下で独断的・限定的に着手されたにもかかわらず、その試みが成功をおさめると同時に他社をも巻き込みながら決定的なものとなった。一九三〇年代後半の松竹大船では、『愛染かつら』のように「メロドラマ」として宣伝される女性映画が成立する。[14] ここには「女性映画」のラベルが商業的に「メロドラマ」へと書直されていくプロセスが含まれている。また一方では、それは換言すれば古典的ハリウッドの流れを汲む周縁的で集合概念的なジャンルがより限定的で地域的なものへと収斂されていく一様相でもあり、最終的にはミリアム・ハンセンが主張したようなヴァナキュラー・モダニズムのグローバル化が直面した一連のプロセスのなかに位置づけることができるものだ。ハンセンは次のように述べている。

好むと好まざるとを別にして、古典時代のアメリカ映画は最初のグローバルな現地語《ヴァナキュラー》のようなものを提供したのである。(中略)それは近代と近代化に関して競合する文化的言説を媒介するにあたって鍵となる役割を果たしたため、ある特定の歴史的な経験を分節化し、増殖させ、地球化したためであったのである。(15)

はるか海を越え、地域言語化された女性メロドラマは古典的ハリウッド映画の文化的ヘゲモニーを脱構築しながら新しいスター・システムを再編成する。当時、日本映画における女性映画の観客層は明らかに文化的に低い地位にあると考えられたが、(16)上原はそうした女性たちの視覚的快楽の可能性を開拓し、他方では日本映画が文化的にハイブリッドなシステムをメイン・ストリームにおいて確立していくそのときに生産されたスターであった。日本映画史における上原謙のスターダムと、松竹大船における新しい女性メロドラマの成立は、ある特定の場合でスターとジャンルが深く相関する現象の特異性を、三〇年代の時代性の内に際立たせる。

2 魅せられて——女形と「女性的男性」

スターとパラダイム

女性メロドラマのスターとして売り出された上原謙のイメージにおいて最も特徴的なのは、スクリーン上の彼のイメージが、ヒロインと女性観客に対しフェミナイズされて表象されたことである。

こうしたフィルムのテクストにおいては、上原の男性的アイデンティティやそこに含まれる父権的な意味は矮小化され、ファリックな脅威がそがれた無害なエロティシズムのみが誇張されているようにみえる。

フェミニズム映画批評家であるタニア・モドゥレスキによる『忘れじの面影』（一九四八年）を主題とした論文には、テクスト上で女性観客と親密な関係を築く男性スターについての興味深い記述がある。モドゥレスキは女性観客のエロティックな欲望をかき立てるようなイメージとして、「フェミニン・マン」ないし「フェミナイズされた男性」が登場することを指摘する。[17]ここではさしあたり〝女性的男性〟と呼んでおくが、彼女の主張によれば女性向けのフィルムの魅力のひとつには男性のアイデンティティを撹乱し動揺させ結果的に男性を女性化させる傾向があり、「男の中の男」から逸脱し女性化されるがために男性スターは女性観客にとっての扇情的なイメージとして自由な欲望を引き出す。モドゥレスキは代表的な男性スターとして、『ステラ・ダラス』（一九三七年）のジョン・ボールズ、『裏街』（一九四一年）のシャルル・ボワイエ、『忘れじの面影』のルイ・ジュールダンらの名前を挙げた。

このような男性スターに対する〝女性的男性〟の類型は、映画史的にはルドルフ・ヴァレンティノや早川雪洲を端緒としてあらわれたものとみなすことができる。つまり、彼らのイメージについて常に語られる両性具有的《アンドロギニック》な要素あるいは異邦人性《エキゾチシズム》（ヴァレンティノと雪舟に関して言えばオリエンタリズム）が、その後の多くの男性スターが女性観客に視覚的快楽を提供する際のグローバルなパラダイム[18]となった。そして日本映画のスターであった上原もまた、三〇年代以後、地球化しはじめた主流映画の流れの中にあって、女性性と親和する身体的特徴により女性観客の心を掴んだ一人だったのである。

女形と女性的男性

「女性的なもの」への関心は、そもそも女形の存在が伝統的にあった日本の文脈では、時代劇映画に引き継がれてきた。近年の長谷川一夫についての宮尾大輔の研究や、大川橋蔵についての神谷彰の研究はいずれも、日本映画黄金期において時代スターが強調していた女性的・中性的な魅力に目を向けながら、時代劇の典型的な二枚目の身体の特異性を演劇の女形の伝統と近代日本映画のスターダムとが交錯する地点で明るみに出す。[19]

早くから二枚目の研究に力を注いできた佐藤忠男は、上原を「西洋の映画からぬけ出してきたかのようにスマート」ではあるが、最終的には「歌舞伎の心中ものの主人公の二枚目の伝統を次ぐもの」[20]とみなす。佐藤のこのような漠然とした印象は、二枚目スターとして上原のイメージが包含する両義性――地域的なものとグローバルなもの――を率直に暗示している。とはいえ、美貌の男性スターとしての上原のイメージが長谷川のプロモーションをある程度下敷きとしながらも、歌舞伎の二枚目や女形の造形美とはかなり異なる女性性によって特徴付けられたことは明らかである。たとえば、現代劇の俳優としての上原は三〇年代が求める雰囲気を背負いつつ、二枚目や女形になるために必要なテクニック（化粧や立ち居振る舞い）を身につける必要はなかった。むしろ上原は、素人であること、素顔であることのリアリティによって自らの美貌を他のスターから特権化した。上原のイメージは、伝統的な女形や二枚目のイメージに対する受け皿としての女性観客層を想定しながら、よりはっきりとコスモポリタンな「女性的男性」の類型に影響を受けて構築されたと考えるのが妥当である。

一九三九年、上原のスター・イメージが既に次のように分析されていたことは注目に値する。

スターとしての上原の特徴は、先づその美貌と繊細な鋭さ、から出発している。上原の美しさはつまり男性よりか女性の対象物としてのそれである。然しのっぺり二枚目は現代のものではない。上原の如き立体的都会的風貌と男性美（勿論之は女性から見てのだ）にして初めて現代の人気スターたる所以なのだ。[21]

ここで上原は「美貌」、「女性の対象物」、「立体的都会的風貌」、「男性美」、「現代」といったキーワードによって特徴づけられ、従来型の「のっぺり二枚目」から差別化されている。この記事が松竹専門のファン雑誌『オール松竹』に掲載されたことを重視すれば、この特徴には上原謙に対する批評家・個人の見方ではなく、彼のスター・ペルソナに対するスタジオの意向が反映されている。上原のイメージは伝統的な男性像から差別化され、グローバル化する三〇年代の〝女性的男性〟スターの系譜上に造形されたのである。このこと自体は上原以前にも岡田時彦や鈴木伝明などの先例を考慮しておく必要があるが、この二人のスターについて言えば彼らが三〇年代ないしトーキー以後のスターとしての役割を全うすることはなかった。[22]

松竹における女性メロドラマは、上原の身体的な特徴を利用して彼のイメージをテクスト上でフェミナイズし、〝女性的男性〟としての特徴を強調する。女性メロドラマは最初のプロトタイプを練成する過程で、上原を通じて既存の男性像に対する新しいナショナル・アイデンティティを提示した。そのとき、スター上原謙を中心とした女性観客性（female spectatorship）は、女性メロドラマにおける最も支配的な観客性のモードとして確立されたのである。

3　男性・女性――映画『新道』における「女性的男性」の身体

マスキュリニティの否定

フェミナイズされた上原謙のイメージは具体的にどのような〝女性的男性〟の表象を創造したのだろうか。本節では、映画『新道』（一九三六年、五所平之助）に対するテクスト分析的なアプローチを通じて上原の身体性を例証する。

『新道』は菊池寛円熟期に執筆された同名小説の映画化であり[23]、前後篇の大作として製作された。簡単にあらすじを記しておく。

男爵令嬢・朱実（田中絹代）は、グライダー乗りの青年・工藤一平（佐野周二）と情熱的な恋におち、やがて妊娠する。しかし同じ頃一平は不意の墜落事故で死亡、朱実は未婚の母となる。実家や工藤家から激しく軽蔑される失意の朱実に一平の弟・良太（上原謙）が手を差し伸べる。良太は、形式だけの結婚をして子供を工藤家の籍に入れることを提案した。朱実と良太は奇妙な同棲生活に入るが、ここで二人は子供を得て本当の夫婦としての絆をもつようになり、最終的に幸福な結婚生活を獲得する……。

『新道』の物語世界で要となるのは、ヒロインと一組の兄弟との関係だ。兄弟である二人の男性のうち一方は男性的でファリックなものとして、もう一方は男性的なアイデンティティが不安定で女性化されたものとして対照的に表象される。

まず、主人公・朱実の最初の恋人である兄・一平が事故死したシーンから検討しよう。ヒロインと情熱的な恋に落ち、空を飛ぶ事を趣味とした男性味溢れる人物の死を伝えるこの場面で映されるのは、ほとんどが道を歩いたり走ったり、電話をかけたりする田中の姿である。五所の演出は技巧的な撮影と編集によって抑制されたアクションの中から事態の深刻さを十分に伝える。しかし、ここでヒーローの凄惨な死を決定づけるのは、長い沈黙のあと電話越しに弟の上原から告げられる「兄は即死です」の一言と、うつろな目をした少女が売る新聞の見出し「民間飛行家惨死」を捉えるトラッキング・ショットである（図1―1、1―1'）。

図 1-1

図 1-1'

このシーンは、ショッキングでセンセーショナルな墜落の場面を不可視化し、遠く離れた場所でその死を知るヒロインだけを追いつづけ、女性を妊娠させるファリックな男性の死を極めて否定的・消極的な方法で描く。ここでは予算や検閲の課題をクリアする上でも都合がよかったとはいえ、飛行機乗りの墜落死という決定的な場面を映さないことが、一平という男性的な身体表象を不可視化すること、そしてこの男性的なヒーローを死なせること、すなわち否定することと直に関連する。さらに、このことは後篇のヒーローとなる良太が、一平の表象とは反対にフェミナイズされることを助長する。

興味深いのは当局による検閲がこの兄弟のイメージのコントラストに拍車をかけたと言えることだ。『新道』は風俗規定に抵触し全体の約一五%をカットされたが、そのほとんどは前篇に対して行われたことが確認できる。[24] 一平が事故死するまでを描く前篇のフィルムが計三二六メートルを切除される一方で、一平の死後良太と朱実が結婚するまでを描く後篇における切除はわずか九メートルであった。その結果、前篇における兄の一平と朱実のラブ・シーンが接吻や肉体交渉を強く仄めかす描写のためにほぼ全てを切除されたのに対して、死んだ兄の部屋で一平が朱実を抱き寄せるといういささか不道徳にも見えるシーンは検閲をまぬかれた。つまり、検閲は奇しくも性的な接触を含む恋愛を否定しつつ、女性に対し男性が犠牲的である結婚をある意味で推奨したのである。

フェミナイズされた身体

一平に対する消極的・否定的描写を前提として、兄の死により肯定される弟の良太＝上原謙がどのように異なる身体イメージを提示するのかを、二つのシーンから検討しよう。

後篇、良太が朱実に求婚をするシーンで、良太は朱美と肉体交渉のない形式的な夫婦になることを提案する。画面上で上原は田中と並列して座し、男女間の関係が対等であることを示す（図2）。また彼はここで「あなたを好きにでもなったりしたら何だか不純なような気がして」と既にヒロインに惹かれているそぶりをみせつつ、恋愛感情を卑下するような不可解な言動をする。彼は純粋にプラトニックな婚姻関係を結ぶことを望んでいるようにも、性的欲望を自ら抑圧しているようにもみえる。

さらにラスト・シーンでの夫婦となった良太と朱実の会話に注目してみよう。

ここではまたしても朱実と良太の対等な関係が並列のポジションで強調されるとともに（図3）、朱実は良太が自分のために犠牲的な結婚をしたことを重々承知していることが「とにかく、あたしはあなたにすまないわ」という謝罪の科白によって示される。しかしこの朱実の罪悪感はかなり一時的なもので、彼女の手をそっと握る良太の「僕たちの幸せはこれからだよ」という台詞によって打ち消される。このシーンを通じて物語が与える結論とは、女性と情熱的な恋愛を経験した兄が凄惨な死を遂げてヒロインを不幸に陥れるのに対し、性的な欲望を自ら抑制し結婚までプラトニックな関係を守ろうとする弟がヒロインに幸福をもたらす、というものだ。良太は性的な欲望を露呈することがないにもかかわらず、情熱的な恋愛をして兄の子を妊娠した女性を伴侶に選ぶ。彼は女性を

図2

図3

図4

図5

性的に脅かすことがなく無害でありながら、[25]女性の能動的な性的欲望については明らかに寛容で受容的な立場を取る（そもそも朱実の妊娠のきっかけは直接的には朱実が一平を積極的に誘ったためである）[26]。ここでは、女性の性的な欲望はその純粋さにおいて常に肯定される。

　この二つのシーンを含め、『新道』における上原の身体表象は、一貫して彼の男性的アイデンティティの曖昧さを強調する。上原と田中との間の並列＝対等の位置関係は正面固定のキャメラ・ポジションで反復される。また、彼のうつむき加減の顔は自信に満ちた力強い男性像に決して結びつくものではない。田中に対して明らかにライティングが抑制された上原の顔は、輪郭だけをとどめて曖昧で多義的な表情を生み出し[27]、物語で主導権を持つ人物が女性であることを示すだけでなく、彼がどんな表情をしているのかについての判断を個々の観客に委ねている（図4）。さらに、横からのショットでは彼は身長差により男性性をアピールするとともにウエストの細さが強調された華奢な体躯により女性性をあらわしている（図5）。

　『新道』は、上原に対するフェミナイゼーションを通じて、次のようなシステムで女性観客の主体性を構築する。まず、良太は空間上の並列によって女性との社会的関係の対等性を強調する。また彼は性関係における主導権を女性に握らせ、女性の能動的な性行動を容認する。そして彼自身は性的欲望を進んで自己抑制するようなマゾヒスティックな去勢化の身振りによって、形骸化しつつも父権性と家族制度の規範を維持しようとする。求婚の場面で良太が形式的な結婚を提案することは、弱体化した父権意識をあらわしているというだけでなく、夫婦の性関係における支配権を女性に譲渡したがる点でマゾヒスティックである。『新道』における上原のイメージは、「女性的男性」としての身体的特徴を利用しながら無害で寛容な、被虐的でさえある男性像を提示する。このとき生じる必然性は、彼を見つめる女性観客のまなざしが積極的に彼を欲望するサディスティックな立場に置かれるということだ。最終的に、女性観客はテクスト上で思わせぶりに隠蔽された彼の男性性を暴くことの好奇心へと駆り立てられていくことになる。

4　模倣の人生——上原謙と窃視の快楽

ファン雑誌とスクリーン

上原謙の身体イメージは如何にして女性観客の熱狂を確保しつづけたのか。フェミナイゼーション、マゾヒズム、性に対する寛容さ——こうした論点はそれぞれ、メロドラマと男性スターとの関係性においてさらに掘り下げられるべき問題ではあるのだが、ここからの議論では視線の構造をめぐる問題をあらたに導入したい。

上原のイメージは、映画の中で非常に頻繁に女性たちから「覗かれる身体」として表象されてきた。『淑女は何を忘れたか』(一九三六年、小津安二郎)から『お加代の覚悟』(一九三九年、島津保次郎(28))、

『お絹と番頭』（一九四一年、野村浩将）[29]までの松竹大船映画においてだけでなく、大船調やメロドラマといった枠組みを超えた『へそくり社長』（一九五六年、千葉泰樹、東宝）に至るまでの多くの戦後作品においてさえも、上原はことごとく女性たちから覗き見られつづける。本節の目的は、こうした窃視の対象としての上原のポジションをめぐって、フェミナイズされたイメージを囲い込むために考案された仕組みを明らかにすることにある。

まず、上原のスター・イメージについて再び確認しておきたいことは、それが「私生活」の流用によって構築されたことだ。ここでいう「私生活」とは、雑誌や新聞などのメディアで積極的に情報化される「映画産業によって再現された模造品」[30]を指す。ハリウッドのケースについては既にアンソニー・スライドが、ファン雑誌の仕事がスターにとってあくまでもスタジオとの契約の一部であったことを指摘しているが[31]、日本の場合も、ファン雑誌は特定のスタジオの名前を冠し、結びつきを誇示することで売り上げを確保してきた。そして「スターは最終的には、典型的な職業生活／私生活の徹底的な相関的結合によって特徴づけられる」[32]という言葉通りに、スクリーン上のイメージを補強するためにその「私生活」は選別され、ファン雑誌の誌面において積極的に公開されてきた。

『オール松竹』には、毎日のように二〇人あまりのファンが自宅に押し掛け、彼らが部屋を覗くことに悩まされる上原の告白記事が掲載されている。[33]また義理の妹が語る「家庭の一員」としての姿は、彼の私生活への好奇心をかりたてるだろう。[34]さらに、男性としては異例と言える見開き二ページにわたる単独の水着グラビアは[35]、一層あからさまに上原への窃視症的な欲望を助長する。

ファン雑誌は上原の「私生活」を擬似的に詮索し、スクリーン上で「見られるため」(to-be-looked-at-ness)[36]に位置づけられた上原のイメージを補填する役割を果たした。

窃視のポジション

しかし、スクリーンの内外で相互連携する上原のイメージは、単に一方的に見られる対象として女性観客の視覚快楽嗜好を満たしつづけたのだろうか。見過ごすことができないのは、上原がまた別の可能性に満ちた表情で女性たちの前に現れ、「覗く主体」としての彼の身体がまた逆説的に呈示される場合に、事態がいっそう複雑化することである。

二つのイメージを最初に提示しておこう。

図6は『オール松竹』に掲載されたスナップ・ショット風のグラビア[37]、図7は映画『花』(一九四〇年、島津保次郎)から切り取られたショットの一部である〔校正者注——製作年と監督名に誤りがあり、正しくは『花』(一九四一年、吉村公三郎)である〕。

この二つのイメージは「覗く主体」としての上原が「覗かれる対象」としてのポジションと同様にファン雑誌と映画テクストで連関的に構築された事を実証する。カメラを手にするスターのイメージ自体は必ずしも珍しいものではなかったが、上原の場合このイメージには単なるスナップ・ショット以上の意味が含まれている。何故なら、ファン雑誌上のカメラを掲げた上原のイメージはやがて映画の中にそっくり流用されることになるからである[38]。

上原の身体イメージはしばしば「覗かれる対象」としてヒロインと視線を共有する女性観客のス

図7

図6

図9

図8

図11

図10

〔校正者注――図8から図11までの4枚の画像については本文中で言及されていないが、ここでは原文を尊重し初出時のまま掲載した。なお、いずれも『花』に登場するショットをキャプチャしたものであり、図8は図7で切り取られる前の画面である。〕

コポフィリア的好奇心を満たす一方で、「覗く主体」としても機能し女性観客の「覗かれる欲望」にさえ応える。つまり女性観客にとって、上原をめぐる窃視の快楽とは「見ること」だけではなく「見られること」でもあり、まなざしを向けることだけでなく向けられることでもあるのだ。

快楽のパラダイム

ミリアム・ハンセンは、ルドルフ・ヴァレンティノと女性観客性について書かれた論文の中で、ヴァレンティノのエロティックな魅力を「ペルソナに対するシステマティックなフェミナイゼーション」[39]として明晰に分析する。ここでハンセンは、やはりヴァレンティノと女性観客との間では窃視の主体と対象のポジションが交換されると指摘し、彼のイメージが喚起する視覚的快楽の可能性に言及する。

ラテン・ラバーとしてのペルソナに対するあいまいな文化的構築を中心に次々と循環するナラティヴ・パターンの反復を通じて、多くのヴァレンティノ映画では、スターの、そしてスターとの同一化に関する認識の快楽が劇的なものになる。[40]

ハンセンはここで、ヴァレンティノが女性に対してテクスト上で果たすサドマゾ的なロールプレイングとオリエンタリズムが特定のナラティヴ・パターンにおいて彼のエロティックな魅力を引き出すのだと主張している。[41] ここには、スターを中心とするジャンル映画特有の視覚的快楽の可能性が示唆されているようにみえる。

　つまり上原がある特定のイメージに向かって類型化されるとき、女性メロドラマではいくつかのナラティヴ・パターンが反復されつづける。そこで上原は大抵の場合覗かれる。しかしながら、彼もまた覗く。この最も適切な例は、『愛染かつら』で、田中絹代が子持ちであることを上原に対してひた隠す一方で、その事実を上原は駅のホームで垣間見て知っている、そして観客は彼がその秘密を目撃する瞬間を見ている、というような場合である。こうして窃視の構造が入れ子状となり、いわば約束事として女性メロドラマに定着し反復されることで、女性観客はいつしか「覗き症」的な視線が何ら禁止の対象ではなく、むしろテクスト上で積極的に推奨されていることを暗黙のうちに理解する。そして女性観客はヒロインとの同一化を通じて一方的な「覗き」のポジションに置かれたとしても、あらかじめ、自己嫌悪や背徳感、羞恥心といったさまざまなリスクから回避される。こうした窃視の構造は、量産される女性映画内の特定のスター・ペルソナ（＝上原謙）を中心として神経質なまでにはりめぐらされ、やがてパラダイム化する。

　窃視的なポジションがあらかじめ是認される女性メロドラマのテクストにおいて、覗くこと＝覗かれることとの逆転は劇的な快楽を供しうるだろう。つまり、上原もまた女性を覗き、彼女が彼のまなざしの存在を意識するという場合、女性観客は羞恥や嫌悪を感じるどころか、入れ子の構造のために窃視の快楽をいっそう強く知る。何故なら、スクリーン上の視線の主体は女性たちの熱狂のために都合良くさまざまに理想化されており、女性観客は上原に現実に見つめられてはいないことを知りつつ、あたかもそうであるようなまなざしを思い思いに享受するだけだからだ。あくまでも承認されるまなざしこそが、女性観客性において完成される視覚的快楽のパラダイムである。

そこでは男性と女性の双方においてその能動的なまなざしと窃視の欲望があくまでも肯定されるため、覗きの対象としての彼を共有する経験を通じて女性間の同一化は非常に強力になり、ある共謀関係を切り結ぶに至る。そのときもし女性観客がまるで自分であるような、あるいは自分であったらと望むような、理想化された女性スターのイメージに対しある種の陶酔を感じるとすれば、そこにはメアリー・アン・ドーンの言う「彼女こそがイメージだ」*she is the image*[42]というほどの主観を喪失するような同一化の経験よりも、むしろジャッキー・ステイシーが言うところの「魅了」*fascination*[43]が存在するかも知れない。

女性メロドラマにおいて窃視の構造がパラダイム化されるとすれば、それは典型化されたジャンル映画を見ることの快楽をまさにその反復性において価値付ける。何故なら、このパラダイムは最終的に、スターのフィルモグラフィーを通じつつ絶えずプロトタイプ化されつづけるジャンル映画の原動力とともに、女性観客の男性スターに対する視覚的快楽を幾重にも倍増させるかあるいは極限化させるからだ。結果として、上原が主演する女性映画を観る女性観客は劇場の光のなかに「覗いているのは彼の方だ」という前提を打ち立て、「本当は自分が覗いている」という秘密をヒロインと共有する。さらに最終的には「覗いているのは彼女である」という言い訳に担保され、自分自身は影の中にいる立場に安堵しながら「生理的享楽」に浸ることができるのである。

本節の最後に触れておきたいのは、『愛染かつら』における「スレ違い」の効果についてだ。『愛染かつら』は上原の主演作としても、三〇年代の女性メロドラマとしても長年にわたって最も代表的な作品であるとみなされながら、その過剰な通俗性ゆえにしばしばこの映画と真剣に向き合うための意欲を失せさせてきた。しかし、こうした視線の構造をめぐるアプローチは、「スレ違い」が何故、同時代の映画観客にショックを与え、熱狂させたのかについて一つの解釈を提示することができるかも知れない。

つまり「スレ違い」のショックは、既に多数の女性メロドラマ映画を通じて女性間の共謀関係が十分に成立されていながら、『愛染かつら』が窃視の快楽を思いがけず留保したために生まれたのではなかったのか。反復経験を通じて窃視の快楽に慣れ親しんできた女性観客にとって、「スレ違い」が思わせぶりな態度でそれを「お預け」にすることは、女性観客に約束事の快楽に対する、かつてないほどの幻滅とショック、そして渇望と焦燥を経験させるだろう。やがてジャンル化される「スレ違いメロドラマ」は、パラダイム化された窃視の構造を流用しつつ、よりあからさまに同じ物語世界を共有することで中毒性を増幅させ、いっそう強い熱狂の中に観客を取り込もうとするだろう。事実、「スレ違い」の視覚的快楽は少なくとも一九六〇年代前半までの間、窃視の快楽に次ぐ決定的なパラダイムとして、もはやお家芸とさえみなされた松竹女性メロドラマのテクスト上で繰り返し機能したのである。

おわりに

私は三枚目がやりたくてしょうがなかった――上原謙(44)

典型的な男性スターとしての上原謙のイメージは女性メロドラマにおいて女性観客の対象物として構築されると同時に、それ自体が女性メロドラマと女性観客を構築し典型化していくモティベーションを維持してきた。また彼のスターダムを包括的に操作したスタジオ・システムの戦略は、スクリーンの外においても余念なく徹底されつづけた。そして上原は、彼自身の商品としての立場を保証する消費者としての女性観客（female spectator）を構築するだけでなく、同時代のアクチュアルな女性観客（the women in the audience）の人気よって保証されつづけた。

一九三〇年代の終わりから、上原の積極的に既存のイメージからの脱却を目指す役柄に挑戦したが、その挑戦はたいていの場合、堅固なスター・ペルソナゆえに危険性と不可能性を指摘された。(45)上原の身体のイメージが持つ意味はあまりにも過剰であり、端的に言えばそれ以前におけるすべての役柄とスター上原謙のイメージを背負っていたのである。また一九三〇年代に上原によって確立されたヒーロー像は、戦後量産されつづけるメロドラマ映画の中で他の多くの俳優によって演じられた男性像に強く影響を及ぼしつづけた。

それでも一九四八年、松竹から東宝へと移籍すると上原は自らのフィルモグラフィーの記憶に拘束されつづけながらも戦後の女性メロドラマにおいて決定的な役割を遂行することになる。『めし』

（一九五一年）、『夫婦』、『妻』（一九五三年）、『山の音』（一九五四年）といった成瀬巳喜男監督による女性映画にたてつづけに出演した彼は、まるでその瞬間を待ち望んでいたかのように、ついにかつての理想の夫がふしだらな夫あるいは退屈な夫へと変わる幻滅のプロセスを実践する。このとき上原は、衰えた美貌を晒しつつ過去の夥しい理想化されたイメージを自ら裏切ることに成功したというだけでなく、おそらくは彼と同じく松竹大船女性映画に対する最大の対抗者であった成瀬巳喜男とともに[46]「人生をあたたかく希望を持った明るさで見ようとする」[47]メロドラマが作り上げたパラダイムを存分に破壊し、さらなるプロトタイプの構築を促進したのであった。

付記

本稿は、日本映像学会第三七回全国大会（於・北海道大学、二〇一一年五月三一日）での口頭発表に基づいている。この場をお借りして口頭発表の折にご教示やご批判を寄せていただいた皆様に感謝致します。

註

（1）「上原謙対佐野周二　一問一答」、『オール松竹』一九三七年六月号、四六頁。
（2）山法師「映画人登録」、『日本映画』一九四〇年三月号、一一二―一一三頁。
（3）スターとスターダムについての基本的認識は、前掲書の他おもに以下の著作から教示を受けた。リチャード・ダイアー『映画スターの〈リアリティ〉――拡散する「自己」』浅見克彦訳、青弓社、二〇〇六年、アレグザンダー・ウォーカー『スターダム――ハリウッド現象の光と影』渡辺武信、渡辺葉子訳、フィルムアート社、

一九八八年、Andrew Britton, "Star and Genre," in *Stardom: Industry of Desire*, edited by Christine Gledhil, Routledge, 1991, pp. 198-206. Richard DeCordova, "The Emergence of the Star System in America," in *Hollywood: Critical Concepts in Media and Cultural Studies*, edited by Thomas Schatz, 2004, Routledge, pp. 149-159.

（4）日本映画研究者によるスター・ペルソナをめぐる優れた著作として藤木秀朗『増殖するペルソナ――映画スターダムの成立と日本近代』名古屋大学出版会、二〇〇七年がある。

（5）上原謙「わたしのかけ出し時代」、『映画物語』一九四七年一月号。

（6）ファン雑誌の情報によれば、「所内の幹部は、百方手を尽して彼の入社を懇望したのであったが、彼は当時学業の中途でもあり、（中略）入社話は勢い、彼の卒業後に延引するのは止むない羽目に立ち至った」。（原四郎「上原謙とはどんな男か」、『オール松竹』一九三六年七月号、五四頁）

（7）岸松雄「上原謙論覚書」、『キネマ旬報』一九五四年七月下旬号、二三―二五頁。

（8）宮尾大輔「顔斬り――林長二郎のスターダムと女性観客」、藤木秀朗編『観客へのアプローチ』森話社、二〇一一年、三六頁。

（9）新派悲劇と家庭小説との関係については、小林貞弘「家庭小説から家庭映画へ――一九一〇年代の新派映画について」、岩本憲児編『家族の肖像――ホームドラマとメロドラマ』森話社、二〇〇七年、四七―七四頁を参照。

（10）城戸四郎「「男性対女性」の製作」、『オール松竹』一九三六年九月号、三四―三五頁。

（11）山本喜久男『日本映画における外国映画の影響』早稲田大学出版会、一九八三年。

（12）木下千花「メロドラマの再帰――マキノ正博『婦系図』（一九四二年）と観客の可能性」、藤木秀朗編『観客へのアプローチ』森話社、二〇一一年、一九九―二二八頁。

（13）ベン・シンガーはメロドラマが本質的に「集合概念」であることをその著書を通じて強調する。Ben Singer, *Melodrama and Modernity*, Columbia University Press, 2000.

（14）たとえば『愛染かつら』の広告には「本格的メロドラマのナムバー・ワン野村浩将が再び才腕を揮ふ文藝大作」と明記されている。（『オール松竹』一九三八年一〇月号巻頭広告、『日本映画』一九三八年九月号巻末広告）

（15）ミリアム・ブラトゥ・ハンセン「感覚の大量生産――ヴァナキュラー・モダニズムとしての古典的映画」、

『SITE ZERO/ZERO SITE』No. 3、メディア・デザイン研究所、二〇一〇年、二二二頁（Miriam Hansen, "The Mass Production of the Senses: Classical Cinema as Vernacular Modernism," 1999）

（16）木下、前掲書、二〇七頁。

（17）Tania Modleski, "Time and Desire in the Woman's Film," in *Home is Where the Heart Is: Studies in Melodrama and the Woman's Film*, edited by Christine Gledhil, British Institute, 1984, pp. 326-38.

（18）フィルム・スタディーズにおける「パラダイム（範列）」の標準的な定義は以下の通り。「諸要素が連辞的に結合して意味を作り出す以前の、利用可能な選択肢の範囲を指す、記号論的分析の用語。（中略）映画は完全な連辞であり、その映画のテクストを構成するさまざまな選択肢の集積が範列である。映画のなかで最もわかりやすい範列に、スターがある」。杉野健太郎、中村裕英監修・訳『フィルム・スタディーズ事典』フィルムアート社、二〇〇四年、二二八頁。

（19）宮尾大輔、前掲書。神谷彰「大川橋蔵という「正統」」岩本憲児編『時代劇伝説　チャンバラ映画の輝き』森話社、二〇〇五年。

（20）佐藤忠男『増補版 日本映画史2』岩波書店、二〇〇六年、一五頁

（21）「人物設計・上原謙」、『オール松竹』一九三九年一〇月号、五二頁。

（22）岡田時彦と鈴木伝明のイメージもまたファリックな男性像というよりはむしろ女性的男性像と関連がある。伝明のケースについては、既にミツヨ・ワダ・マルシアーノがその女性性を分析している。『ニッポン・モダン』名古屋大学出版会、二〇〇九年、一〇四―一一九頁。岡田時彦は一九三四年に夭折、鈴木伝明は家業を次いで実業家へと転身した。

（23）東京日日新聞と大阪毎日新聞にて連載。

（24）『映画検閲時報 第二四巻』「フィルム検閲時報 拒否又ハ制限ノ部」第三二号、第三四号、不二出版、一九八五年、二〇六―二〇七頁、二一五頁。

（25）ジェニーン・ベイシンガーは、女性映画に特有の男性像として「アセクシャルな男性 The asexual male」を概念化しこれを六つの型に分類する。そのうち「無性愛的夫 The asexual husband」と呼ばれる型は、上原の人物造形と

よく似ている。しかし本稿では「無性愛的夫」にむしろ逆転的なエロティシズムを見出す立場からこの概念を用いなかった。Jeanine Basinger, *A Woman's View*, Wesleyan University Press, 1993, pp. 280-318。

（26）丹下透「一刀両断・カットは辛い」、『オール松竹』一九三七年四月号、九二頁は、『新道』の切除されたシーンから朱実が一平に婚前交渉を許す場面を詳細に記述している。とはいえ切除後の現行フィルムでも朱実が主導的に一平を誘う様子はみてとることができる。

（27）上原の影の中の顔のイメージは、『有りがたうさん』、『愛染かつら』など多くの映画広告にも流通している。

（28）東京国立近代美術館フィルムセンターにおける特別映写により観覧。

（29）同上。

（30）Anthony Slide, *Inside the Hollywood Fan Magazine*, The University Press of Mississippi, 2010, p. 73.

（31）ibid., p. 75.

（32）Richard DeCordova, "The Emergence of the Star System in America," in *Hollywood: Critical Concepts in Media and Cultural Studies*, edited by Thomas Schatz, p. 156.

（33）上原謙「近頃放談　心なきファンの襲来」、『オール松竹』一九三九年一〇月号、六〇—六一頁。

（34）小櫻昌子「私の見た上原謙」、『オール松竹』一九四〇年五月号、九六頁。

（35）「海であそぼう」、『オール松竹』一九三九年一〇月号。

（36）ローラ・マルヴィ「視覚的快楽と物語映画」斉藤綾子訳、岩本憲児、武田潔、斉藤綾子編『「新」映画理論集成1——歴史・人種・ジェンダー』、フィルムアート社、一九九八年、一三一頁。

（37）無署名「ハイ写しますよ！」、『オール松竹』一九三九年一二月号。ここで上原が掲げているのは一六ミリのムーヴィー・キャメラである。別のある記事によると当時、上原は私生活で「16ミリ映画の製作とライカの撮影にウキ身をやつして」いたという。（無署名「大船五人男行状記」、『オール松竹』一九三七年六月号、六二頁。）

（38）『花』だけでなく『お加代の覚悟』などでも上原は写真を趣味とする人物として現われる。

（39）Miriam Hansen, "Pleasure Ambivalence, Identification: Valentino and Female Spectatorship," in *Stardom: Industry of Desire*, edited by Christine Gredhil, Routledge, 1991, pp. 259-282.

(40) ibid., p. 267.
(41) ibid., pp. 271-272.
(42) Mary Ann Doane, "Film and the Masquerade: Theorizing the Female Spectator," in *The Sexual Subject: A Screen Reader in Sexuality*, Routledge, 1982, p. 231.
(43) ジャッキー・ステイシーは、そのエスノグラフィー的アプローチと映画理論の精神分析的モデルとを複合的に用いた独自の方法で、女性観客と女性スターの関係を理論化し、「男性の欲望や女性の同一化というものには還元できない、理想化された他者への女性特有の愛着」を「魅了」*fascination* と呼ぶ。Jackie Stacy, *Star Gazing: Hollywood Cinema and Female Spectatorship*, Routledge, 1994, p. 28.
(44) 上原、前掲書、一五九頁。
(45) たとえば『西住戦車長伝』は公開前から「彼の受ける抵抗は宿命的である」と懸念の声があがった。「人物設計」、『オール松竹』一九三九年一〇月号、五三頁。
(46) 周知のことではあるが一九三五年の成瀬のPCL移籍は、城戸四郎との齟齬が原因のひとつであったと考えられている。成瀬は上原の長男である加山雄三も起用しており、父同様にジャンル映画の中で「若大将」として決定付けられつつあった彼の魅力を、それとは異なる役柄を与えることで新たに開拓した。(「若大将」シリーズは一九六一—一九八一年。『乱れる』一九六三年、『乱れ雲』一九六七年。)
(47) 城戸四郎『日本映画伝——映画製作者の記録』文藝春秋、一九五六年、四〇頁。

映画『その日のまえに』論

――メロドラマ的、あまりにメロドラマ的な「A MOVIE」

映画を観て涙を流すこと

ふだんは決して涙脆くはないはずなのに、不思議にも映画を観て泣くことがときおりあるのだが、しかし滂沱の涙を流すほどの映画体験について記憶をたどってみると、思い当たる作品は両手で数えられるほどしかない。たとえば『赤い影』（一九七三年、ニコラス・ローグ）のラストで、赤いレインコートの後ろ姿に亡き子の面影を見出してその背後に近づいたドナルド・サザーランドが、振り返ったその小さな人の醜悪な形相を目にしてしまったとき、わたしは堰を切ったように嗚咽した。思えばあの時ほんの二〇歳の子どもに過ぎなかったわたしは、あれほど強烈な愛の幻滅というものが存在することを、現実には知らなかったのだった。

泣くことはメロドラマ映画研究において哀感《ペーソス》との関係を中心にしばしば重要な要素とみなされているのだが、正直に告白してしまえば、わたしは『ステラ・ダラス』（一九三八年、キング・ヴィダー）や『心のともしび』（一九五四年、ダグラス・サーク）のような典型的なメロドラマ映画を観て泣いたことがほとんどない（『情熱の航路』［一九四二年、アーヴィング・ラッパー］のベッティ・デイヴィスとポール・ヘンリードが窓辺で煙草を吸うラストシーンにはさすがにほろりとさせられるけど）。もちろん、そのような典型的なメロドラマに感動することはあるのだけれど、それはたとえば『忘れじの面影』（一九四八年、マックス・オフュルス）の、螺旋階段のショットの反復がもたらす昂揚の効果であったり、『風と共に散る』（一九五六年、ダグラス・サーク）のドロシー・マローンが、あの長いつけまつ毛で飾った瞳を優雅に動かしながら、露骨にファリックなオイルポンプの模型を未練がましく撫でてみせるラストシーンの卑猥なアイロニーによるものであったりするわけなので、それはおそらくペーソスというよりも驚嘆に近しい、涙を誘う類の感動ではないのだろう。

こうした古典的なメロドラマよりいっそう催涙的な『ショーシャンクの空に』（一九九四年、フランク・ダラボン）のような映画には「なみだ」の「な」の字さえ覚えないのだから、わたしは泣きどころで泣くということそのものが、ことによると得意ではないのかもしれない。ともあれ、ペーソスが必ずしも涙を誘わないことを、メロドラマ映画研究者としてのわたしはこれからきっと考えていかなければならない。あるいは、『浮雲』（一九五四年、成瀬巳喜男）のような、反メロドラマ的なメロドラマの、泣くに泣けない無残な末期（「花の命は短くて苦しきことのみ多かりき」）に、それでも涙することがあるとすれば、それはペーソスによるものではない。しかし、わたしはいま、ごく私的な映画体験に基づいて、涙を流させるある一本の映画――それを撮った監督がいつも言うところの「A MOVIE」――について何ごとかを語ろうとしている。

『その日のまえに』と題された映画を観たその日がどんな空模様であったのか、どこの映画館で見たのかはまるで覚えていないのだけれど、誰と観たのかはよく覚えている。その人は映画を観て涙など絶対に流さないタイプのシネフィルだったのだが、隣り合って座ったわたしたちはクライマックスの花火大会の場面で、二人揃って滝のように涙を流していた。観終わった後、「泣いていたね」と声をかけたわたしにその人は「だってあれだけやられたら」と苦笑いをして答えたのだが、わたしが初めて新作として見た大林作品でもあったその映画は、泣くことしかできないくらいに泣ける映画なのであった。

それから約一〇年ののち、映画研究者として大学の教壇に立ちメロドラマ映画についての講義をするようになったわたしは、あの日一緒に『その日のまえに』を観た人とはすっかり疎遠になっていたが、夏に訪れる浜松の大学での集中講義の最終日に、必ずこの映画を観せることにしていた。わたしは遮光が十分でない、いささか不満のある教室で学生たちと共にこの映画を観ながら、毎年のことなのにどうしてか、いくつかの場面で、はらはらと落涙せずにはいられないのであった。今年もまた六度目になるその講義を九月に行う予定になっていて、おそらくはやはりそうして泣くことになるのだろうけれど、わたしは自分がどの場面でどのように泣くのかくらいはさすがに見当がついている。これから綴ってみようと思うのは、繰り返し涙を流さずにはいられない、そのメロドラマ的、あまりにメロドラマ的な「A MOVIE」をめぐる映画体験についての覚書である。

鏡台の前の女――ペーソスとトラウマの涙

映画の中で、とりわけ日本映画の中で、鏡台の前に座ったり立ったりしている女はたいてい化粧をしていたり、鬘を被っていたり、帯を直していたりするもので、そんな仕草をしている山田五十鈴や田中絹代や京マチ子の顔や佇まいならすぐさま思い出すことができる。しかし、『その日のまえに』の永作博美演じるとし子が鏡台の前で見せるのは、白いクレンジングクリームを顔じゅうに塗りたくりながら泣きじゃくる自分の顔を見つめて化粧を落としている姿であり、それは南原清隆演じる夫健大の視点ショットを通じて示されることで、ふだんは明るすぎるくらい明るいこの妻の悲痛な表情を決して見てはならないものとして映し出す。この場面は健大の回想として彼女の死後を描いた物語の終盤に置かれている。

それよりもずっと前の場面。癌に侵された彼女は、作業用の机でイラストを描いている健大の膝の上に座り、「あなたの愛人いるんだったら今のうちに教えて」と軽口を叩いた後、夫の頬にちゅっとキスマークをつけてにっこりと笑い、これから入院先の病院に迎うために化粧をしたことを「だって健大デートだもーん」と言う。しかし夫は、化粧はしてはいけないと先生に言われただろうと注意をし、彼女は「あぁ、そうだった」と軽く肩を落としてリビングを出て行く。そのとき彼女はもう一度、「だって再婚相手になるんでしょ、愛人がいたら。今のうちにケンやダイのこといろいろお願いしないといけないでしょ」と茶目っ気たっぷりに振り返って言う。画面はその後、健大が「嫌だ！ 嫌だ！」と叫びながら灰色の階段を降りて行くのを壁に伸びる彼の影と共に映し出す。このとき、作業机の上では鉛筆が転がり落ちる。

転がる鉛筆と階段を駆け下りる健大を捉えたショットは、このときまでに全く同じアングルの全く同じショットとして何度か挿入されているのだが、終盤の回想シーンでは、鏡台の前で泣きながら化粧を落とすとし子の鏡像とそれを見てショックを受ける健大のクロースアップが挟まれるので、その二つのショットは、転がり落ちるように死につつある妻が抱える悲哀を目の当たりにしながら、「その日」が刻々と迫っていることを知った彼の堪えがたい苦痛を捉えた激烈な画面となる。つまり、フラッシュバックとして反復される二つのショットが時系列的に繋がるこの回想場面は、この夫婦の関係が、生と死、希望と絶望、そして去る者と残される者とに引き裂かれつつあることを事後的に示すことで、最もショッキングな方法でペーソスを生み出す。涙を流してしまうのは、このペーソスのためであり、その意味ではこの場面は正しくメロドラマ的な作劇法に依拠している。

しかし、涙はそのことだけで流れるのではない。妻の病状がもう手遅れという段階に入ったとき、「あのとき鉛筆を落とさなければ」と健大は後悔する。しかし、彼の言うその「あのとき」には、彼女はもうすでに手遅れであったに違いない。にもかかわらず彼がそのことを後悔するのは、病魔が妻の身体を蝕んでいることに気づけずにいた自分を責めることなくして、まだ若い彼女が幼い子どもたちを残して死んでいくことの理不尽さを、受け入れることができないからだ。とし子が病に侵されていることに気づけなかったことは、健大にとっては、鉛筆を落としてしまったことや、彼女が泣きながら化粧を落としているのを見てしまったことと通底する過失であり、それは理屈ではあり得ないのだが、ショットとショット、イメージとイメージとを繋ぐことによってそれを論理化することが、映画には可能なのである。健大のこじつけめいた後悔は、例の回想シーンで、鏡台の前に座ったとし子の泣き顔をトラウマ的なイメージとして見せる。そのとき、愛する者のために化粧をするという「女」にとっての快楽の一つを自らの手で奪わなければならなかった彼女の悲哀と、それを目撃してしまった彼の苦痛を観る者は二重に味わうことになる。

われわれは、男であろうと女であろうと、またそのいずれでもないとしても、この場面で、健大とし子の両方に同一化せざるを得ないか、あるいはフラッシュバックによってもたらされるイメージのトラウマ化にショックを与えられて、いずれにしても泣くことになる。

この世ならざるものが奏でる音楽——レクイエムと悲嘆の涙

「けふのうちにとほくへいってしまうわたくしのいもうとよ……あめゆじゅとてちてけんじゃ……」——宮沢賢治の詩「永訣の朝」を歌詞としたその音楽は、はじめ日野原夫婦の自宅の最寄駅の前で、原田夏希演じるクラムボンこと男装のストリートミュージシャンによって、彼女が奏でるチェロの音に乗せて歌われる。その歌声に次男大輔は聴き入り、その歌詞の意味に惹きつけられた長男の健哉は、母の私物の中から、『春と修羅』の詩集を見つける。

とし子の余命が僅かになったある日の晩、クラムボンはやはり駅前で「永訣の朝」の歌を歌っているのだが、彼女は兄を待つ大輔を抱きしめて「もうお別れね。わたしもクラムボンとお別れするの。わたし自身にもう戻るの。とし子に」と母と同じ名を告げて、黒い帽子を取り、長い髪をなびかせて去っていく。「降らし」ではない、いわゆる「アリネガ」を用いたとおぼしき合成の雨が突然降り出し、その雨の中で当然のことながら濡れもせずに立ち尽くす大輔は「ぼく、だんだんひとりになっていくのかな」と呟く。

その後の場面で、健大はビール缶を片手にダイニング・テーブルで子供たちと向かい合い、「明日ママのところに行こう」と言う。それは、母の最期を告げる言葉なのだが、その意味が理解できない幼い大輔は「ママ、元気になったんでしょ?」と父に問いかけてしまう。その問いかけに、貧乏ゆすりをしながら、視線を下にそらし「ママもうダメなんだよ」「そうじゃないんだ」と曖昧に答える父親に、テーブルに突っ伏してその言葉に耳を傾けていた健哉は、バンとテーブルを叩いて立ち上がり「ちゃんと言えよ! 逃げるなよ! 卑怯な真似するなよ!」と父親をキッと見つめて怒鳴りつける。「ごめん。お前の言う通りだよ」と言って健大は真摯に母の容体を説明し、泣きはじめた子どもたちの背後に回って彼らの肩を両手で抱く。やはり涙を流さずにはいられないこの場面では抒情的な弦楽が流れている。それはクラムボンの「永訣の朝」の歌とは異なる曲に聞こえるが、「パッパパパー」と鳴るトランペットのモチーフの挿入をきっかけに、この後の場面で「永訣の朝」の歌に重奏されていくことになる。

病室に集う、とし子の父母と健大と子どもたち。窓の外にはやはり合成のみぞれ雪が降り、大輔はたんぽぽの綿毛を昏睡した母の手に握らせ、健哉は『春と修羅』を手に携えている。

ゆるやかに流れはじめるもの悲しげなチェロの音。そこに原田夏希の吐息まじりのはかなげな歌声が被り「あめーゆじゅーとてーちてーけんじゃー」と「永訣の朝」の一節が聴こえはじめると、画面は古めかしい病棟の一室の内部でいかにも大正時代風の浴衣に身を包んだ原田とその後ろで椅子に腰掛けた「セロ弾きの男」を映し出す。そこでクラムボンではなくなった彼女が宮沢賢治の妹とし子の亡霊であることをわれわれは知る。そのこの世ならざるものである彼らの影を目にするのは、とし子の主治医永原（風間杜夫）だけであるのだが、多くの患者を看取ってきたであろう彼はその光景に驚く様子を見せることもなく、非常階段の入り口の外で煙草に火をつける。画面は、その古びた病室と日野原とし子の病室とを交互に写し出し、健哉と大輔はクラムボンという言葉の意味と共に「クラムボンは賢治の妹だという説もある」という祖父の蘊蓄を聞く。やがて「永訣の朝」の歌にはさらにバイオリンやホルンの音が被さり、例のダイニングの場面で響いていた「パッパパパー」というトランペットのモチーフと共に壮大なオーケストラ曲へと変容していく。その間に映し出されるのは、一両の蒸気機関車。その車内の一席に座る日野原とし子は、冒頭の場面と同じ黄色いコートを着て『春と修羅』の詩集を開きながら、窓外のみぞれ雪を眺めて微笑んでいる。このとし子と、廃墟と化した古い病棟の一室で歌を歌う賢治の妹とし子とが交互に何度も映されるとき、彼女がその汽車に乗って「けふのうちにとほくにいってしまう」ことを、雪の明るさと残酷さの入り交じった画面が幻想的に物語る。健大だけが一瞬、彼の想像の中で、妻のいる汽車の車内に入ることができるが、彼女が彼の落としたあの鉛筆をポケットに入れて、てんとう虫のピンバッチをトントンと指で突いたところで、画面はガラス窓越しに降りしきる雪を一人見つめる健大の神妙な顔のクローズアップに切り返される。そして次の日野原とし子はもうこと切れている。

ダイニングの場面から、錯乱しているといっても良い複雑なクロスカッティングで構成されたとし子が死ぬ場面までの一連の展開は、音楽の絶大な効果ゆえに観る者の涙を絞りとる。愛する者を残して死んでいくこと、愛する者が目の前で死んでいくこと、それを共に看取る親しい人々が悲しんでいること、過ぎた時間がもう二度と戻らないこと、四人家族の生活が誰も納得できないかたちで母親という絶対的な存在を欠いたものになること——複数の人々のさまざまな想いが交錯し、重奏化していく音楽とともにペーソスは最高潮に達し、フラッシュバックが過去と現在とを一瞬にして引き裂く映画的なテクニックであることさえも忘れてしまうほどに、情動は狂おしく掻き立てられつづけ、涙がこみ上げる。お涙頂戴映画、催涙映画には違いないこの「難病もの」の一作はしかし、音楽的なクレッシェンドの効果を場面構成の全体に張り巡らし、映画のフレームを前方向に立体化しているという点で、無秩序をきわめながらも洗練されている。ストリートミュージシャンの音楽が、オーケストラ曲へと変わりゆくとき、クラムボンの素朴な歌声は荘厳なレクイエムへと変奏され、その響きの中で映画は、登場人物たちがそれぞれに経験する今生の別れにおける悲嘆《グリーフ》をスクリーンの枠を超えていっぱいに展翅するのである。

盆の日の花火——奇跡とカタルシスの涙

クライマックスの花火大会の場面は、現実には起こりえない虚構の奇跡を描く。花火という「迎え火」が生き生きとした姿で蘇らせた死者たちが、遺された生者たちと邂逅するひとときを一画面の中に収めたショットは、映画にしかなし得ないことをしているというばかりでなく、「感動」という月並みな言葉でしか呼び得ない感情の昂揚を観る者にもたらす。しかし、この場面に泣くことにおいて重要なのは、実はペーソスの問題ではない。

なるほどここでは、メロドラマ的な「過剰」――「抑圧されたものの回帰」としてのヒステリー的転換――が花火のごとく炸裂しているが、その過剰さは、死者と生者とを引き裂くことにおいてではなく、むしろ引き合わせることにおいて成立しているために、喪失をめぐる悲嘆《グリーフ》に対する癒しとして機能する。つまり、「過剰」が本来、メロドラマ映画の最も悲愴な瞬間――たとえば『散り行く花』（一九一九年、D・W・グリフィス）でクローゼットの中のリリアン・ギッシュが白目を剥いて回転するような瞬間――に姿を表すのに対して、この映画では、あまりにも理想的な「大団円」でそれが現れる。この場面に集合するすべての登場人物たちは、誰一人として涙を流すこともないし、誰もが笑顔で空に開く色とりどりの花火を見上げている。見晴らしの良いベンチに子どもたちと共に腰掛けた浴衣姿のとし子が振り返り、そこへやって来た健大を神々しい笑顔で歓迎するとき、わたしたちはそのとし子のあふれんばかりの笑みに、「おかえり」と言って手を上げる健大の身振りに、そのありうべからざるはずの家族の団欒に涙する。ここで流れる涙は、ペーソスによるものでは決してなく、遠くへ逝ってしまった親しい人々と遺された者たちが盆の夜の花火の下に出会う奇跡によるものである。つまりそれは、すべてを運命のもとに受け入れた者たちだけに訪れる神秘的《オカルト》な体験を目にしたことで零れるカタルシスの涙にほかならない（このキリスト教的な運命と奇跡の主題は、『野のなななのか』［二〇一四年］で仏教的な輪廻転生と生まれ変わりの主題に敷衍される）。

ハナから本物に見えることなど意図していない合成の花火が、それでもどーんどーんと音を立てながら空に舞い上がり、流れ星の大輪のようにも見えるとき、見上げる死者たちと生者たちの沈黙は祈りとなって宇宙へと飛んでいく。このときに怒涛のように溢れてやまない涙は、鉛筆を落としてしまったことへの健大の後悔や、冒頭の海の家や「朝日のあたる家」なる喫茶店で繰り広げられたこの作家特有の露悪趣味や、さらにはこの「ウソからマコトの映画」を陳腐だの馬鹿馬鹿しいなどと言いかねないシネフィルの愚かな冷徹ささえをも浄化してしまう。ここで流れている音楽はやはりあの「永訣の朝」のオーケストラ曲であり、それはもはや霊歌と呼ぶべき域に達している。

映画を観て泣くこと、あるいは観る者を泣かせる映画が、侮蔑的な意味を含んだ「通俗的」という言葉で語られるようになったのはいつからなのだろうか。確かに、泣くことという映画体験は、時に個人的な事情に動機づけられがちなゆえに論じられづらい問題ではある。

しかし一方で、ある種の批評家たちは明らかに、安易な感情移入を拒む異化効果に映画の価値を見出し、よしんば泣くのだとしても涙は美学的な感性においてある完璧なショットの一瞬にこそ流されるべきだと考えてきた。ナルシシズムと「男性的な」プライドとの親和力が生み出す恥じらいが、泣ける映画に泣くことについて語ることを女々しさとして彼らに拒ませてきたように思われてならない。

『愛と死をみつめて』（一九六四年、斎藤武市）以来、脈々と引き継がれてきたいわゆる「難病もの」は、驚くべきことに今なお人気を誇っているが、わたしは何もそのような主流映画——浮気だの、借金だの、嫁姑問題などというまことに情けない問題で揉めているはずの世俗的な恋人や夫婦の諍いを、致命的な病魔という絶対的な悪との闘いに昇華する神話的な恋愛映画――に涙することを推奨するほど朗らかな人間ではない。そのような映画の多くは実際、映画に憑かれたわれわれには泣けたものではないし、くだらない、つまらない、ありきたり、またこれか、と罵詈雑言を浴びせるのは実に簡単だが、そうした素朴なジャンル映画に嘲りの言葉を投げかけることもまたあさましいには違いない。

しかしこんにち「泣ける映画」と呼びうる作品のなかには、われわれのような者でさえも泣かざるを得ないというものが確かにある。そのときわれわれは、虚構の物語のなかにすっぽりと入り込んでいるわけでなくとも（つまり従順に感情移入しているわけではなくとも）、本当の悲しみややるせなさに胸を突き動かされて涙を流す。つまり、映画の影を愛する傾向にあるシネフィルが、メロドラマ的な映画のメロドラマ的な瞬間においてその光に目を眩ませるとき、涙を流すことはごく稀にだとしても、たしかにあるのである。しかし、そのことについて真面目に語ろうとする者はほとんどいない。

たとえば『陸軍』（一九四三年、木下惠介）のラストシーンに泣かずにはいられないことを思い出してみればよい。勇ましくも悲壮な軍歌が流れる中、行軍する息子を追いかける田中絹代のなんとも言えない泣き笑いの顔を見たときや、我が子を見送った後しずかに手を合わせる彼女が、声に出せない言葉で、しかしはっきりと、「どうか生きて帰ってきておくれ」と言っているとき、われわれは、あらゆる観客たちと同様に、泣いている。白い日の丸の旗と、その旗を振る婦人たちの白い割烹着、白い真昼の空。それらはどれひとつとして暗くてはいけない。白く明るければこそ母に微笑んでみせたあの息子の明るい笑顔に翳る死の色が際立って泣けるのだ。手を合わせる母の姿に、聴こえるはずもない声が確かに聴こえるとき、そのきわめてメロドラマ的な構成でつくり上げられた過剰であるがゆえに奇跡的な画面に、大粒の涙を流すほかにできることは何もない。

大林宣彦の『その日のまえに』は、全編にわたって光と影が交錯しつつ、生と死、逝くことと遺されること、過去と現在の葛藤を描き出したメロドラマ映画であり、『陸軍』のラストシーンのように、泣くことしかできないような過剰な瞬間に満たされている。

ラストに映される穏やかな死に顔にも似た、瞼を閉じて微笑む健大の顔。そのクロースアップは、とし子がもしも生きてこの家に帰ってきていたら、と想像する幸福なシーンへと繋げられた後、真っ青に塗られた壁を右斜め上に走っていく飛行機雲のイメージへと移ろい、さらにその偽物の青空に浮かぶ白い雲の軌跡は、花火のように、また流れ星のように、僅かの間ほのめいて消えていく。

『その日のまえに』を観終わったわたしは、自分がメロドラマ映画研究者であることを思い出しつつ、この映画がメロドラマ的、あまりにもメロドラマ的な「A MOVIE」であることにいつも呆気にとられる。メロドラマが一体何なのかを未だ知り尽くしてはいないにもかかわらず、「なんてメロドラマなんだ」という茫然とした確信が啓示のように降りてきて、それ以外の言葉を失ったわたしは、その奪われた言葉の代わりに泣き濡れている。そのときこの頬をつたう生暖かい涙と「なんてメロドラマなんだ」という確信との関係について、わたしはまだ語りきる言葉を持たない。

なみだつぶ二つ三つ四つ銀河系　――柿本多映

傷口と模造――北野武の映画にとっての「涙」あるいは「泣くこと」

はじめに

北野武の映画において涙や泣いている人物を目にする機会は、過剰な暴力と共にほとんど必然的に流される夥しい血を見ることに比べれば、はるかに限られている。しかしだからこそ、彼の作品で誰かが血ではなく涙を流すとき、その貴重な身振りには、特別な意味が含まれているとみなすべきかもしれない。

ほとんどの作品に自身を俳優として起用するこの映画作家にとって、その一つひとつの作品は、自画像としての意味を色濃く持っているだろう。であれば、北野武がそのフィルモグラフィーを通じて、「涙」あるいは「泣くこと」にかんするイメージを少なからず慎重に取り扱ってきたという事実もまた一考に値する。そこで本稿では、「涙」という切り口から北野武の作家性の余白に迫っていこうと思う。

1　映画と涙——北野武の場合

アメリカ文学者・文化史家のトム・ルッツは、人が流す「涙」の意味を文化史的な視点からさまざまに考察した著書のフィクションにかんする章のなかで、小説や戯曲とともに多数の映画作品を引き合いに涙のイメージの分類を試みている。ルッツの分類を映画に限って整理すると、①カタルシスの涙（『普通の人々』［一九八〇年］などのドラマ）、②観客を泣かせるための涙（『悲しみは空の彼方に』［一九五九年］、『心のともしび』［一九五四年］など女性向けお涙頂戴映画）、③嘆きが可笑しさとなって観客に喜びをもたらす涙（「ローレルとハーディ」シリーズなどのコメディ）、④別の登場人物のサディスティックなふるまいに関連づけられた残酷な涙（『危険な関係』［一九九八年］のようなスリラーなど）があり、さらに⑤感情移入から距離を置いて不自然に強調される涙（『クライ・ベイビー』［一九九〇年］のような現代的な映画）があるという(1)。

①から④のパターンでは、癒し、共感、笑い、恐怖とそれぞれ目的は違うけれども、涙は観客の情動を刺激するための道具として機能する。これに対して⑤は、いわばメタ化された涙であって、当の登場人物が涙を流していることの動機付けを示したり観客に特定の感情的な反応を促したりすることよりも、「涙」と「泣いている人」のイメージを撮ること／見せることに対する映画作家の自己言及的な態度を前景化させる。

北野武の映画の場合はどうだろうか。まずは、このルッツによる分類に従いながら、その「涙」の傾向を探ってみることにしよう。

はじめに気付かされるのは、最も基本的な利用法であるはずの①と②のパターンにカテゴライズできる事例がほとんどないことだ。数少ない例外のうちの一つが『菊次郎の夏』（一九九九年）で、母探しの旅が失敗に終わった時、カメラに背を向けた正男が腕に顔を押し当てて泣いているように見える場面には、素朴なペーソスがある。

③のパターンは、どうだろうか。もともとコメディアンとして頂点を極めた北野は、映画監督になっても『みんな〜やってるか！』（一九九五年）から『龍三と七人の子分たち』（二〇一五年）に至るまで喜劇作品をたびたび手がけてきた。しかし、涙が笑いを生み出すために——たとえば『男はつらいよ』シリーズで、車寅次郎に馬鹿にされたタコ社長が憤激のあまり泣き出すというふうに——利用された形跡はない。

ようやく複数の事例を確認できるのは、④のパターンである。たとえば、『3－4X10月』（一九九〇年）で自ら演じた沖縄ヤクザの上原は、涙を流す女を犯す男であった。彼は、助手席に座るソバージュヘアの年若い情婦を、後部座席から理不尽に頭を何度も叩いて泣かせたうえで、今度は「うるせぇんだよ、バカヤロー」と罵しってさらに執拗に打ち、最終的にカーセックスに及ぶ。別の場面でも、敵対する組の男たちを皆殺しにしたあとで、床にうずくまってすすり泣く女（茶を運んできたお盆を盾にしている）を見つけた上原は、転がる屍体に囲まれたまま彼女を粛々と犯す。あるいは『キッズ・リターン』（一九九六年）では、マサル（金子賢）が先輩ヤクザによって制裁を受ける場面で、実行役を命じられた部下のチンピラが、泣きながらマサルを刺しているヒステリックな声が耳に残る。だが、このような暴力の引き立て役としての「残酷な涙」にかんして留意しておくべきなのは、泣いているのがその物語の中心人物ではないという点だ。

結局のところ、北野武の映画における「涙」と最も深い関係があるのは⑤のパターンということになりそうだ。重要な登場人物の目から流れる印象深い涙は、しばしば感情的な動機づけを欠いて、映画における「涙」のイメージがそれ自体で持つ本質的な意味に対する作家の認識を際立たせることになる。

2　沈黙する女たちの傷口

北野映画のカメラが溢れ落ちる涙をはっきりと捉えた最初の作品は、『あの夏、いちばん静かな海。』（一九九一年）である。主人公・茂（真木蔵人）と恋人の貴子（大島弘子）は、あるとき小さな仲違いをしたために海辺で落ち合うという習慣を破る。茂は貴子の自宅を訪ねてみるものの、彼女は部屋の中でふてくされていて、靴や小石を使ってさまざまに試みられる来訪のサインに対しても知らんぷりを決め込んでいる。諦めて帰ろうとする茂の後ろ姿を、貴子が追ってくる。振り返った茂の目の前で、貴子は一粒の涙をポロリと零す。

おそらくは、サーフィンにすっかり夢中になっている茂が、彼をサポートする貴子の気遣いや優しさに対して思いやりを欠いたのだろうが、その詳しい経緯は語られていない。さらに聾唖者という設定であるとはいえ、手話ですら会話しない恋人たちは、いかなる方法でも気持ちを言語的に伝え合う様子も見せない。にもかかわらず、結局のところそのような説明的なシーンは、貴子が涙を流すことによってまったく必要がなかったということになる。正面からクロースアップで捉えられた彼女の頬を涙がつたうとき、その涙は、なぜ泣いているのかということよりも、泣くほどのことがあったのだということを訴えている。それはいわば、ぱっくりと開いた傷口から滴る血のようなもので、まざまざと見せつけられた茂は、貴子が傷ついているという事実を否定することはできなくなる。茂が言い訳も弁明もしないのは、言葉を発することができないからではなく、議論の余地がないからだ。ゆえに、彼らは仲直りをする。

このような涙のありようは、『Dolls［ドールズ］』（二〇〇二年）でも再現される。主人公の松本（西島秀俊）は、自らの裏切りによって記憶と言葉を失い子供にかえってしまった佐和子（菅野美穂）を連れて旅に出る。旅の序盤、松本は佐和子に、息を吹き込んで小さなボールを飛ばす幼児用の玩具を買い与える。彼女はその玩具でひとしきり遊ぶ。だが、いつしか玩具は彼女の不注意から車に轢かれ壊れてしまう。佐和子はそれでも息を吹き込み、その素朴な玩具がボールを飛ばすという肝心の機能を失ったことに気づくと、ウーと小さな呻き声を出しながら、顔を歪めてはらはらと涙を流す。

佐和子は言葉を失っているから、小さなおもちゃが壊れたことがどうしてそんなに悲しいのかを自ら説明することはできない。それにこの時点で、わたしたちは恋人たちの間に何があったのか、本当に簡単な事実しか知らない。松本が長年の恋人である佐和子を捨てて社長令嬢と結婚しようとしたことと佐和子が自殺を図ったことは、冒頭場面で描かれてはいる。しかし、その情報は友人達の噂話と暴露から伝聞的に得られるのであって、松本が実際どんなに酷い仕方で佐和子を捨てたのかは詳らかでない。佐和子にしても、結婚式を反故にした松本が向かった病院で既に完全に自失した状態をいきなり目にするばかりで、彼女がどんなふうに追い詰められて絶望し自死を試みたのか、その悲愴な過程についての具体的なことは何も映されていない。だから、佐和子が泣き出すとき、そこに「大事にしていたささやかなものの呆気ない喪失」という、松本との関係を想定したアレゴリーを読み取り得たとしても、佐和子の心情に同一化するまでには至らない。説明は徹底的に省略されている。(2) ただ、壊れた幼児用玩具のためにこれほど涙を流す言葉を失った女がいる、という光景が、その状況に至る経緯と理由を示すことよりも、彼女の外傷と痛みについて多くのことを伝えている。

二つのラブストーリーはいずれも、傷口の開示としての「涙」のイメージが持つある迫真性を鮮明にする。ここで少し念頭に置いてみたいのは、映画研究者のリンダ・ウィリアムズが創出した「身体ジャンル」というユニークな概念のことである。(3) ウィリアムズは、メロドラマをこの「身体ジャンル」に再配置する企てのなかで、観客が涙を流す過程とスクリーンに投影された「涙」のイメージとが密接に関連していることに注目した。映画観客にとって、スクリーンの上で涙を流す登場人物を見て一緒になって泣いてしまうのは珍しくない現象である。ウィリアムズによれば、この現象はペーソスの問題として、とりわけ観客の同一化の過程として理解することができる(4)(日本語でいうところの「もらい泣き」のようなものだろう)。確かに、メロドラマの過剰な語りに動機づけられた涙には、それを見る観客を泣かせるほどの威力がある。だが、北野武の映画の傷口を表すかのような「涙」のイメージが示唆するのは、より直接的で根源的な可能性だ。すなわち、涙はある意味ではそれ自体、無関係な他人を泣かせてしまうほど暴力的なイメージであり、同情や憐憫のような感情的な同一化の過程を経ない場合でも、ショッキングなものとしての痕跡をスクリーンに残すのだ。

『Dolls［ドールズ］』の終盤に、もう一つ言及しておくべき涙の場面がある。「つながり乞食」に成り果てた恋人たちは旅の終わり近くで、かつて婚約披露パーティーをした思い出の場所を訪れる。そこで佐和子は一瞬理性を取り戻したような顔をして、松本に対して、プレゼントされたネックレスのことを忘れていないというサインを示す。松本はそれを見て嗚咽し佐和子を抱きしめる。その時、佐和子の目からもまた涙が零れ落ちる。佐和子が自失したことで悉く失われたかに思われた二人の共通の記憶がただ一つだけ蘇った奇跡に対して流されるこの涙は、明らかに観る者の感情移入や共感を拒んではいないし、その限りではカタルシスの涙、もしくは観客の涙を誘う涙でもあろう。しかしこの場面で最も凄烈なのは、一人の男が、涙を禁じ得ずにいるというイメージそれ自体にほかならない。なぜならまさにその瞬間、女々しく涙を流すことで、それまで隠していた傷口を自ら開いた彼を、見る者は許さざるを得なくなるのだから。『Dolls［ドールズ］』は、北野映画のなかで最も多く涙の場面を含む作品であるが、そのことは、北野が本作を自ら「究極の暴力映画」(5)と位置付けていることとおそらく無関係ではない。

3　波に攫われたもの、あるいは「人知れずの涙」

なぜ泣くのかが必ずしも説明されないのと同様に、北野武の映画では、なぜ泣かないのかが説明されないこともある。一般に人は人前で泣くことを恥じ、往々にして一人でいる時により多くの涙を流すはずだが、北野映画では「一人で泣いている人物」が映ることはない。特に、海辺に一人でいる人物が現れるとき、しばしば彼らは不自然なほど泣かない。(6)

たとえば、『あの夏、いちばん静かな海。』の貴子は、最も泣くべきときに涙を流さなかった。茂を奪っていった海の前にただ一人立つ時、彼女は思い切り慟哭してもよかったはずなのに、波打ち際で茂の遺品のサーフボードに二人のツーショット写真を手際よくテープで貼り付けると、なんの留保もなくボードを波に流す。それは弔いの儀式であると同時に、茂と付き合っていた頃の自分をともに入水させる心中の儀式でもある。波に攫われるサーフボードを見つめる彼女の表情は捉えられていない。ひょっとしたらこの時、貴子は茂の前で見せたのと同じように、一粒の涙を静かに流していたのではないか？　だが、こうした見方が見る側の想像を域を出ることはない。映し出されるのは曇天の空の下、海岸に立ち尽くす後ろ姿だけだ。

『HANA-BI』（一九九八年）でも、海を前にして流すべき涙を流さずにいる人物が現れる。職務中の負傷により刑事を退職し車椅子生活を余儀なくされた堀部（大杉漣）は、自分を訪ねてやってきたかつての同僚・西（ビートたけし）と海辺で話をする。妻子が彼を捨てて出て行った日のことを、淡々と、滔々と、抑揚のない声で彼は語る。次の場面では、西はすでに去り、堀部は海辺に一人残されている。波打ち際は、子煩悩で家族思いだった男があっけなく立たされることになった孤独の淵だ。潮が満ち、海水は不随の足元を浸す。彼の意識はおそらく死に誘われている。しかし彼の体を固定する車椅子の車輪は湿った砂浜にずぶりと沈み込み、波にのまれてしまうことすら許さない。

孤独の淵に楔を打たれたまま動けずにいる男を、カメラは無慈悲にも遠隔から捉える。この時、彼が人知れず涙を流していたとしても不思議ではないのだが、それもまた憶測でしかありえない。映っているのは背中だけだ。

たぶん北野武は、「人知れずの涙」が映し出されてしまった瞬間、虚ろな模造になり変わってしまうほかないことを知っているのだ。見る者が必ず存在する映画という虚構においては、誰かが一人で泣くという事態は、結局のところ入れ子状になったもう一つの虚構としてしか再現し得ない。だから、もし映画が二重の虚構に囚われる欺瞞から自ら逃れようとするなら、その涙は映さないでおくしかない。もとより、人知れず流す涙は誰にも気取られてはならないものだし、また見てはならないものであるはずだ。

あるいはまた『Dolls［ドールズ］』では、事故で顔に傷を負ってからただぼんやりと海辺に座り込んで日々をやり過ごしている元アイドル春奈（深田恭子）の元に、かねてからの熱狂的なファンの男がやってくる。サングラスをかけたその男は春奈に、彼女の変わり果てた姿を「見ないほうがいいと思って」自ら両眼を潰して失明したのだと告げる。『春琴抄』の笑えないパロディと言うべきこの去勢的な行動は、しかし単にマゾヒズム的な愛を示すばかりではない。彼は目の前にいる春奈を見ることができないかわりに自らが愛した偶像が永遠に損なわれた現実に涙してしまわずにも済むのだ。そしていつしか男が去ったとき、一人海辺に残された春奈は泣いてはいないが、片眼を失わずに済んだ彼女は、少なくともこれから涙を流すことができるだろう。

北野映画に繰り返し現れる、曇天の日の海辺に佇む表情を欠いた人々は皆、凄絶な喪失の経験によって心に深い傷を負っている。彼らは涙を零すことでふさがらない傷口を誰かに見せることもせず、一人で海を見ている。しかしだからといって、彼らが本当に泣いていないとは限らない。ただ海辺で人知れず泣くのであれば、涙は誰にも見せることなく波に流してしまうべきであり、その一部始終を、省略された、不在のイメージの内に留めておく正しさも映画にはあるというだけだ。たとえその画面全体を暗く青く湿らせているものが、紺碧の海に攫われ打ち寄せる波に沁み込んだ誰かの涙であったとしても、それは知る由もないことだというように。

このように、北野映画において「涙」を読み解くことは、いかにして泣くか、という問いばかりでなく、いかにして泣かないか、という逆説的な問いを含んでいる。その作品には、一粒の強調される涙がある一方で、人知れず流されているかもしれない涙があり、映画における「涙」が持つ強い意味、とりわけ「涙」を見せること／見せられることの暴力性と虚構性に対する作家の克己的な姿勢を浮き彫りにしている。

おわりに

最後に、「涙」というテーマに関連して、映画監督／北野武の作家性とタレント・俳優／ビートたけしの性格の関係についてのごく粗雑な所感を述べておきたい。

北野映画における俳優ビートたけしはほとんどの場合で泣かないし、またもっぱら無表情を貫いて感情を露わにすることもない（ときおり笑顔は見せるけれども）。だが思い起こしてみれば、たけしはテレビの司会などをこなす人気コメディアンといういかにも分身的な役柄で現れたその初主演作『哀しい気分でジョーク』（一九八五年、瀬川昌治）で、悲しみに咽び泣くというう感情的なふるまいをみせていた。仕事にばかり夢中で家庭を顧みなかった身勝手な男は、ある日突然難病に侵された一人息子を失う。オーストラリア旅行からの帰りの飛行機のなかで、息絶えたわが子を抱きしめて彼が号泣する場面は、「泣くこと」が「泣かせること」として、観る者の涙を誘うクライマックスになっている。

たけしは初主演作を引き受けたのだから、少なくともこのような「泣ける映画」をまったく嫌いというわけではないのだろう。[7]それは子供の母探しの旅に付き添う父という題材を、その後自ら『菊次郎の夏』で変奏していることからも窺い知れることだ（菊次郎は正男の父ではないが、その名はたけしの実父の本名に由来する）。二つの作品は、母が新しい家庭を得ていたことを知る顛末までよく似ている。だが、菊次郎を演じるビートたけしは、人目もはばからず泣くという『哀しい気分でジョーク』での身振りを再現することはせず、その役割は子供に任せている。ラストシーンで菊次郎は正男を胸に抱き、優しい口調で「ぼうず、おばあちゃん大事にしな」と語りかけると、声を出して少し笑う。この菊次郎のふるまいには、作家性というよりも、「照れる」という言葉を好んでよく使うたけしその人の性格を素朴に表しているように感じられる。

実は、北野武／ビートたけしの作った作品のなかで、「泣くこと」が描かれていて、かつ感動を誘うという意味で「泣ける」と言われているものが一つだけある。それは、舎弟分の漫才師のために書き下ろした「浅草キッド」という歌で、その歌詞の二番に「そんな時代もあったねと／笑う背中がゆれている」という節がある。それは、『哀しい気分でジョーク』の「いつも笑わせていたけど、ほんとは泣いていたんだぜ」というキャッチコピーをどこか彷彿とさせる。アコースティック・サウンドに情緒が滲み渡るフォークソング風のこの歌をビートたけしは何度か自ら歌唱して披露しているが、とあるテレビ番組で見た際は、ずっと照れ笑いをしながら恥ずかしそうに歌っていた。

だから、一つの作品が映画作家の自画像であるとするとき、とりわけその要素の強い北野武が「涙」を用いて「泣ける映画」を作ろうとしないのは、そういう映画に否定的というよりも、もしかしたらそれは彼にとって単純にとても照れることであるのかもしれない。

註

（1）Tom Lutz, *Crying: The Natural and Cultural History of Tears*, W.W. Norton, 1999.（＝トム・ルッツ『人はなぜ泣き、なぜ泣きやむのか？——涙の百科事典』別宮貞徳、藤田美砂子、栗山節子訳、八坂書房、二〇〇三年、三三一—三八〇頁。）

（2）北野映画の語りが、説明ではなく描写によって成立していることは、初期の段階から指摘されている。篠崎誠「監督北野武論 不機嫌に闘い続ける者たち」、『カイエ・デュ・シネマ・ジャポン』〇号、フィルムアート社、一九九一年、八九—九〇頁。

（3）Linda Williams, "Film Bodies: Gender, Genre, Excess," *Film Quarterly*, vol. 44, No. 4 (Summer, 1991), pp. 2-13. ウィリアムズは、ホラー、ポルノ、メロドラマの三つの既存のジャンルを「身体ジャンル」として再概念化した。この三つのジャンルがなぜ「身体ジャンル」かというと、観客の身体反応を強く誘発する特質を備えているからである。

つまり、ホラーは身をすくませたり悲鳴をあげさせたりし、ポルノは下半身を興奮させ、メロドラマは泣かせる。

（4）以下の論文も参照のこと。Linda Williams, "Melodrama Rivised," in Nick Browne (ed.) *Refiguring American Film Genres: History and Theory*. Berkeley: University of California Press, 1998, pp. 42-88. このウィリアムズの議論は、安易な「お涙頂戴劇」を批判し、アイロニカルで複雑なメロドラマに価値を見出してきた従来の映画学の姿勢に、メロドラマが発動するペーソスの力強さを真摯に再考する契機を与えた。

（5）北野武『武がたけしを殺す理由』ロッキング・オン、二〇〇三年、二七九頁。

（6）北野映画における「海」あるいは「海辺」の重要性はすでに疑いようのないものであり、たとえば蓮實重彥は北野を「浜辺コンプレックス」の映画作家とみなしたうえで、主人公を「存在の危機」へと誘う本質的に「不吉な」ものとしての海のありようを指摘している。蓮實重彥「北野武、または「神出鬼没」の孤児」、『あなたに映画を愛しているとは言わせない』https://mube2.jp/20100616/281（最終アクセス二〇一七年八月一四日）。

（7）実際、北野武は『ゴースト／ニューヨークの幻』（一九九〇年、ジェリー・ザッカー）が好きだったりする。北野武「女の子はラブストーリーに泣いたが俺は監督の賢さに悔し泣きしたぜ」、『仁義なき映画論』文藝春秋、一九九六年、一一七―一二四頁。

岩井俊二の映画を巡る四つの断想

岩井映画の観客たちへ

岩井俊二。日本の映画作家。あなたは彼の映画をどれくらい観たことがあるだろうか？『打ち上げ花火、下から見るか？横から見るか？』と『スワロウテイル』。このくらい？もしそうだとしたら、あなたはきっと、ポップで、スタイリッシュで、カッコイイ映画を撮る監督として岩井を認識しているに違いない。『打ち上げ花火』には『モテキ』（久保ミツロウの漫画でもそれを大根仁がテレビドラマ化したものでもよい）を通じて岩井に出会ったという人もいるはずだ。それから遡って、『PiCNiC』や『undo』などのオシャレそうな短めの作品を動画配信サイトで観て、「意味わかんない、キモイ」と思ったかもしれない。『Love Letter』と『ラストレター』だけを観て、美しい映像を撮る監督だと思っている人もいるだろう。それともあなたは彼がかつて手がけた関テレの「DORAMADOS」の枠で放映されたテレビドラマや、製作総指揮として携わったＡＫＢのドキュメンタリー映画も全部観ているという口？それはすごい。あなたは岩井俊二の最大のファンだ。

わたしが岩井の映画に出会ったのは、一五歳か六歳のとき。地元の駅構内にあったレンタルビデオショップ。改札口の眼の前にあったその店に学校帰りによく立ち寄っていた。その頃、わたしは映画を観始めたばかり。監督の名前もほとんど知らない。だからもっぱら、ジャケ借りをしていた。なんとなく面白そうな映画を借りて観てみる。映画館に一人で行きはじめたのもこの頃。でもそれは本当に時たまで、レンタルビデオショップで借りたVHSやDVDで映画を観ることの方が多かった。で、初めて手に取った岩井の作品は『リリイ・シュシュのすべて』。この映画を実家のリビングで一人で観た。そして、とても衝撃を受けた。トラウマ的な映画体験だったと言っても差し支えない。そこに映っていた世界は、一〇代半ばのわたしにとっては、あまりにリアルで、すごく残酷だった。そしてわたしは、そのような残酷さにある種の憧れを見出してしまうような未熟で危うい年頃だった。(1)

それから、たぶん岩井の過去作をレンタルビデオショップで一通り借りて観たと思う。『リリイ・シュシュのすべて』ほどではないけれど、どれもミステリアスで、アーティスティックな映画に見えた。一七歳のとき、塚本晋也の『六月の蛇』(二〇〇二年)を観て、こういう「アーティスティックな」映画を作る人はほかにもいるのだと知った。数年後、大学生になったわたしはいわゆるシネフィルになり、岩井の映画に衝撃を受けた過去があるなどとはあまり口外しなくなった。岩井の映画はその界隈ではあまりよい評判を聞かなかったし、なんとなくみんな話したがらないような、話すことすら疎まれているような空気があった。だから、わたしは自然と岩井から遠ざかり、その後、彼の新作を観たり観なかったり、とにかく積極的には観なかった。ほかに観るべき映画がたくさんあると思っていたし、実際当時のわたしにとってはそうだった。ただ『リリイ・シュシュのすべて』を巡るトラウマ的な映画体験を秘密のように胸にしまって、さまざまな映画作家の作品を映画館で漁るように観て、ブレッソンだのドライヤーだの成瀬だの神代だのという名前を口に出してはシネフィルたちとの映画談義に興じていた。けれど、映画研究者になった今、わたしは、一つの機会に恵まれて、岩井の作品にもう一度出会うことになった。そしてこの論考を書いている。

ここまではわたしと岩井俊二の映画との個人的な出会いのお話。みんな多かれ少なかれ、この本を手に取る人は、個人的な仕方で、岩井の作品とそれぞれに出会ってきたことだろう。そしてわたしのように距離を置いた人もいれば、ちょっと前に出会ったばかりという人もいて（若い読者ならそうだろう）、レアなことに出会ってからずっと偏愛してきたという人もいるに違いない。もしかすると、岩井の映画は、そういう私的なレベルで本来語られるべきなのかもしれない。というか、個人的な体験としてしか語り得ないような映画ばかりを彼は撮ってきたようにも思う。

しかしながらわたしはこれから、彼の現在までのフィルモグラフィーを一度総括してみようと企てている。正直あまり気が進まない。なぜなら、岩井俊二は、二度と観たくはない映画を撮る映画作家だからだ。皮肉でもなければ、否定的な意味でもない。まさにその点で、凄い作家だと心から思っている。わたしはその二度と観たくはない彼の作品たちを二度観た。今しがた述べたように、機会に恵まれて。

断絶と断片、そして四つの断想へ

わたしと岩井の映画との間には断絶がある。岩井の映画から目を背けていた空白の期間があった、という意味でもあるが、それだけではない。個人的な映画体験から、テクストとしての映画を切り離すことが重要なのだ。そうしなければ、見えないものがある。つまり近づきすぎてはいけない。

しかし、岩井の映画はしばしばカメラと被写体との関係にも示されるように、観客と作品とを過度に近づけさせようとする傾向がある。つまり、クロースアップ、ソフトフォーカス、ジャンプカット、ほの白い陽光とハレーションを活かした色彩設計、粗いコントラストをあえて際立たせるような画像加工など――彼が好んで使用する当世風に言えば「映え」な感じの技巧は[2]、観る者を半ば強引に物語世界の内部へと引きずり寄せる。一方で、ある瞬間においては、岩井映画の画面は非常に淡白かつリアリズム的だ。観客を置いてけぼりにして、思いもよらぬ方向へと物語が進み、観たくもないものを不意に観せつけられる。そうして、観客は激しい同一化と乖離の振り子状態の中に置かれてしまう。このような映画作家には実はあまり出会ったことはない[3]。その意味でも、岩井は立派な映画作家だ。

さて、彼のフィルモグラフィーをどう分析すべきか？　岩井が映画の中で紡ぐ物語、あるいは構築する世界観の肌理に沿って話を進めれば、とりとめもない個人的な体験談しか生まれてきそうもない。だから、丁寧に切り刻んで、岩井の映画に繰り返し現れるいくつかのモティーフを取り出してみよう。人体解剖のように、というとあまり良くない言い方だが、それ以外に思いつかない。

『スワロウテイル』でロウ（渡部篤郎）が抉り出したみたいに、肝臓の裏側から彼の「マイウェイ」が見つかれば良いけれど。まあ、やってみることにしよう。

その一、儀式。

岩井の映画では、必ずと言っていいほど、何らかの儀式が執り行われる。親族や友人やクラスメート、とにかく多くの人々が集うその場で、主人公はたいてい居心地の悪い思いをする。たとえば、母親の葬式の場面から始まる『スワロウテイル』で、伊藤歩演じるアゲハは、泣き叫んで遺体に群がる女性たちを前に呆然と立ち尽くし、警官からの尋問に対して、その人物は自分の母親ではないと、か細い声で嘘を言う。その後孤児となった彼女は母親の知人である娼婦に見捨てられ、その友人の娼婦のグリコ（Chara）の元に身を寄せて、偽札密造を巡る大事件に巻き込まれていく。『リップヴァンウィンクルの花嫁』の七海（黒木華）は、結納式の場面で両親が離婚していることを婚約者の家族に隠し、結婚式に出席する親族が足りないために代理人出席サービスに依頼をして人数の穴埋めをする。彼女はそのことを夫にも教えないので、結婚式を心から楽しむことができない。この嘘は結局、退屈な結婚生活を送る中参列することになった夫方の法事の後で、義母から問い質され、彼女にとって不利な証拠を提示されて浮気疑惑までをも難詰される。彼女の結婚生活は破綻を迎え、自宅を追い出された彼女は流浪の日々を送る。

『ラストレター』の松たか子演じる裕里と、その中国版である『チィファの手紙』のジョウ・

シュン〔周迅〕演じるチィファは、どちらも思いがけず姉のふりをして同窓会に出席する羽目になり、開会のスピーチまで求められるが、「学園のマドンナ」だった姉のように上手に話をすることはできず、そそくさと会場を去っていく。彼女たちはバス停で、自分を追ってきた初恋の人——それぞれ乙坂〔福山雅治〕とチャン〔チン・ハオ〕——と姉のふりをしたまま再会し、スマートフォンのメッセージアプリを通じて連絡先をシェアする。しかし、帰宅後、彼女たちの入浴中に、届いたメッセージを目にした夫によって、そのスマホは水没させられる。(4)

岩井映画におけるこうした儀式のありようは、彼の長編デビュー作『Love Letter』から一貫している。かつての恋人藤井樹の三回忌の法要の場面から始まるこの映画でも、中山美穂演じる博子は、墓前に群がる親族や友人たちの後方に立ち、その後の宴会には出席しない。だから、彼女は恋人の面影に囚われたまま届くはずもない手紙を送りはじめることになる。

これらの儀式は一旦ヒロインたちに試練や困難をもたらすが、それは別のかたち、すなわち私的なレベルで再び執り行われることになる。このときヒロインたちは能動的に自らを再生する。すなわち『Love Letter』では、藤井樹が遭難死した山における「お元気ですかー!」の呼び声を通して、博子は彼とようやく告別し、映画が幕を閉じた後、おそらくは秋葉〔豊川悦司〕と結ばれる。『スワロウテイル』では、「あおぞら」における廃車ごと火葬にふされるフェイホン〔三上博史〕のために、アゲハはグリコと共に白い花の花冠を編む。『リップヴァンウィンクルの花嫁』ではウェディングドレスの貸衣装店で、七海は真白〔Cocco〕と結婚式の真似事をし、存在しない指輪をはめ合う身ぶりによって彼女と友情以上の関係で結ばれる。『ラストレター』と『チィファの手紙』では、裕里とチィファは、姉が遺書として残した中学時代のスピーチの原稿――それは同窓会の会場で録音された音声として流された――を読み、それを姉と共に作成した乙坂とチャンと職場である図書館で慌ただしく別れの挨拶をして、中学時代の想い出に別れを告げ、姉の死を克服する。

その二、暴力。

岩井の映画はしばしば過剰に暴力的である。言わずもがな最も凄惨なのは、『リリイ・シュシュ』のいじめの場面で、この描写にかんしてはインドネシアの研究者が真面目に青少年への悪影響を指摘した論文を書いているほどだ。[5] 冒頭から結末まで、言葉で詳らかに描写することをためらうほどの暴力に、この映画は溢れている。つまり、強制される自慰、レイプ、殺人、自殺など。主人公である雄一（市川隼人）と星野（忍成修吾）の関係は、終始暴力によって結ばれる。

初の劇場公開作である中編『undo』でも、彼は哀れな二匹の亀を亀甲縛りにして天井から吊るし、同じように山口智子を細い縄で雁字搦めにして壁に縛りつける。「もっとちゃんと縛って」と虚ろな目をして繰り返し言う彼女の性的マゾヒズムは、しかし非現実的な舞台空間と、同じく非現実的な精神分析医（田口トモロヲ）の存在によって、小説家であるらしい主人公（豊川悦司）の「創作」の一部であるとみなす読解可能性を担保している。

『PiCNiC』でツムジ（浅野忠信）の幻覚として現れる、彼が殺めた教師は、ボタンの外れたワイシャツの間から女性的な乳房と、ぶよぶよと膨れ上がった腹部を晒し、尿意を催しては、細長い管状の何本もの陰茎を股間から出してシャワー状の尿を飛び散らせ、ツムジを苦しめる。これほどまでにグロテスクなイメージを用いる意図は、正直よくわからない。それゆえに観る者にとって、この教師の身体は端的に暴力的だ。

今のところ日本で最も成功したサイバーパンクの実写映画といえる『スワロウテイル』の暴力は、ギャングたちの抗争というかたちを取るので、北野武や三池崇史のより過激な暴力描写に慣れている者であれば、いくら血が飛び散ったところでどうということはない。とはいえ、この映画で現れる少女の裸体は、こんにちにおいてはやはり暴力的に見える。(6) わたしたちは、成熟のほんのすこし前にある伊藤歩のかたちのよい乳房のちょうど乳首の上あたりに、ミッキー・カーチス演じるアヘン街の闇医者が手を置き、その胸の谷間に蝶のタトゥーを入れるのを見届ける。このとき、アゲハのからだは『転校生』(一九八二年、大林宣彦)における小林聡美や、『大地の子守歌』(一九七六年、増村保造)における原田美枝子の裸体とはまったく異なる視覚的外傷をもたらす。(7) タトゥーのように、その乳房は脳裏に刻みつけられる。

二〇一一年一月のサンダンス映画祭で披露された、岩井初のアメリカ映画『ヴァンパイア』における暴力は、『リリイ・シュシュのすべて』よりもさらに酷く不可解だ。この映画の主人公は、自殺志願者の女性をおびき寄せ、その血を四肢に刺した注射針からガラス瓶に採取して死に至らしめる連続殺人犯の高校教師サイモン(ケヴィン・ゼガーズ)である。彼は、「ヴァンパイア」の通り名にふさわしく、死体を冷凍庫にしまった後、ガラス瓶に満たされた犠牲者の血をごくごくと飲む。しかしこの不気味な男性主人公はその血をすぐさま吐き出してしまう。サイモンは、吸血鬼愛好家たちのパーティーに参加した後、自分の正体を見破った同じく連続殺人犯である男の自家用車であるタクシーに乗せられ、運悪くそのタクシーを拾ってしまった女性をその男が窒息死させ、レイプするのを目の当たりにする。そして、死体を乗せた車が再び発進した後で、男の行為を焦りに満ちた顔で非難した後、車を止めさせて外に飛び出しパーティー会場でせっかく飲んだワインを吐き出す。この岩井映画には珍しい大人の男性主人公は、岩井あるいは岩井映画の代理人としても読みうる。つまり、彼は暴力的で、殺人と吸血の衝動を抑えることができないが、それは美しいとすら言える儀式的な一連の所作を通じて行われることで彼自身をひとまずは満足させる。しかし、彼は結局、他人のより残虐な暴力を見せつけられた後で、自分がしでかした罪に耐えられないとばかりに赤ワインを嘔吐してしまうのである。

このような岩井映画の直接的な暴力性は、三・一一以後、ほとんど影を潜めたように見える。『リップヴァンウィンクルの花嫁』のラストでは、それは毒性のある貝を握りしめて自死に至る真白のように、おとぎ話のようなロマンティシズムの中に覆い隠される。『ヴァンパイア』で岩井は己の暴力性を冷凍庫の中に封じ込めたままにしておくことにしたのだろうか？　だが、『ラストレター』と『チィファへの手紙』では、夫の暴力のために精神を病み自殺したという未咲とチィナンをめぐる悲痛な場面が物語の前提のうちにしまい込まれている。

その三、遊戯といたずら。

おぞましいお話からは閑話休題しよう。岩井の映画ではしばしば少女たちの遊戯が描かれる。もっとも顕著なのは『花とアリス』とその前日譚を描いたアニメ『花とアリス殺人事件』で、それはバレエというダンスを通じて示される。『花とアリス』では、風子という名の同級生が文化祭――これも儀式――での展示のためにバレエ教室で写真を撮る場面で、少女たちはさまざまなポーズを取って戯れる。夜中の公園での写真撮影の場面においては、あからさまにエドガー・ドガの絵画が参照され、風子の持つカメラの閃光をスポットライトがわりに暗闇の中で少女らは舞う。このとき、映画の画面も彼女たちと共に遊ぶ。ジャンプカット、手持ちカメラのブレ、即興演出。岩井は映画のカメラに憑依して少女らの遊戯に混じる。

ところが、少女たちの遊戯はしばしばたちの悪いいたずらとしても示される。つまり『花とアリス』では、志ん生の本でも読んでいるらしき宮本先輩（郭智博）がシャッターに頭をぶつけてしばし気を失っている間に、花（鈴木杏）は、彼が記憶喪失で、自分と付き合っていることを忘れてしまったという嘘をでっち上げる。このボロだらけの嘘は、アリス（蒼井優）を巻き込んで一騒動に発展し、宮本をしばらくの間混乱させる。『花とアリス殺人事件』でも、花は、好意を寄せていた幼なじみの湯田光太郎のシャツの中に蜂を入れるというひどいいたずらをする。その後引っ越しをした彼が、ことによるとそのせいで死んでしまっているかもしれないと思い込んだ花はひきこもりになってしまうが、その間に学校では「四人の妻を持つユダの殺人事件」がまことしやかに膾炙する。転校生としてやってきて湯田の席を与えられたアリスは、魔除けの儀式に参加させられる。おまけにアリスは自分が引っ越してきた家がかつてのユダ＝湯田の住居であったことを知り、真相を突き止めるため隣の花の家に忍び込む。その後、アリスと花の二人は、湯田の生死を確かめるため、湯田の父親を尾行するという遊び事めいた行動に出る。

このように、遊戯といたずらは、はじまりはほんの出来心だが、思わぬ騒動や事態に発展していく。『花とアリス』、『花とアリス殺人事件』ではそれはまだかわいらしいものに過ぎないが、『PiCNiC』のピクニック、『スワロウテイル』のYEN TOWN CLUB、『リリイ・シュシュのすべて』における星野らにとってはいたずらの範疇にあるいじめ、『リップヴァンウィンクルの花嫁』における結婚式ごっこは、それだけでは済まない。これらの映画においては、遊戯の代償は死というかたちをとって贖われる。つまり、岩井映画における遊戯は暴力といつも隣接している。

その四、手紙。

これは外せない。岩井の長編映画では、一貫して手紙および手紙的なものが物語世界で重要な役割を果たす。そして、そこに綴られたメッセージは、いつも正しい相手に届かない。『Love Letter』で渡辺博子（中山美穂）が死んで三年も経つというのに忘れられない恋人藤井樹宛てに出す手紙は、同姓同名の彼の中学の同級生（中山美穂の二役）に届いてしまう。ここから奇妙な文通が始まり、博子は恋人だった樹の初恋の人が、自分によく似た容貌の藤井樹という女性であったことを知る。二人の藤井樹の間では、図書館の貸し出しカードを通じて例のごとく遊戯めいた交流があり、大人になった樹は、中学時代の同姓同名の男子がそのカードの裏に自分の横顔を描いていたことを知る。このカードを見つけて彼女に知らせに来るのは、母校の現役の女子中学生たちであり、彼女たちの間では図書カードに書かれた「藤井樹」の名前を探すゲームが流行している。この出来事を樹から手紙を通じて知らされた博子は、亡き恋人が自分を愛したのは初恋の人に似ていたからかもしれない、という知りたくもない事実を知らされる。しかし、結果として彼女はそのことで藤井樹の呪縛から解放されていく。

『ラストレター』と、それとほぼ同じ物語の『チィファの手紙』でも、ヒロインの初恋の人から届く「君にまだずっと恋してるって言ったら信じますか?」というメッセージは、夫に見られてしまうし、そもそもその言葉は彼女ではなく、自殺した姉に向けられたものだ。そして、夫によって(というか作家の意志によって)無理やり水死させられるスマホのために、裕里は乙坂に、チィファはチャンに、姉のふりをしたまま手紙を送ることになる。一方、乙坂とチャンは、住所の記載されていないその手紙に返信するために、卒業アルバムの住所宛に手紙を出す。その手紙は、彼が二五年間恋し続けている女性の実家に届き、彼女の娘とそのいとこ(つまり裕里とチィファの娘)に読まれてしまう。そして少女たちは、やはりいたずらめいた思いつきで、その手紙に返事を出し始める。乙坂とチャンは、その手紙の主が、彼が想いを届けたいと望む本人ではないことに気づきながらも、その妹と、娘と姪の双方とやりとりをする。最終的にすべての真実は明らかになり、乙坂とチャンは、未咲とチィナンという正しい相手を弔うことができる。そこで、彼らは、未咲とチィナンをモデルとして書いた小説を彼女たちが所有していたことや、かつて送ったラブレターを大切に保管していたことを知り、自分の存在が、彼女たちにとって宝物のような純粋な愛の記憶であったことに気づき、少しばかり救済される。

このような手紙を通じたすれ違いは、奇妙なことにメロドラマ的な感傷性をさほど持たない(8)。なぜならばそれらの手紙は、散々すれ違った末に結ばれるというハッピーエンディングをもたらすことなく送り主と受け取り手とを永遠にすれ違ったままにさせるからだ。『スワロウテイル』の「マイウェイ」のカセットテープに隠された偽造紙幣の磁気データ、『リリイ・シュシュのすべて』におけるリリイのファンたちがリリイへの愛を語るBBS、『花とアリス殺人事件』の婚姻届、これらの手紙的なものも同様に、送り手が望む相手に届くことなく、すれ違い、さまよいつづける。

『リップヴァンウィンクルの花嫁』のメッセージアプリを通じたメッセージのすれ違いも、「レター」三部作のそれに匹敵するほど重要な意味を持つ。ヒロインの受難を描いたこの映画は、一見メロドラマ的だが、インターネットにおけるアカウント名と結婚式場での偽名が、実際の登場人物とすれ違いつづけ、物語は悲劇的な結末で幕を閉じ、謎は謎のままに解けることはない。ランバルとは誰なのか。綾野剛が演じていた市川RAI蔵だの安室行舛だのという到底本名とは思えない名を名乗る男は一体、何者だったのか。彼がAV女優であった真白の遺骨を彼女の母親（りりィ）に届け、「捨てた娘」だと言って嫌々それを受け取った母親が、突然服を脱ぎ出して全裸になったのを見て、同様に全裸になって泣いているとき、わたしたちは少しだけ彼の正体を垣間見た気もするが、役者でもある彼のその身ぶりが演技であるという可能性を否定することもできない。だから、その涙を見てもらい泣きするなどということはないし、ただ、おいおい急にどうした、と彼の尻を唖然と眺めるのが関の山なのだ。

こうして岩井映画は手紙と手紙的なものを通じてすれ違いを描きながらも、登場人物たちをメロドラマからすり抜けさせる。とても巧妙に、プロットはメロドラマに少しだけ接近して、そしてワープでもするかのようにそのドラマトゥルギーから遠ざかる。

再見、岩井俊二導演

さて、この実験めいた論考もそろそろ終わる。わたしはこの本を手に取る読者のためにこれを書き始めたが、わたしが対話を試みたのはどうやら岩井俊二という映画作家当人のようだ。はたして彼はこれを読むだろうか？　それとも、わたしの企ては彼の映画でよく起こる出来事のように失敗し、ここに綴られた言葉は一つとして岩井に届かないまま、名も知らぬ無数の読者の目の前をさしたる感慨もなく通り過ぎるだけだろうか。最後にわたしも、これが彼に届くかどうか、以下に記す結論で、ひとついたずらをしてみよう。


拝啓、岩井俊二監督。

あなたのフィルモグラフィーを解剖してわかったことは、多くの映画作家と同様に、あなたもまた非常に自己言及的な作品作りをしているということです。あなたは思春期の少女や、思春期から抜け出せずにいる若い女性が、背徳感を覚えながら興味を惹かれるような美しい悪夢を撮ってきた。ここで、女性というセクシュアリティーに限定する必要は実はないのですが、たとえば、あしべゆうほや山岸凉子が描いてきたような、夢幻的で残酷なある種の少女漫画を彷彿とさせる世界観が、あなたの映画をしばしば支えています。(9) そういう意味で、あなたはいわゆる「乙女心」を持っている。そして、それがおそらくあなたの「マイウェイ」でしょう。「岩井俊二は少女である」などとキャッチコピーのついた雑誌が過去に出たこともありましたが、少女といってもいろいろです。だからわたしはあえて「乙女心」とそれを呼んでおきます。決してペドファイル的ではない、ある種のニンフェットが経験するようなナルシシスティックな自意識、それがここで言う「乙女心」です。あなたの乙女心はときおり寓話的な体裁をとり、ときおり普遍的な郷愁を帯び、またときおり軽やかな遊び心によって観る者の共感を呼び起こします。それは同じく乙女心を持つ若い観客にとっては、しばしばトラウマ的な経験を与えると同時にあなたの作品への恋慕を芽生えさせ、また、そのような若い季節が遠い過去となった大人の観客に対しては感傷的な記憶と恥辱的な記憶の両方を喚起させます。

しかしながら、あなたの「マイウェイ」の中には男性的な暴力性も潜んでおり、そのことについてあなた自身は実はかなり内省的です。それは初期作品においては夢想や幻覚といったものに託けられていましたが、『ヴァンパイア』では自責の念に堪えきれず、映画に自ら罰を与えました。しかし、あの映画は正直、観る側にしてみたら、結構迷惑な映画でした。だって、あの暴力や、暴力を描きたいというあなたの一種の自瀆の快楽への罪悪感、描いてしまったことへの自罰、そのすべての過程における苦痛に、あなただけではなく、わたしたち観客も付き合わされてしまうのですから。おまけにラストシーンでは、おそらく最初の被害者である女性の「これはあなたの夢」という台詞を通して、あなたはこの映画で起きた見るに耐えない出来事のすべてが、主人公の悪い夢であるかもしれないという、『undo』と同じ自閉的な態度をまたしても取った。これはちょっと卑怯です。

その後、あなたは故郷で起きた災害に心を痛め、さまざまな復興支援プロジェクトに携わり、映画の作風にも変化が見られましたが、『リップヴァンウィンクルの花嫁』にもわたしはいたく混迷しました。まさか三十路を過ぎてまであなたの映画に動揺させられるとは思ってもいなかったので。正直、まだどう評価して良いかわかりません。なんというか、痛ましい映画でした。

他方で、あなたの「マイウェイ」はさまざまな場所で、さまざまなかたちで、どちらかといえば明るい影響を及ぼしています。あなたの作品に刺激を受けたと語る若い映画作家は少なくありません。それから、『君の膵臓をたべたい』(二〇一七年、月川翔)はご覧になりましたか? あの映画の図書館の場面は、ほとんど『Love Letter』のパクリでした。もっとも、そこで行われた手紙探しの遊戯は、あなたが思いついたものよりもはるかに稚拙で、はた迷惑なものでしたが。あの映画の結末は悲惨なものであるにもかかわらず、キラキラ映画というジャンルの下に組み込まれているために、あなたのように暴力的なものを直接観せようとはしません。ただ青春の結晶のようなイメージと切ない恋心だけが残る。そういうものを「岩井的」と呼ぶ人もいるのです。このような意味でのあなたの作品の模造品は、『スワロウテイル』の千円札から出来上がった「偽フクザワ札」のように、日本のサブカルチャーに蔓延しています。このことに多大な功罪があることはご承知でしょう。『ラストレター』と『チィファの手紙』という最近の作品で、あなたは自分に近い大人の男性、それも小説家という創作を生業としている人物を主人公として登場させました。『undo』のような仮想的な空間ではなく、現実的な空間で、きちんと登場させました。彼らは、少女と、かつての少女たちと戯れましたが、彼らは彼女たちに振り回される方で、また自分よりももっと悪辣な、もっと暴力的な男――つまり豊川悦司演じる阿藤のような人物――と対峙した後、犠牲になった女性を弔いました。この二つの映画における男性主人公の私的な弔いの儀式は、あなた自身の過去作への決別を意味するのですか？　それとも、あなたはこれからも、あなた自身の乙女心に従って美しい悪い夢を自責の念と共に撮り続けるのでしょうか。

わたしは、一〇代半ばであなたの映画に出会い、そして距離をおき、大人になって再会しました。これからお撮りになる次の作品は、必ず映画館で観ることにします。そこでわたしが目にするものがあなたからのお返事でしょう。二度と観たくない映画ではないものを期待しています。つまり新しいあなたに出会えることを。最新作『チィファの手紙』の中国語タイトルは『你好，之華』でしたね。だから、わたしは図らずもあなたへの手紙にすり替わってしまったこの論考を、この言葉で締めくくることにします。再見、岩井俊二導演。

敬具

註

(1) 今となってはほとんど笑い話だけれど、わたしはリリイ・シュシュという歌手が実際に存在していると思い込んでしまったし、紛らわしいことに、この作品は宣伝用に映画の公式ホームページに映画に出ていたのとちょうど同じようなBBSを作ってファンの交流の場を設けていて、映画のサントラもリリイ・シュシュ名義で販売されていた。だから、Salyuという歌手が彼女を演じていて、リリイ・シュシュなんて歌手はJポップ界に存在しないと知った時は、かなり拍子抜けしたものだ。

(2) 岩井俊二の技術的なアプローチとその影響については、大根仁「岩井俊二を生み出した環境」、『ユリイカ』（特集＝岩井俊二）二〇一二年九月号、一二三―一二七頁を参照されたい。

(3) このような所感を抱くのはわたしばかりではない。福島亮大は、『リリイ・シュシュのすべて』について論じる中で、「こういうシビアかつロマンティックな態度によって子供を撮った日本映画を、少なくとも僕はこの一一年観ていない」と述べている。福島亮大「「子供のロマン主義」とその彼方」、『ユリイカ』前掲、一七四頁。

(4) 『チィファの手紙』の舞台となる中国では湯船の文化がないので、それはシャワーを浴びさせるという些か滑稽な身ぶりを通じて遂行される。

(5) Yohana Mariza Asi, “Analisis Kenakalan Remaja Jepang Akibat Pengaruh Lingkungan Melalui Krya Shunji Iwai Film ‘All About Lily Chou Chou’ (2001),” Undergraduate thesis, Universitas Kristen Maranatha, 2009. この論文の抄録は日本語で書かれているのでわたしたちでも読むことができる。

(6) 日本映画では『ピストルオペラ』（二〇〇一年、鈴木清順）あたりまで、少女の裸体を撮ることが許されていた。

(7) 七〇年代の日本映画においては、売り出し中の若い女優が裸を晒すことは慣例化されていた。

(8) ただ一つ『Love Letter』だけはメロドラマ的と言えるかもしれない。この映画のラストシーンで、博子が、自らのノスタルジックで純粋な、ちょうど雪の結晶のような樹への恋心と決別するとき、観客が自らの初恋の経験を喚起されて、涙を流すことはあると思う。

(9) 岩井映画と少女漫画との近似性については、すでに河野聡子や石岡良治によって指摘されている。河野聡子「『Love Letter』のゆくえ――岩井俊二作品における〈少女・少女マンガ的なもの〉を通して」、『ユリイカ』前掲、一五一―一五六頁。石岡良治「岩井俊二作品における印象の重ね書き」、『ユリイカ』前掲、一〇六―一一六頁。河野聡子がここで見出しているのは、ロマンティックな悪い夢としての少女漫画的なイメージではなく、『Love Letter』や『四月物語』における美しい「見開きの大きなコマ」のような、「理想化された少女マンガの叙情のイメージ」である。実際、『四月物語』や、彼が手がけた松たか子のビデオクリップ『空の鏡』は、そのようなイメージに満たされている。ただし、石岡も指摘するように、岩井の作品そのものが少女漫画的であるかどうかにはまだ議論の余地がある。少女漫画と一口に言ってもいろいろあるのだし、また直接的な影響関係と間テクスト的な読解可能性は別の問題である。

からっぽの女の子が〈映え〉な世界でキラキラしてる。
――『ホットギミック ガールミーツボーイ』論

前置き――〈鍵垢〉の映画

中年層の男性が八割近くを占めているように見えたほぼ満席の試写室は、上映中も上映後もおよそ完全な沈黙に覆われていた。前方左側に席を得たわたしは、何度かため息をつき、こめかみを指で押さえ、他の観客たちに比べて気忙しく体の向きを変えながらスクリーンに向き合っていたと記憶する。隣の男性は記者なのだろうか批評家なのだろうか、暗闇の中で頻りにメモを取っていた。にもかかわらず、そうしたわたしや彼が発していたであろう動作や息の音をすっかり溶かしてしまうくらいに、何か絶対的な、深々とした静けさが、数十人の体熱で湿った暖かい空間を包んでいた。山戸結希の新作『ホットギミック ガールミーツボーイ』はその日、とにかく試写室の大人たちを黙らせていた。

正直に告白すれば、やばい、全然わからないぞ、が最初の率直な感想だ。運命の乗り換えか世界線変更しないと無理ってくらいに、わからなかった。わからないという感覚はディスに逃げがちなので、『アンチポルノ』（二〇一七年、園子温）ぶりの「何見せられてんだろ」感だな、とも思った。だけど、それは勘違いだ（『ホットギミック』は、ずっと丁寧に、真摯に、必死に作られている）。ただ、『おとぎ話みたい』を素直な愛されるべき映画として見て、『溺れるナイフ』をやりたいことはわかると思いながら見たような、上から目線の映画オタク的なポジションに胡座をかいたところからでは、確実に理解できないタイプの映画だったのである。居心地の良いポジションから移動するのはめんどくさい。だけど、ちょっと動いてみないとダメみたいなので、やや動きながら書き進めていくことにしたい。

これまで山戸結希作品における魅力の一つをその未完成な拙さに見出してきたけれど、その点『ホットギミック』は、完成された映画である。『溺れるナイフ』の主人公の少女が強姦されかける場面で露呈してまったような、現場における「大人の事情」への妥協と不満が透けさせてしまう作り手の拙さは、この作品には一つも見当たらない。「やっと、撮るべきものを撮ったのだという確信があります(1)」と作家自身が清々しく語っているように、『ホットギミック』の達成には迷いがない。しかし、完成度とは無関係に、どうやらわたしは、『寝ても覚めても』（二〇一九年、濱口竜介）のヒロインを一六倍くらいサークル・クラッシャー気質にした感じの女子が、三人の男子（いわゆる俺様男子タイプの同級生、芸能界に染まった闇落ち系幼馴染、血の繋がらない兄）と恋愛を繰り広げるこの物語世界のどこにも、スムースにアクセスすることができなかったようだ。わたしという個人が過去においても現在においても、この世界のなかの少女と少年たちとはあらゆる意味でかけ離れていたことが問題なのではない（ほとんどの映画はそうだ）。そうではなく、たぶんアクセスを弾かれた、という感覚に近い。実は原因もわかる。弾かれたのはきっとわたしが「二一世紀の女の子」ではないせいだ。

『ホットギミック』は、かつての子供だった大人たちの心にも響くといったタイプのティーン・フィルムではない。これは山戸が言う「二一世紀の女の子」のための映画で、そういうアイデンティティ（ＩＤ）を持つあらかじめ選ばれた者たちのための映画なのだ。いわば「鍵垢」なのであり、パスワードは「二一世紀の女の子」にしかわからない。二一世紀の始まりの時点においてわたしは一四歳だったはずなのだが、そういう事実とは関係ない。それは、見る者のスピリットと、作品に内在する観客性《スペクテイターシップ》との間に生起する問題なのだ。

とにかく、拒絶感をまずは率直に受け取った。自分がつまんない大人である可能性も認めた。そしてそこから開き直ることから始めた。しかし、たとえ歓迎された観客でないからといって、あるいはアクセスを拒まれた（ように感じたから）といって、アプローチするすべての術を奪われたわけではない。ハッキング的なやり方であろうと、不当な潜入捜査的なやり方であろうと、分析と読解の可能性は開かれている。あるいは開くことが、批評的記述には許されている。

「キラキラ映画」の特異点？

さて、『ホットギミック』について、確実なところから紐解いていくことにしよう。ジャンル映画という見方に立つと、この作品は、少女漫画実写化映画群のカテゴリーのなかに位置付けることができる。「キラキラ映画」などと称されることもあるこのカテゴリーは、若年層の女性を主たるターゲットとする青春恋愛映画の一形態としてまずはシンプルに定義することができる。少女漫画の実写化映画の歴史は、一九七〇年代にまで遡ることができるけれども、「キラキラ映画」のジャンル形成は、「壁ドン」という画期的発明（視聴覚的なアクションという映画化向きなムーブ）をブースターとして、二〇一〇年代以降の日本映画のメインストリームで推進されてきた。自己肯定感の低い少し冴えない主人公の女子高校生が、学校一のモテ男子や、家庭に問題を抱えた幼馴染の男子と、三角関係やすれ違いなどの困難に直面しながら恋愛を成就させるのがストーリーの典型的なパターンで、いわゆる「泣ける映画」であることも多いが、その最大の特色は観客に対して喚起するいわゆる「胸キュン」の要素にある。[2]多くの「キラキラ映画」において、「胸キュン」はアクションに結び付けられる。すなわち、「壁ドン」（男子がヒロインを壁際に追い詰めたうえで、音を発するくらいの強さで勢いよくその両手ないし片手を壁に付けることで、ヒロインの逃げ場を塞ぐかのような独占的な体勢をつくる）とか「顎クイ」（男子が自分より背の低いヒロインを、キスされる体勢に導くために、彼女の顎に手を触れ強引に上に向けさせる）などがこれにあたる。「胸キュン」とはおそらく、淡い暴力性を孕みつつヒロインに差し向けられた男子の性衝動を享受することの快楽のことを指しており、少女漫画によく見られる少女向けに緩和されたポルノグラフィー的表現と理解しても差し支えないだろう。

相原実貴の『ホットギミック』を原作とする『ホットギミック ガールミーツボーイ』も、企画の意図やターゲットから鑑みれば、この「キラキラ映画」というカテゴリーの範疇に十分含めることができる。監督自身も、少女漫画が描いてきたものにひとかたならぬ関心を持ってきたことを認めている。しかし、『ホットギミック ガールミーツボーイ』は、このジャンル・カテゴリーのなかでは異質な、例外的な作品となっている。その理由の一つは、数多の「キラキラ映画」のなかで繰り返し使用されてきた胸キュン的な身振りを取り入れることをはっきりと拒絶しているように見える点にある。『溺れるナイフ』では、祭りに出かけたヒロインが乱暴に浴衣の帯を結び直されるシーンで、こうした身振りの踏襲が見られたものだが、『ホットギミック』ではこのジャンルにおけるこうした慣例はまったく影を潜めている。金髪の方ではなくて、黒髪の方に最終的に落ち着くというイコノグラフィー的な慣例は引き継がれていると言えなくもないが、金髪の男子（芸能人の幼馴染）は昨今流行っているブロンド風の白っぽい金髪ではなくて、初めて髪を染めた中学生みたいなオレンジ色に染髪している、かつ終始ダサめの格好をして現れつづけるために、やはりハズしにきているという印象をより強く受ける。この作品からは、漫画の実写、あるいは漫画的表現の映画的表現へのアダプテーションのプロセスの痕跡を読み取りづらいものになっている。というよりも、この作品はアダプテーションですらないのだ。つまり、相原実貴の『ホットギミック』の実写化映画ではなく、並行世界におけるそれとは似て非なる『ホットギミック』、山戸結希による

『ホットギミック ガールミーツボーイ』にほかならない。

したがって、もしくは、とはいえ、まずはこの作品を「キラキラ映画」の特異点だとみなすことは可能だ。が、重要なのは、「胸キュン」的な身振りが排除されているからといって山戸監督の『ホットギミック』がキラキラしていないのかというと、そういうことでもないということだ。むしろこの作品は思いっきりキラキラキラしてもいる。だが、そのキラキラは「胸キュン」ではない別の

要素によって構築されている。『ホットギミック』のキラキラ感は、これから詳しく解析していくように、アクションから離れた、もっと視覚的な部分に特化した、フォトジェニックな瞬間瞬間の煌めきとして画面中に散りばめられている。

物語ることの否定、〈映え〉な世界の構築

これまでも彼女の作品を見てきたけれども、『ホットギミック』がその作家的なスタイルを確立した作品であることは間違いない。本作で鮮明に示されたことの一つは、物語を語るという制度化された方法に対する破壊的な態度だ。それを抵抗と呼ぶべきか否定と呼ぶべきかは措いておくとしても、伝統的で古典的な映画の作劇への敬意や、それからの影響はほとんど見出すことができない。『ホットギミック』のショットの繋ぎ方は独特だ。それは繋がれるというよりも、羅列されている。それでいてモンタージュと呼ぶべきものとも異なっている。もっとザッピング的な、恣意的ですらあるような、しかし特別に選ばれたに違いない、とっておきのショットの羅列が、物語の流れをリズミカルに断ち切りながら奇妙なフロウを作り上げている。冒頭場面で、本篇とは画角の異なるフォト風の複数の静止画ショットが断続的に挿入され、主要登場人物の少年少女たちを映し出す時、それらは彼らについて何らかの情報を提供するというよりも、ただ像としての彼らの鮮やかな生の瞬間を切り取っている。着色料のような人工性に彩られたそれらの像は、映画的な教養ではなく、むしろInstagram的な美意識と強い連続性を持っている。気後れもせず表層的であろうとする

ようなカジュアルな美意識に「加工」されたショットの羅列は、物語を紡ぐことを拒絶して、〈映え〉な世界を立ち所に、流れるように構築していく。『ホットギミック』の少年少女たちは、この〈映え〉な世界に生きている。あるいはそこでしか生きようとしていない。

宙を舞う妊娠検査薬、雑誌の撮影スタジオの楽屋の幻覚めいた照明、パーティー会場のＶＩＰルームという名のテント、そのなかのキャンドルの灯り、マジックアワーの川辺。その向こう側の摩天楼、ラブホテルの浴槽に浮かぶ「永遠に愛してる」と書き殴られた胎児のエコー写真、『はらぺこあおむし』みたいな色のドーナツ。ヴィヴィッドな色彩を放つ非現実的な事物たちは、ミザンセーヌの構成要素として存在するのではなく、少年少女たちが生きるフィルターがかかった認知上の世界のパーツだ。画面は、思いのままに描くための素材で、物語を語るための方法ではない。

言葉もそうだ。エンディング間近の場面で、主人公の少女が、彼女を「俺の奴隷」とみなす少年に思いをぶつけ、彼がその言葉に返すというやりとりが川沿いの夜景を背景に映されるとき、彼らの言葉のセッションは腑に落ちる物語上の結末に行き着くことなく、フリースタイルラップバトル的なものと化す。だが、その言葉は空虚だ。意味ではなく響きの羅列として聴こえてくる未熟な声だ。論理にも説得性にも裏付けられない、儚い瞬きの間に火花を散らすパンチラインの鋭利な強度が、彼らの心と感覚について何かを訴えている。きっとそれは、刺さりうる者には刺さるのだ。

鏡あるいは窓としての〈自撮り〉と〈他撮り〉

思えば、こういう〈映え〉な美意識は、短篇「離ればなれの花々へ」で既に示されていた。原色の花々のなかで寄り添う妖精的な衣装に身を包んだ三人の少女たちは、「二一世紀の女の子のために」と、繰り返し呼びかけていた。内面世界、想像界、心象風景そんなありふれた言葉でいかようにも説明しうる、非現実な「異世界」であった「離ればなれの花々へ」の物語空間に比べ、『ホットギミック』のそれは遥かに挑戦的で撹乱的である。それは異世界ではなく、この現実と入れ子状に、あるいはホログラム的に立ち現れるもう一つの現実の世界だ。

SNS時代の到来とともに再構築された「なんとなくクリスタル」な若者特有の主観的世界観、とも理解することもできるその世界は、モノそのものよりも、イメージによって物象化された、ある種の若者たちにとっての生きられた現実そのものだ。映された世界が本当の世界。映された世界のなかの自分が本当の自分。そういう自意識に満ちた少年少女たちの姿は、SNSの〈自撮り〉画像と、加工された〈他撮り〉画像を通じて拡散され、シェアされている。大人的な視点に基づく言説上で、自己顕示欲や承認欲求と簡単に説明されがちなこの若者的な行動の多くは、おそらくもっと別の目的に動機づけられている。現実界と想像界の境界が消失した世界で、理想自我的な自己像に同一化しながら生きている彼らにとって、フィルターによってコントロールしたこうした画像は、本当の自分と向き合うことのできる鏡であると同時に、本当の自分に出会ってもらえる窓なのだろう。

山戸結希は「一〇代の自意識」をこれまでも自覚的に主題として作品を撮ってきたけれど、『ホットギミック』では、この主題は、〈映え〉な世界を背景としつつ、少年少女たちの「見せる／見られる」というSNS的な関係性のなかで展開される。自室のベッドで布団のなかに全身を潜らせた少女が、交際をはじめた男子とビデオ通話する中で、彼にねだられて裸になるとき、彼女はあなたにだったらいい、というようなことを言う。その言葉は、裸体を見せることばかりでなく、ただ彼一人に向けて〈自撮り〉することに対して、述べられていると言える。裸体の〈自撮り〉。それは、少女としての彼女が捧げうるすべてで、体そのものを差し出すよりもプライベートな行いであるかもしれない。ところが、まもなくその映像は少年の悪意によって拡散されてしまう。ヒロインは、完全なリベンジ・ポルノの被害者になるのだが、にもかかわらずその事態はさほど彼女にダメージを与えるように見えない。彼女はもちろん落ち込む。だけどそれは思いが裏切られたことに対するものであって、裸の自撮り映像をたくさんの人に晒されたからではない。彼女はこの少年とただ距離を置き、失礼な彼のマネージャーの振る舞いにも腹をたてることなく、事を穏便に済ませる。もしかすると、彼女にとってあの映像は恥ずべきものではないのかもしれない。それはただの本当の自分、あるいは最高の自分でさえあるのだろうか。

眼に映る世界（フィルター大事）

この出来事のみならず、どうやら『ホットギミック』の少年少女たちは、恥じらいという絶望的感覚に陥ることを回避する複雑な方法を心得ているらしい。ヒロインと、彼女を「奴隷」として扱う男子が、共に電車に乗る場面がある。たくさんの大人たちで混み合った車内で、男子は「あなた様の彼女にしてくださいって言え」と言う。普通に考えて恥ずかしすぎる台詞を臆面もなく声に出すことのできる彼の顔には、羞恥心など微塵も浮かんでいない。彼の言葉が耳に届くはずの距離にいる車内の大人たちの中に、この言葉に反応を示す者はいない。それは現実的にはやや不自然な情景かもしれない。現実の大人たちであれば、軽蔑にしろ嘲りにしろ、何がしかの冷ややかな視線を向けるだろう。しかしながら、ここに映っているのが少年少女たちの世界であることを思い出すと き、映像の中の大人たちはいわゆる「モブ」として存在しているか、あるいはブロックされた存在として少年少女たちの視界には入っていない可能性を否定することはできない。つまり、大人たちの視線は彼らの世界から切り捨てられている。あるいは、見られていることが見えないようになっている世界に彼らは生きている。であれば、恥ずかしいはずもない。

ヒロインが撮影現場にいる幼馴染の男子を訪ねる場面でも、同様のことがより露骨に示される。ヒロインは制服の上にお世辞にもオシャレじゃない白いオーバーサイズのパーカーを被って、大人びた化粧と衣装で着飾ったモデルの女子集団の中に迷い込む。平均以上の容姿であることを自覚してやまないモデルの女子集団は、垢抜けないヒロインを取り囲んで、彼女を見くびる態度を剥き出しにする。が、ヒロインは泣いたり怯んだりすることはないし、何ら特別な反応を示さない。その経験はやがて、「わたしなんて可愛くないし」という可愛い卑屈さに昇華されて、男子のために語られる言葉の材料になる。彼女にとって、彼女自身の像は、見てほしい、あるいは見ることを許可した者たちのためだけにあり、それ以外のモブとしての他者にどのように見られるかは問題ではない。学校の教室のなかでも、このヒロインはやはり、そう映し出されている。許し合うものと繋がり、世界をシェアすること。あるいは世界をシェアする者だけに繋がりを許すこと。狭くて深い、好みのフィルターにコントロールされた眼に映る世界で、彼女は無限に本当の自分になることの幸福を目指している。

『ホットギミック』の終盤で、ヒロインは叫んでいた。わたしはからっぽなの、自分でもどうしてこんなにからっぽなのかわかんないよ、自分にも追いつけない自分を追いかけたい。と、そんなようなことを一気に喋っていた。その一連の言葉は羅列された掛け合いの中に含まれていたはずだが、作品全体を通じて唯一、意味を持った力強いメッセージとして届いた。コスプレイヤー的な変身願望とも異なる、本当の自分と、本当の自分がいる世界へのひたむきな憧れがそこにあった。からっぽの女の子が〈映え〉な世界でキラキラしていた。

後付け――フォローしないで見ることにした件

望ましい見方というものがもしあるのであれば、『ホットギミック ガールミーツボーイ』はたぶん、スーザン・ソンタグが言う意味での「反解釈」的な見方をされるべき芸術作品である。つまり、「あるものがまさにそのものであるということの、輝きと艶を経験すること」について語られるべき作品だろうと思う。しかし、「作品がいかにしてそのものであるかを、いや作品がまさにそのものであることを明らかにする」[3]ことがわたしにはできない。冒頭にも書いた通り、そのような経験をするための二一世紀の女の子としてのパスワードなりアクセス権なりを持っていないからだ。しかし、きっと、間違いなく、わたしの知らない、そして繋がることもない彼女たちは、この作品を透明に受け止め、即興的なリリックのようにして言葉へと溢れさせることができるだろう。作品それ自体もまた、彼女たちと相互フォロー的な関係を結ぶことを純粋に望んでいる。

山戸結希が少年少女たちに向けて作品を作り続ける限り、呼びかけられた観客になることはできないだろうと思いながらも、わたしはこれからも彼女の作品を見ることにしよう。少年少女に擬態化するバ美肉的なヴァーチャル観客になろうと足掻いてみるだけの努力もしないで、ただ覗き屋のような、よこしまなウォッチャーとして見ようと思う。追いつけない世界のわかりあえない子供たちの存在について単に知っている大人でいるために。

註

（1）山戸結希のTwitterアカウントの現在における「固定されたツイート」より引用。https://twitter.com/kurayami_town

（2）少女漫画実写化映画については、二〇一六年から青山学院大学で担当している「基礎演習Ⅲ（3）」の学生受講者たちの調査から多くの示唆を受けた。

（3）スーザン・ソンタグ「反解釈」高橋康也ほか訳、『反解釈』ちくま学芸文庫、三二一―三三三頁。

映像メディアにおける同性愛表象の現在

ゲイであること

『おっさんずラブ』(シーズン1:二〇一八年、脚本・徳尾浩司、テレビ朝日)の話から始めよう。このドラマの大ヒットは周知の通りであり、同性愛表象をライト化したという点で日本のテレビドラマ業界およびその視聴者にもたらした影響は大きい。田中圭演じる春田創一は不動産会社で働きながら、上司である部長の黒澤武蔵(吉田鋼太郎)と牧凌太(林遣都)の二人から好意を寄せられ、牧と同棲し、彼との交際を解消した後、妻と離婚した黒澤と同棲する。春田と黒澤はその後結婚式を挙げることになるが、誓いのキスを交わそうとした瞬間、春田は牧を愛していると気づき、黒澤に促され、結婚式会場を後にし、旅に出るという牧を追いかけて空港へと向かう。ふたたび一緒に暮らし始めた春田と牧。物語は、春田が牧に覆いかぶさり口づけをする、すんでのところで幕を閉じる。

このドラマの特徴は、牧を除いて、春田と黒澤がゲイであることが明確に示されない点にある。春田は牧の強引なキスをいつも拒絶し、黒澤とも性交渉を持った気配はない。画面に映る描写を見る限り、彼らの関係はいずれもプラトニックであり、春田が牧に必死の告白をするクライマックスにおいてさえ描かれるのは、あくまでも、男であるか女であるかにかかわらず「人が人を好きになること」である。

『おっさんずラブ』の主要なファン層が女性であったことは容易に想定できるが、「お茶の間でドラマを見る」という家庭的なシチュエーションにおいてもこのドラマが受容された背景には、「萌え」の「推し」というBLオタク文化の大衆化があったように思われる。おそらく多くの視聴者が、天然ボケというにはあまりある春田に萌え、年甲斐もなく彼を「はるたん」と呼ぶ黒澤に可愛さを覚え、孤独に春田への想いを断ち切れずにいる牧を推したに違いない。むろん誰を推すのかには個人差があり、春田推し、黒澤推し、牧推し、のように、それは視聴者の自由に委ねられている。とりわけ春田の自らのセクシュアリティにかんする無自覚さは、彼がゲイとして牧を愛するのではなく、「人として」彼を愛するというエンディングを多くの人々に軽やかに受け入れさせたと言える。このドラマのなかでは、「同性愛者」、「ゲイ」という言葉は一切登場しないし、「付き合ってます」「好きです」という言葉だけで、男性どうしの愛情表現が示される。

その意味で、このドラマは男性どうしの恋愛を描いているにもかかわらず、ゲイ・ドラマではないし、そして実のところBLドラマですらない。劇場版と続篇も作られたが、全六話しかないファースト・シーズンが最も人気を得たという事実もそれを裏づけている。

常倉三矢の同名BL漫画を原作に、Rakuten TVやVideo Marketで配信され、のちに再編集した劇場版も公開されたドラマ『Life 線上の僕ら』（二〇二〇年、脚本・二宮崇）は、全四話からなる。道路の白線を歩くことを日課とする他校の男子高校生二人——伊東晃（白州迅）と西夕希（楽駆）——

が偶然出会い、お互い白線から落ちないように手を繋いで彼らは半回転する。ここから彼らの交流が始まり、やがてその関係はロマンティックなものへと変容していく。彼らは一七歳で出会い成人する間に、キスをし、共に眠り、同棲し、旅行にも出かける。しかし、母親から「普通」でいることを求められ続けてきた晃は、二〇代半ばになってかつて好意を寄せられていた同級生の女性に出会い、夕希と別れ、彼女と結婚することになる。失意の夕希は、ゲイ・バーをさまようが、晃のことを忘れ切ることができない。晃の方も自分の気持ちを偽った結婚は長くは続かない。三〇歳を迎えた二人は、かつて夕希が一緒に見たいと言っていたアラスカのオーロラツアーで偶然再会し、泣きじゃくる夕希を晃が抱きしめ（バックハグ）、もう二度と離れないと誓い合う。物語は、左手に指輪をはめた四〇歳になった二人が、心地よさそうに昼寝をする場面で終わる。

このドラマにおいても「俺たちはもともと同性愛者ってわけじゃないだろ？」という晃の台詞に示されるように、彼らが生粋のゲイであるようには描かれない。しかし、彼らは、運命の相手として出会い、「性別を超えて」互いに愛し合う。ドラマの中で何度か口に出されるとおり点と点が結びつくように彼らは出会うのである。

ゲイのカップルを主人公としたドラマとしては、『きのう何食べた？』（二〇一九年、脚本・安達奈緒子、テレビ東京）がある。よしながふみの同名漫画に基づくこのドラマでは数年来に亘って同居している弁護士の筧史朗（西島秀俊）と美容師の矢吹健二（内野聖陽）の姿と彼らが共に食す料理が毎度描かれる。しかし、彼らがキスをしたり、同衾する描写はなく、いや、そこは抱きしめとけよ、そこはキスだろ、という場面でさえ肩をさすったり、肩を抱いたりする程度の描写が第一二話まで続く。とはいえ、彼らは結婚指輪的なものを買い、史朗は両親に賢二を紹介するなど、彼らの関係は次第に恋人というよりも夫婦のそれへと変化していく。最終話までに、史朗はゲイであることをさほど隠さなくてもよいと考えるようになり、賢二とおしゃれなカフェでお茶を楽しみ、帰宅後、史朗は伸びすぎた襟足を賢二に切ってもらい、その途中で賢二は背後から史朗をぎゅっと抱き締める。ドラマはここで幕を閉じる。

ゲイのセックスをはっきりと描写したのは、行定勲監督の映画『窮鼠はチーズの夢を見る』(二〇二〇年、原作・水城せとな)である。この作品で描かれるのは、大学時代に想いを寄せていた先輩・大伴恭一(大倉忠義)と今ヶ瀬渉(成田凌)の性愛である。彼らの関係ははじめ、探偵事務所に勤める渉が、恭一の浮気調査をし、その証拠を盾にキスを迫るところから始まるが、恭一が妻と離婚をしたことをきっかけに奇妙な同棲生活が始まる。渉の長年の片思いが実る後背位でのセックスは、この映画をロマンティックなBL映画に仕立てない。

無愛想な成田凌の顔、同じく無愛想な大倉忠義の顔。二人は無愛想なままキスをし、流れに身を任せて肉体関係を結ぶ。二人の引き締まった臀部が真上から映されるショットもあるが、この直接的な性描写の間、行定は、いたずらに彼らの快楽の表情を捉えようとはしない。彼らは薄暗い青い夜の部屋の中で、吐息と静かな喘ぎ声をもらしながら性交する。彼らの鼠蹊部と臀部がぶつかり合う音が響く。橋口亮輔ですら撮ることのなかったゲイのセックスがここではリアルに視覚化、聴覚化される。

しかしながらこの映画において描かれるのも結局のところ、同性愛者ではない者が、ゲイを好きになる、といったものである。ノンケがゲイを好きになるというのは、ある種のBL的な「萌え」のテンプレ要素だが、行定はこの「萌え」の要素を極力排除することを試みている。やっと『ブエノスアイレス』（一九九七年、ウォン・カーウァイ）の域まで日本映画が達したかとの感慨にしばし浸った。とはいえ、この映画は『ブエノスアイレス』のようなメロドラマではない。したたかに涙を誘ってやまない悲恋の要素はここにはなく、彼らは一度離別を選択し、そしてヨリを戻すかどうかわからないというところで物語は終わる。

ラストシーンで、恭一はいつも渉が体育座りをして煙草を吸っていた小さな椅子の上に座り、帰ってくるとも定かではない彼の帰りを待つ。ただし改めて言うが、彼はゲイではない。それでも渉を愛するということは、「人が人を好きになる」というかたちで描かれる点で、あのコミカルな『おっさんずラブ』や、シリアスな『Life 線上の僕ら』と共通しているのである。

なぜ、こんにちの日本映画はゲイがゲイとしてセックスをする場面を描くことができないのだろうか。私は大学で講師をしているが、以前『ブエノスアイレス』の冒頭を講義内で観せたとき、その日のリアクション・ペーパーで激しい拒絶反応を示した学生が複数いた。彼らはいずれも男性であった。この国のホモフォビアは依然として根強い。

だからこそ『おっさんずラブ』はコメディとして作られなければならなかったし、より真摯に同性愛を描いた『Life 線上の僕ら』は配信ドラマとして公開せざるをえなかった。このような状況において、『窮鼠はチーズの夢を見る』がヒットしたことはある程度評価されるべきだろう。しかしおそらく、その観客の多くは女性である。日本人男性は、ホモソーシャルな共同体を形成することに慣れている一方で、おそらくゲイは身近にはいないと考えている。それは大きな間違いなのに。それでもなお、たとえば『傷だらけの天使』(一九七四―一九七五年、日本テレビ)の乾亨(水谷豊)が木暮修(萩原健一)に兄貴分以上の感情を抱いているらしきことにほとんどの視聴者が気づかなかったとは思われない。

BLカルチャーの大衆化は、いわゆる腐女子というスペクテイターシップを超えて、女性観客の多くに受け入れられつつある。しかし、私の学生の何人かがそうであったように、そして私自身の父がそうであるように、抵抗感を公言してはばからない者は少なくない。ゲイがゲイとしてゲイどうしでセックスする映画が、ポルノ以外の映像メディアを通じて描かれるようになるまでには、まだもう少し時間がかかりそうだと言わなければならない。そもそも日本では性自認と性的指向の問題がLGBTQという言葉で一括りにされて浸透しはじめたばかりだ。

レズビアンであること

ゲイ・ムービーが『薔薇の葬列』(一九六九年、松本俊夫)以来、いわゆる薔薇族映画を中心にポルノとして量産されてきたことはよく知られている。一方で、レズビアン・ムービーは男性向けのピンク映画、ロマンポルノ、アダルトビデオを除いて近年まで作られてこなかった。『Lの世界』(二〇〇四―二〇〇九年、アメリカ・カナダ)のようなテレビドラマが製作される気配はまるでない。つまり、日本のレズビアン・ムービーは主として男性向けのポルノとして展開してきたのであり、その視聴者と観客《スペクテイター》は女性ではない。むろんレズビアンの女性向けのポルノはある。しかしそれらは残念ながら、ポップ・カルチャーの領域には存在しない。

その点で、Netflixで配信された映画『彼女』（二〇二一年、廣木隆一）は、現在のところ最も最先端をゆく日本のレズビアン・ムービーの力作だ。中村珍の『羣青』に基づいてはいるが、廣木はこれを大幅に脚色した。主人公は美容整形外科医のレイ（水原希子）。物語は、彼女がさる男性をバーで誘惑し、彼の自宅で性交に及ぶことから始まる。騎乗位で乳房を揺らしながら腰を激しく振るレイは、やがて「あなたの奥さんちょうだい」と言って、彼の頸動脈にナイフを突き刺し、割れたワインの瓶でトドメを刺して殺害する。彼女は血しぶきを浴びる。

レイは、同性の恋人（真木よう子）と同棲しているが高校時代に恋い焦がれていた女性（さとうほなみ）からの突然の電話で、恋人の誕生日に彼女の前から忽然と姿を消す。ホテルで待ち合わせをしたレイの前で忘れられないその想い人は、唐突に服を脱いで裸体になるが、その身体はアザだらけで、レイは彼女から夫から激しいDVを受けていることを打ち明けられる。彼女は今でも私を好きかとレイに問いかけ、頷くレイに夫の嘱託殺人を持ちかける。レイが殺した男は彼女の夫だったのである。

二人は逃避行を始める。それは必ず終わりを迎える旅だ。彼女の車に同乗したレイはまずホテルへと向かう。

彼女たちの過去は暗い。高校時代、陸上選手であった彼女は、新しいスニーカーを買うことができない程度には貧しく、スポーツ用品店で万引きをする。彼女は全力で疾走するが、店員にやがて捕まり、その場に居合わせたレイがその代金を肩代わりすることでことなきを得るが、彼女は足を骨折してしまい、退学の窮地に立たされる。レイは学費を自分が代わりに支払うことを条件に、期限までに返済できなかったら「やらせてよ」と彼女に迫る。結局、彼女は売春をすることを通じて期限よりも前にレイからの借金を返済し、彼女らの関係は以後断たれる。

しかし、レイは一〇年ぶりに掛かってきた突然の彼女からの電話に応えて、殺人までを犯すのである。血塗られたレイの身体とアザだらけの彼女の身体。二人はホテルで一緒に入浴し、レイは「二九歳にして処女を失いました」と言ったあと、「あんた、嘘つくときニコッと笑うんだよ。それがとっても可愛いの。あんたがニコッと笑うだけで私の人生なんかめちゃくちゃになる」と涙ながらに言う。

レイと彼女の逃避行は続く。二人はその途上で原付バイクを盗み、彼女はハイヒールを一足落とし、行き先も決めないままに疾走する。

あらすじばかりを書いていても仕方がないので、中盤は飛ばそう。レイと彼女は最終的に、海辺の片田舎のあばら家にたどり着く。そこで彼女らは性交に及ぶ。廣木の性描写に妥協はない。レイと彼女は全裸になり、レイは彼女にクンニリングスしたあと、「男の人は挿れるものがあっていいよね」と言いながら、彼女の膣に指を入れ激しく動かし、絶頂に至らしめる。その後、彼女とレイの体位は入れ替わり、彼女はレイの性器を指で愛撫し、彼女をイかせる。

このネコとタチの入れ替わりは、奇しくも『窮鼠はチーズの夢を見る』と似る。恭一ははじめ渉の陰茎を肛門に受け入れるが、その後、一度出て行った渉が帰ってきたとき、恭一は渉を逆に抱くのである。つまり、この映画でも描かれているのは、レズビアンであるものが、そうでない者を愛し、非レズビアンの彼女がそれを受け入れるというものであり、レズビアンどうしの恋愛ではない。レイはその後、警察に公衆電話から電話をかけ、彼女の目前で逮捕される。彼女は「待ってるから！」と泣き叫ぶ。二人の逃避行の終わりと共に映画も終わる。

溝口彰子が指摘するように、もちろんこの映画以前にもレズビアンを扱った日本映画は少なからず製作されてきた。たとえば、『櫻の園』（一九九〇年、中原俊）、『ラヴァーズ・キス』（二〇〇三年、及川中）、『blue』（二〇〇三年、安藤尋）などの、いずれも少女漫画を原作とした「思春期もの」がある。[1]しかしながら、これらの作品は、女子校に通ったことがある者の多くが共感できるような、思春期の女子特有のサフィズムを描いているに過ぎないとみることもできる。彼女らが成人したあともレズビアンでありつづけたかはわからない。

日本映画は「百合」や「レズ」を描いてきたが、大人のレズビアンが共感できるレズビアン・キャラクターは描いてこなかった。しかし、日本映画は、レズビアン観客がアイデンティファイできるという意味での「レズビアン・キャラクター」は提供してきたのである。[2]

というのが最終的な溝口の見解だが、その後一五年を経て、『彼女』が登場したことの意味はとても大きい。この映画においては、レズビアン観客が能動的にアイデンティファイすることなく、その視覚的快楽を得ることができるからだ。

とはいえ、この映画がメロドラマ的な構造を持つにもかかわらずハッピー・エンディングに帰結しないことは留意しておかなければならない。まあ、のっけから凄惨な殺害シーンではじまるのだから、この映画の結末ははじめからわかりきっている。(3) しかし、彼女たちが、レイが義姉から借り受けた車に同乗し、ＹＵＩの「CHE.R.RY」をおぼろげな歌詞で熱唱するとき、レイと彼女の満面の笑顔にレズビアン観客でない者でさえもひとときの充足を得ることだろう。なぜなら、レイと彼女はそのとき、何もかもから解き放たれた幸福の最中にいるのだから。

この映画はいわゆる百合映画ではない。これはレズビアン・ムービーであり、「性別を超え」て「人が人を好きになる」という日本映画の限界をも超えている。彼女は、レズビアンであるレイを女性として愛する。それは、この映画の悲痛なエンディングに残されたほのかな希望である。

ステレオタイプの問題

一般に、「人が人を愛すること」に性別は関係ない、という価値転換を非同性愛者が自ら起こし、同性愛に発展していく、というのがこの国の映画やテレビドラマにおける同性愛表象の限界であるらしい。その意味では、『きのう何食べた?』と『彼女』はやや進歩的であるが、どちらもある種のステレオタイプを利用しているという問題がある。

『きのう何食べた?』で、より「女性らしい」仕草や口調でふるまうのは健二の方であるが、視聴者が偏見に基づいて抱くだろう印象とは裏腹に、ネコなのは史朗の方で、また炊事を主に担当しているのも彼である。これは明らかに「ギャップ萌え」を意識した演出で、西島秀俊演じるいかにも真面目そうな弁護士が激安スーパーに通い詰めるという「主婦らしさ」のステレオタイプが反映されている。

『彼女』の方はというと、一見レズビアンのステレオタイプというものは存在しないかのように見えるが、レイと彼女の高校時代の回想場面は、『櫻の園』や『blue』のように、女子校に通う女子にありがちなサフィズムとみまがう同性愛がステレオタイプ的に描かれている。

ゲイに対する、とりわけ女性性に偏った「ゲイらしさ」のステレオタイプなイメージを積極的に引き受けるゲイが存在することは、YouTubeなどのチャンネルを見ていても一つの確かな事実である。たとえば『2《セカンド》すとりーと』のチャンネルを見てみると、彼らはいわゆる「オネエ言葉」で喋り、ゲイであることを自らいつも楽しげに演じている。他方で、いくつかのレズビアン・チャンネルの方は、Buzz Feed Japanの番組『オトマリカイ』の司会をつとめるアミのようにボーイッシュな「レズビアンらしさ」を前面に押し出しているような女性が現れている一方で、『エルビアンTV』のようにカップルのいずれもが言われなければストレートの女性と差異がないように見えるケースも多い。

サッカー選手の下山田志帆がレズビアンであることをカミングアウトし、日本の女子サッカー界で、「メンズ」という呼称でそのようなセクシュアリティが呼び習わされていることを告白し、「「女性と付き合っていて、男性役になる人」っていうとしっくりくるかも[4]」とその独特のカルチャーを明らかにしたのは二〇一九年のことだった。それから、今年に入って、同じくサッカー選手の横山久美がＦＴＭであり、すでに「胸オペ」を受けていることを明らかにした。[5] スポーツ界におけるボーイッシュな「レズビアンらしさ」あるいはＦＴＭであることはかなりわかりやすいかたちで目に見える。

しかし、このようなボーイッシュなレズビアンあるいはＦＴＭの存在は映像メディアにおいてほとんどみられない。[6] 女性らしい口調や仕草で振る舞うゲイ、女装家、ＭＴＦがテレビのバラエティ番組で活躍しているようには、彼女／彼らは扱われていない。

映画やテレビドラマはいつもその時代の世相を反映する。『Ｌの世界』のシェーン（キャサリン・メーリッヒ）のようなキャラクターが、日本に登場するまでにはいま少しの時間がかかるだろう。[7] その意味で『彼女』は、女性らしい女性どうしの恋愛、性愛を描いた映画であり、そのリアリズム性は曖昧である。なぜなら、実際そのようなレズビアンのカップルは多くいるからだ。しかし、ボーイッシュな女性と女性らしい女性、あるいはボーイッシュな女性どうしの恋愛を捉えようとする試みはまだほとんどなされていない。

ジェンダーとセクシュアリティにかんするステレオタイプはこれまで、ほとんど好意的には論じられてこなかった。それは、女性に女性らしさを押しつけ、また男性に男性らしさを押しつける悪しき側面を持っていると通常考えられている。しかし、セクシュアルマイノリティにかんするステレオタイプは実のところ、現在の社会においてはそのような「悪しき側面」だけを必ずしも持っていないのではないか。というのも、ステレオタイプは、良きにつけ悪しきにつけ、その存在を生きられたものとして大衆に受容させる力を持っているからだ。マスキュリニティとフェミニティのいずれにも当てはまらないジェンダーやセクシュアリティを持つ者が現実に確かに存在することは、ある種のステレオタイプ化を通じて、はじめてひとまずの大衆性を得ることができるように思われる。

すなわち、クレイグ・マクガーティが述べるように、

ステレオタイプ形成とはステレオタイプ的描写の展開以上のことを指しているはずである。ステレオタイプ形成について考えるには、背景にある知識、知覚された等価性、集団ラベルの間による制約された関係性の組み合わせの展開という点に注意を向ける必要がある。このような関係性の組み合わせの展開は、ステレオタイプ化された集団成員に対する行動に関して情報を与え、知覚者が所属している今現在関連ある集団成員間での意思疎通を促進させうるステレオタイプ的描写を産むことができるはずだ。(8)

ホモフォビアが消滅せずにいる一方で、日本においては、ゲイがゲイとしてのいくつかのステレオタイプを、マスメディアを通じて確立している。対してレズビアンは、そのステレオタイプそのものを未だ獲得していない。『彼女』はその一面を示して見せたが、レズビアンの表象の可能性はより多様であるはずである。レズビアンを描いたテレビドラマや映画よりも、当事者であることを自ら発信するYouTuberたちは、ステレオタイプに囚われない姿を見せることで映像メディアにおける同性愛表象の先頭に立っている。芸術とエンターテインメントとしてのテレビドラマと映画は、

そこに一刻も早く追いついていく必要がある。しかし、残念ながら今のところそれはステレオタイプという大衆化の過程を経ずして可能にはならない。ホモフォビアの問題と同様に、ミソジニーそしてフェムフォビアの問題に日本の映像メディアはいま直面している。

この問題を乗り越えたのちに、日本の映像メディアにおける同性愛表象の未来が開けることだろう。

註

（1）溝口彰子「「百合」と「レズ」のはざまで」、斎藤綾子編『映画と身体／性』森話社、二〇〇六年、三一六頁。

（2）同前、三三七頁。

（3）『彼女』はレイと彼女を『おっさんずラブ』のようなハッピー・エンディングに導かないという点で、トランスジェンダーの女性を悲劇のヒロインに仕立てた『ミッドナイト・スワン』（二〇二〇年、内田英治）同様、フェミニズム的な批判を免れえない部分を多分に含む。しかし、この物語はたとえ、タイトルが『彼』で主人公がゲイ、あるいはヘテロセクシュアルであっても成り立つものであり、結末だけを踏まえて作品の全体を否定するのは不当だと思う。ただし「男の人は挿れるものがあっていい」という台詞だけは確実に当事者に不快感を与えるだろう。

（4）「下山田志帆のカミングアウト【これまで編】」https://note.com/steppppy/n/naa6d534a3836（最終アクセス二〇二一年八月四日）。

（5）「元なでしこジャパンの横山久美選手、トランスジェンダーを公表。「日本にいた時は隠していた」思いを語る」『ハフポスト』二〇二〇年六月二〇日 https://news.yahoo.co.jp/articles/d23c8d17cdbfb7f4f892090b35a35089e544e3aa（最終アクセス二〇二一年八月四日）。

（6）フジテレビ系の『ザ・ノンフィクション』でシリーズ化されていた「ジョン&マキ」シリーズのジョンこと宮

本佳枝が、いわゆる「オナベ」として比較的有名ではある。その後、過剰演出などが問題化されたようだが、本稿とは無関係なのでこの件については割愛する。

（7）とはいえ、「ジェンダーレス女子」と呼ばれる中山咲月が『ヌヌ子の聖★戦～HARAJUKU STORY』（二〇一八年、進藤丈広）で男性役を演じたことは一つの進歩である。それ以前にも、天海祐希が『千年の恋　ひかる源氏物語』（二〇〇一年、堀川とんこう）で光源氏を演じ、常盤貴子演じる紫の上と濡れ場を披露してみせた例があるが、このケースは宝塚的な百合文化の一環として考えることができる。

（8）クレイグ・マクガーティ「カテゴリー形成としてのステレオタイプ形成」、クレイグ・マクガーティ、ビンセント・Y・イゼルビット、ラッセル・スピアーズ編『ステレオタイプとは何か――「固定観念」から「世界を理解する〝説明力〟」へ』国広陽子監修、有馬明恵、山下玲子監訳、明石書店、二〇〇七年、三二頁。

III

メロドラマは拡散する

作家性とエスニシティ

映画における「仕方がないこと」のすべて？——『ヴァンダの部屋』について

ノート——『ヴァンダの部屋』について言われてきたこと

ともすれば映画の流れや人物の心理に従属しがちなフィクションを、そのつど生なましいフィルム的な持続として形成せしめる演出の、ほとんど裸形に近い飾り気のなさ（中略）ごく稀なことだが、映画においては、フィクションの至上形態がドキュメンタリーの至上形態と呆気なく一体化する。（中略）傑作と呼ぶほかない『ヴァンダの部屋』のすべてのショットは、その「ごく稀なこと」を、178分の上映時間を通して、一瞬ごとに体験させてくれる贅沢きわまりない作品なのである——蓮實重彥(1)

この映画では、人も物も、部屋も路地も、ブルドーザーが建物を壊すまがまがしい音も、暗い部屋にときおり驚くべき強さで差し込む光も、ヴァンダの激しい咳も、すべて物質の輝きを放つ。（中略）奇跡のような美しさはそこから発する。何より証拠に、大写しになったヴァンダの顔が物質としての命のきらめきで胸をうつ。こんな究極の生の讃歌があるとは、と熱く思った映画体験は一生忘れられまい――山根貞男(2)

『ヴァンダの部屋』はおそらく彼の最も冒険的であると同時に現代映画の最も先を行く傑作だ。そして彼の映画には被写体となる事物や空間や人々への敬意と途方もない優しさにみちている。いったいどこの女の子が自分の部屋で吐くところを映画に残すことを許すだろうか? また人々がクスリを扱うとき、そこにはスキャンダラスで思わせぶりなところはまったくない。それさえも敬意を持って、ごく日常の行為としてとらえられている。瓦礫とゴミと汚れも無為の時間さえも…まぎれもなく世界の一部として――赤坂太輔(3)

ここに引用された文章は、そしてこれらを書いた批評家たちの評価は、何も間違っていない。つけくわえることなど何もない。しかしこうして並び立てて読んでみると、こうは思わないか? 十分だ、称賛は聞き飽きた、と。要するに皆、この映画についてこう言っている。ドキュメンタリーとフィクションの絶妙な混交。醜悪ですらあるものを完璧なショットによって切り取ることで出現する美。それらは素晴らしい。したがってこの映画は傑作だ。こんなただごとではないものを撮りあげたペドロ・コスタは、偉大だという意味で、まさしく「映画作家」だ、と。皆、この国の著名な批評家たち。彼らの共通認識は、間違っていない。でも、あえてもう一度言うが、称賛なら読むことも聞くことも、もう十分なのだ。だから新しいことが何か書かれるべきだろう。

アテネ・フランセ文化センターで、フィルム・センター（現・国立映画アーカイブ）で、イメージ・フォーラムやユーロスペースで、ペドロ・コスタの映画を観られるだけは観てきたつもりだ。DVDボックスだって持っている。でも、わたしにとってコスタの映画はいつも、不意に感銘を与えるものだとしても、どこか刺激に欠け、その静謐さは圧倒的に美しいとしても、なにか不快さを漂わせたものだった。

映画館でコスタの作品を見たときの記憶は薄れつつあり、わたしは、外に出る気になどまるでなれない厳しい残暑に、アテネ・フランセに足を運ぼうともしないで[4]、少しばかり散らかった部屋で、彼の手がけた映画を数日かけてDVDで何本か見直した。劇場で観るのと、テレビやiMacの画面で観るのとでは、いくら部屋を暗くしたところで大違いだ。おまけに隣では二カ月ほど前から新しいマンションの建設工事が行われ、金属を叩くような音やチェーンソーの音が朝からひっきりなしに響いている。蝉もうるさい。そんな状況でわたしは、『ユリイカ』の原稿を書くという確たる目的のために、コスタの映画をだらしない姿勢で、仕方なく観ていた。だが、こんな風にコスタの映画を見直すのも悪くないように思えた。『ヴァンダの部屋』のヴァンダはこう言っていた。「部屋は一生汚いまま」。彼女とその仲間たちはこうも言っていた。「仕方がない」。何度か。仕方のない生を生きるヴァンダらを仕方なく眺める。こんな見方があっても、別に間違っていないし、まったく仕方のないことだ。

ドキュフィクションの怠惰なミューズ――『ヴァンダの部屋』とヴァンダ・ドゥアルテ

さて、本題に入ろう。ジャンル映画研究者としてのわたしはまず考える。この映画をどのようにカテゴライズすべきか？　とりあえず日本版のDVD(5)のパッケージを見てみると、書いた人には申し訳ないけれど、はっきり言ってかなりダサい惹句が目に飛び込んでくる。「各国の映画祭で絶賛の嵐。現実を暴く禁断の映像世界」（しかし、日本の批評家たちは先述したように実際、絶賛した）。裏を返すとこう。「アメリカの裏側で起きているもう1つの〝真実〟」。さらにひどいのは解説。

『ボーリング・フォー・コロンバイン』に始まったドキュメンタリー映画の新たなる流れ。同じくマイケル・ムーア監督の『華氏911』が2004年カンヌ国際映画祭でパルムドールに輝き、さらに注目されるジャンルとなった。

『WATARIDORI』『エトワール』…。『ペジャール、バレエ、リュミエール』『ディープ・ブルー』…続々と生み出されるドキュメンタリー映画の中でも圧倒的な存在感で異彩を放つ『ヴァンダの部屋』。

ポルトガル・リスボン、アフリカ系移民の街。腐りかけの野菜を売り、朝から晩までドラッグに明け暮れる人々。そこには、ただひたすら流れつづける『貧困』という〝真実〟があった…。常識を覆す手法と、現実世界を真っ向から映し出しストレートに観客にぶつける姿勢が、各国の映画祭でも大絶賛された。

『ボーリング・フォー・コロンバイン』？　『WATARIDORI』？　ここに羅列されている作品と『ヴァンダの部屋』との間にどんな関係があるというのか？　貧困を二重鉤括弧で括っているのはどうして？　こんなことを真面目に考えていても時間の無駄だ。「常識を覆す手法」という部分にツッコミを入れるのも面倒なことになるからいったんやめておく。とにかく、この解説を書いた人物は、『ヴァンダの部屋』が「ドキュメンタリー映画」という「ジャンル」に位置付けられると考えている。それで十分だ。そしてわたしはこのカテゴライズには不服だ。

その点、ポルトガルの映画研究者モニカ・オルタ・アゼレードは、『ヴァンダの部屋』のジャンル的特性について一通りの整理を試みている。[6]　彼女は、ロバート・フラハティの『モアナ』（一九二六年）にはじまるドキュメンタリーとエスノ・フィクションの系譜にコスタを位置付けたのち、彼が二〇年にわたる創作活動において「虚構と現実との対話」を提唱し、その中に『ヴァンダの部屋』も含まれると述べている。一方でアゼレードは、ギニアビサウの代表的映画作家であるフローラ・ゴメスをコスタと対置させ、またもう一方では、彼をポルトガル初のドキュメンタリーの製作者ホセ・ルイタオ・デ・バロスの流れを汲む者としてもみなす。[7]　つまり彼女は、蓮實のように、コスタを「二度生まれた映画作家」だとは考えず、むしろその首尾一貫性へと目を向ける。シネマ・ヴェリテのサブジャンルとされる「ドキュメンタリー」というカテゴリー名は、現在の日本の批評言説でまだほとんど見聞きすることがない。[8]　しかし確かに「フォンタイーニャス地区」三部作と呼ばれるコスタの長篇は、劇映画という枠組みからは明らかに逸脱し、といって、セミドキュメンタリーやモキュメンタリーといったより耳なじみのあるカテゴリーにもどうも当てはまらないし、当然のことながらドキュメンタリーという括りにもしっくりとこない（もちろんビル・ニコルズが「すべての映画はドキュメンタリーである」[9]と言うその意味においては、これもドキュメンタリーには違いあるまいが）。

『ヴァンダの部屋』。この映画はまず、きわめて劇映画的な技巧を用いたショットによって構成されている。固定カメラと厳格なフレーミング、キアロスクーロ、緑や赤を際立たせるカラーコレクション、長すぎる長回しと唐突なカッティング、破壊と綻びとを表す機械音と堕落を伝えるやけっぱちな声。それらはどれも巧妙に撮影、録音され、編集されている。映画は、『骨』でクロティルデを演じたヴァンダ・ドゥアルテそのひとの日常を捉えている。リスボンの見捨てられた貧民街、公的に破壊されつつある家屋とその瓦礫、廃墟のような家の中で、ヴァンダとその家族と隣人たちは、けたたましい音とゴミと麻薬と共に暮らす。すさみ切ったその空間を、絵画のように美しいショット——具体的に言えばいくつかのショットは明らかにジョルジュ・ド・ラ・トゥールやヨハネス・フェルメールを意識しているように見える——で、コスタは捉える。この映画では、基本的には、物語は現実、技術は虚構と成ることを目指していて、フィルム・レコーディングによる編集によって、最終的にその二つは完全に混淆し、アゼレードも言うようにミハイル・バフチン的な意味での「グロテスク」な美を生み出している。[10]そして、コスタ自身は、こう言っている。「もしこれがドキュメンタリーなら…この議論は、分析なり、議論なり、理論化なりをする誰かの興味を引くだろうね」[11]と。だからジャンル論的な結論としては、この映画は、ドキュフィクションだと言えるし、先に引用した批評家たちの評価もどれひとつとして間違っていない。拮抗する光と影の中で、ヘロインを炙るためにライターに火を灯す一人の女が姿を現す。ヴァンダ。彼女は痩せすぎていてみすぼらしい。鎖骨は浮き出ていて、胸は真っ平ら。頬もこけ、唇の上には濃い産毛が生えている。髪は長いけれどもぼさぼさ。彼女の全体は中性的だ。だからこそ、コスタは彼女を気に入ったのだろう。コスタは二〇〇四年に青山ブックセンターで開催された蓮實重彦との対談で、「私の中の隠された女性的なところ」[12]から映画を撮りたいという欲求を生み出しているると自認している。この対談の中で語られた男性作家の「女性的な感受性」[13]へのコスタの好みは、おそらく中性的な身体と「年齢不詳」[14]の外見を持つヴァンダを被写体としたことと通じている。彼女を女優にして別人を演じさせるのではなく、彼女の堕落した毎日から映画を「撮り出す／取り出す」ことをコスタは選んだ。

どうして『骨』でクロティルデを演じたヴァンダ・ドゥアルテそのひとの日常を捉えることになったのか？　それは、単に彼女が彼にとって魅力的だったからだけではない。女優としての彼女が怠惰だったから、というのも実は大きな理由の一つなのだ。ペドロ・コスタは、ジョアン・ベルナール・ダ・コスタが『骨』の撮影直後に行ったインタビューを通じて、撮影中、ヴァンダが監督の指示に従うことに消極的であり、また彼の要求にしばしば抵抗したことを告白している。[15]その代り、彼は彼女と休憩時間に会話を楽しみ、友人として親しくなることができた。それで、彼女が住まうフォンタイーニャス地区の奥へと導かれ、『ヴァンダの部屋』を撮り、ヴェントゥーラと出会い、『コロッサル・ユース』（二〇〇六年）を撮った。そこで、何年もの歳月が過ぎた。

ペドロ・コスタが二度生まれた作家だという蓮實の見解に全面的に同意するわけではないが、『ヴァンダの部屋』が、彼のフィルモグラフィの転換点に位置づけられる作品であることは確かだ。この映画はドキュフィクションで、その前に撮られた『血』(一九八九年)や『骨』(一九九七年)にいたるまでのとりあえずの「劇映画」とは明らかに異なっている。動かないカメラや音響の使い方、何よりも誰かが別の誰かを演じていないという点で異なる。

『ヴァンダの部屋』は約二年をかけて、ペドロ・コスタがフォンタイーニャス地区に移住し、ヴァンダ・ドゥアルテと過ごす中で撮られたと言われている(実際にはコスタはリスボンの自宅にたびたび帰宅していた)。その間に彼女とその仲間たちはカメラがある日常に慣れ、カメラの前で自然な、ありのままの姿を晒すことをなんとも思わなくなった。コスタは、アメリカの映画製作者兼批評家のスカウト・タフォォヤによるインタビューの中で、生涯労働者である彼らは働きづめの状態で常にそこにいるので、数日から数週間の間に「カメラと友達になる」と述べている。[16] そして、約一七八分の、見事な、美しい、ただごとではない映画が生まれたというわけだ。

約一七八分の長い映画——もちろんワン・ビンの『鉄西区』(二〇〇三年)や、タル・ベーラの『サタンタンゴ』(一九九四年)に比べれば遥かに短いけれど、インターバルを挟まない一つの映画としては、珍しくないとしても、やはり長い方だ。だが、この映画の中に二年という歳月の長さは、捉えられているだろうか? わたしにはそのようには見えない。ヴァンダは女優としてばかりでなく、人間としても怠惰だ。もちろん、彼女をそうさせているのにはさまざまな事情がある。少なくとも、それを「貧困」という簡単な言葉で説明するのが適切だとは思わない。とにかく、さまざまな事情があって、彼女は怠惰だ。だからじっさい、二年の間、何も変わらなかったのかもしれない。ドラッグを摂取し、母親や妹と罵り合い、幼なじみの黒人男性とうんざりしたような会話をし、萎びたキャベツを木箱に入れて売り歩くがあまり売れない。痩せすぎているのも、単に貧しいからではなく、食べることが面倒だからかもしれない。髪が長すぎるのも。汚らしいベッドの汚らしい布団の上で、ヘロインやタバコを吸う方が楽だからかもしれない。それもどうしようもない現実から目を背けたいからかもしれないし、ただそこにあるからかもしれない。しかし、もう一つの大きな可能性としてはコスタが変化を収めようとしなかったということが充分考えられる。

この映画がminiDVのデジタルカメラを通じて撮られたことは重要だ。つまり、蓮實が好む「キャメラ」ではなく、当時の日本の学生自主映画でも用いられていたようなデジタルカメラを通じてこの映画は撮られた。このこととの意味はとても大きい。コスタは多くのインタビューで、経済的な理由が第一にあるとしつつ、「もちろん、それはヴィデオを使えば何時間でも連続で撮られるからだ」[17]とも語っている。日本で中島崇が行ったインタビューにおいては、「映画界そのものに対する嫌悪」[18]も影響していたと語り、そしてこう言った。「ただヴィデオカメラを買って一週間経った時に、私がこのカメラを映画の撮影で用いるカメラと寸分違わぬように使いたい気持ちに駆られました」[19]と。つまりこういうことだ、彼はいくつかの理由で仕方なくminiDVのパナソニック製ヴィデオカメラを買ったが、それを使用して、撮影所における豊富な資金のもとで作られたフィルムのような映画を作ろうと思った。そして、フィルムとして完成したその作品は、彼が敬愛するジャン＝マリー・ストローブから、フリッツ・ラングのようでもあり、溝口のようでもあり、小津のようでもあると賞賛された。[20] そして「世界中で絶賛の嵐」。

一般的に、コスタはストイックな映画作家としてみなされがちである。実際、英語版 Wikipedia のペドロ・コスタのページの「スタイルと影響」のトピック以下を読んでみると、「彼は絶望的な生活環境に疎外された人々を描くために禁欲的なスタイルを用いることで高く評価されている」[21] と書かれている。ひとまずは世界の一般認識と言えるこの見方をわたしは否定もしないが、肯定もしないでいたい。というのは、一つのある疑念のため。つまり、彼もまた怠慢なだけではないか？

こう考えてみよう。

コスタは『骨』で女優として起用したヴァンダ・ドゥアルテが気に入ったが、彼女が自分の指示に従わないので、彼女を主人公として劇映画を撮ることをやめた。その代わり、フォンタイーニャス地区に半ば移住して、だらだらと「何時間でも連続で」デジタルカメラを回しつづけた。miniDV のテープはそれほど高くない。きっと何十、何百ものテープが使用されたはずだ。そこで彼は決定的な画が現れるのを長回しの中で辛抱強く待ったのだろうか？ 必ずしもそうではないだろう。カメラの録画ボタンを押し、テープを回すという行為は、とても簡単だ。きっと二年の間にそれは惰性という名の日常と化した。つまり、ヴァンダらが「カメラと友達になる」間に。そうしてたまたま捉えてしまった画面も、この映画にはたぶん収められている。

もちろん彼は美しい画を撮る努力もした。彼は、タフォヤとの対話のなかで、自然光に加えて、レフ板と鏡を使用していることを認めている。[22] そして、録音技師が街中を歩きまわって録音してきた音声を、編集でミキシングしていることも。[23] 編集をするのはいつもコスタ自身ではない。日本版の例のダサいパッケージのDVDでは裏面に記載すらされていないが、『ヴァンダの部屋』の編集はドミニク・オーヴレイとおそらくは彼の助手のパトリシア・サラマーゴという人物が行なっている。[24] そして、二年もかけて撮られたということの映画が、一七八分の映画に収まっているということは、使われなかった、あるいは使えなかった、数多のテープの存在を絶対的に示唆している。つまり、コスタは、ゴミだらけのリスボン郊外のスラム街で、使い物にならないショットを何十、何百ものテープに収めたか、あるいは上書きすらしたかもしれないその後で、その大半がゴミに等しい無数の素材の中から、決定的なショットと完璧なイメージをすくい上げて一七八分の映画にまとめたに違いない。ペドロ・コスタは、miniDVカメラを惰性で回しつづけ、演出を拒む怠惰なヴァンダらを映し、ヴェネツィア派の絵画のようなあの顔を捉え、それを序盤に持ってきた。ポスターにも採用されたあの顔。あれが二年のうちのいつ撮られたショットなのかを考えるとき、この映画はよりフィクションへと近づくが、彼女が睨みつけているその視線の先に誰がいるのかを考えるとき、ドキュメンタリーの閾にもかろうじて踏み留まる。

誰も聞かなかったが、聞いてもよかったのではないか、と思うことがある。「あなたが映画に使わなかった素材（テープ）にはどんなものが写っていたんですか?」と。でも、そんなこと誰も聞かない。なぜか。たぶん、失礼だからだ。偉大な映画作家に対する質問としてはふさわしくない。わたしは国内外で彼が受けたインタビューや評論を熱心に探索して読んだ（アテネ・フランセで上映された『ヴァンダの部屋』を見直すのを怠った代わりに)。おおかたの評価はどの国も変わらなかったが、主題や俳優論、小津や日本映画からの影響を聞きたがる日本のインタビューに比べ、イギリスやアメリカ、そしてポルトガルで行われたインタビューでは、技術的なことや撮影スタッフとの関係などについて、もう少しざっくばらんに話している気がした。コスタはそうした質疑に、時に真面目に、時にいい加減に、気まぐれに応答する。たとえば日本滞在時においては、蓮實との対話と堀潤之のインタビュー[25]に最も真摯に答え、WEBマガジンなどの取材には、聴き手が良い質問をしたとしても、あしらうような調子でやる気なさげに答えている(どこへ行っても同じ質問を何度もされるのでうんざりしたのだろうが)。映画研究者やキュレーターたちは、どこでも、絵画への参照とか[26]、アンドレ・バザンやジークフリート・クラカウアーの理論からの影響とか[27]、そんなことを論じている。おそらくそれらの学術論文や解説にはコスタは興味を持っていないだろう。けれども、やはり、「どれだけのテープを無駄にしたんですか? 使い物にならないショットはどんなものだったのですか?」ということを誰も問題にはしていなかった。

仕方がない?——浪費、あるいは野蛮さについて

初めにも述べた通り、『ヴァンダの家』の美しさに、わたしは居心地の悪い不快感を覚えもする。コスタは五人ばかりのスタッフを連れて、フォンタイーニャス地区に踏み入った。それはある意味では野蛮なことではなかったか? 他人の居住地を何年ものの間、自分の映画のための植民地とし

たのだから。ヴァンダらはきっと文句も言ったことだろう。しかしそのドキュメンタリー的な瞬間はほとんど映画には使われなかった。コスタはそこで撮ったminiDVのテープをポスト・プロダクションの過程で、カラコレし、フィルム・レコーディングして、最終的に三五ミリのフィルムで上映可能な映画に仕上げた。その作業を実際に行ったのは彼自身ではないが、『ヴァンダの部屋』は、ペドロ・コスタの映画として世界中の批評家たちを喜ばせた。しかし、そのことにもわたしは同じような野蛮さをいくらか感じる。つまり、ヴァンダらの貧しく悲惨な生活を美化したものを、「作品」として賛美することにかんして。

リスボンのスタジオでコスタにインタビューを行ったペドロ・マシエロ・ギラマインスとダニエル・リベロは、排除された人々を撮ることによって生み出される「美化」の問題を鋭く問い糺した。コスタは、「それは別の問題」とした上で、「その質問を受けるたびにいくつかの答えを考え続けている。質問と同じくらいひどいものを」と答えている。(28)

「おそらくどんな映画作家でも、貧しさについての映画を作るのは難しいと思います」(29)と小野正嗣との対談でコスタは話していた。当事者ではないからか？　そうかもしれないが、それだけではないだろう。コスタに最も手厳しいインタビューを行うことに成功したギラマインスとリベロは、このような発言を引き出してもいた。

私はフォンタイーニャスにいるが、わたしには余裕があり、そこにある国境を越えることはできないし、越えたくもない。ヴェントゥーラとのこの映画のように、私と彼の間には常に海があり、わたしは彼の側に渡ることはできない。この海を渡って彼に寄り添う術を知らない。だから、わたしはそれをしない。（中略）ヴェントゥーラはいつもこう言うよ。「俺は俺の過去についての映画のためにここにいるが、あんたには俺が苦しんだことが絶対にわからないだろう」と。(30)

コスタがわたしたちが思うよりも怠慢にカメラを操作し、ヴァンダらの時間を、生活を映画のために浪費した。そうして彼女らを捉えることは野蛮な手段を通じてのみ可能であったことだろう。それが、『ヴァンダの部屋』では最も上手くいき、『コロッサル・ユース』でも上出来だったが、『何も変えてはならない』（二〇〇九年）で同じことはできなかった。だから、『ホース・マネー』（二〇一四年）で、ふたたびフォンタイーニャス地区の住人であるヴェントゥーラを起用して、彼は劇映画へと回帰した。

アテネ・フランセ文化センターでのペドロ・コスタ特集の最終日の夜、わたしは仕方なく『ホース・マネー』を観直しに足を運んだ。その日の職場から近かったし、手元にDVDもなかったし、何よりも劇場で観たことがなかったから。整理券番号は44番だった。だから、最前列には座れず、二列目で観た。

久々に、そして初めて劇場で観る『ホース・マネー』は、悪くなかった。虚構と現実を入り乱れさせようとするのは相変わらず、赤い色が好きなのも相変わらずだが、それは劇映画という枠組みの中にとりあえずは収まっている。カメラは二、三度動くし、音楽も入る。名前も知らないポルトガルの労働歌。それが流れた瞬間、いいじゃないか、と思った。元々音楽をやっていたから、音楽にはこだわりがあるのだろうが、もっと音楽を使えばいい。

未見の最新作『ヴィタリナ』は、予告篇を見たり、いくつかのインタビューを読んだりした限りでは、これまでになく周到に作られた映画のようだ。司祭（実在の人物をモデルにしているらしい）を演じるヴェントゥーラは役に入り込み何度か心臓発作を起こして病院に運ばれたらしいし、舞台となる教会の内装は作ったらしい。撮影中は帰宅後に、溝口の映画を少しだけ観て、「オッケー、寝よう」と自分に言っていたらしい。とりあえず、「らしい」情報は全部興味をそそる。[31] それに、主人公のヴィタリナは、蓮實に追及されて答えるのを躊躇った「年配の女性」だ。[32]

だから、わたしは決してペドロ・コスタの映画を観ることに飽きてなどいない。最新作にはかなり期待していると言っても良い。でも、この原稿を書くために観直した『ヴァンダの部屋』は、ＤＶＤが手元にあったし、観なければならなかったので、仕方なく、寝転んだり、アイスクリームを食べたり、意味もなく「ふーむ」と言ったりしながら二回観た。でも、たぶん、それで、結果的に良かった。

いま、原稿を書き終えようとしながら、ＫＯＨＨを聴き流している。彼とはわりと地元が近い。でも、育った環境は違う。とても違う。たぶん、コスタとヴァンダくらい。でもそれはわたしたちのせいではないという意味では仕方がない。ヴァンダも言っていた、「仕方がない」と。そしてさっきまでＫＯＨＨも歌っていた。「まーしょうがない」、とても短い曲。ヴァンダとＫＯＨＨはどちらも貧しい暮らしをしてきたが、似ているようで全然違う。『ヴァンダの部屋』と「まーしょうがない」と同じくらい違う。ヴァンダは怠惰だが、ＫＯＨＨはハングリーだ。フロウは気怠げだけど、バースはいつもリッチになることを渇望している。映画とヒップホップは違うが、ヒップホップを題材とした映画はだいたい面白い。コスタはいつかそれを撮ってみたらどうか？　空族のように。でも、やらないだろう。そのためには国境を越え、海を渡る必要がある。

miniDVテープが立派な三五ミリフィルムになってしまうように、コスタの映画は作品となった瞬間、貧しさを失う。たとえ、物語が物語らしい帰結を迎えることなく終わっても、それが一つの完成された作品となったとき、映画はフォンタイーニャス地区の現実から遠く離れる。そして批評家の手放しの賞賛——豊かな言語による「贅沢極まりない作品」という評価——は、映画の中に僅かに刻みつけられているヴァンダらの痛みや苦しみを、「美しさ」という価値の下に覆い隠す。しかし、それははたして仕方のないことなのだろうか？

『ヴァンダの部屋』の繋がらない固定ショットの連なり。あれを小津のようだとみなす者とは、わたしは決して感性を共有できないだろう。あれは亀裂だ。miniDVテープから三五ミリへの転換の過程で生ずる絶対的な「黒み」だ。その亀裂の暗い底に、廃棄された数多のショットがあり、使い物にならないものとして遺棄されたヴァンダらの生と何らかの変化を捉えたイメージがある。そのイメージにはきっと「美しさ」とは別の価値がある。そのことを見落としたまま『ヴァンダの部屋』について見たり語ったりすることは、仕方のないことではないし、ただ怠慢で野蛮な、それこそ無駄な時間というものだ。

註

（1）蓮實重彦「「冒険」について――ペドロ・コスタ試論」、『新潮』二〇〇八年五月号、一五八―一五九頁。

（2）山根貞男「「最底辺」に輝く生の讃歌　『ヴァンダの部屋』」、『朝日新聞』二〇〇四年三月一六日夕刊、五頁。

（3）赤坂太輔「映画作家ペドロ・コスタ」、シネマトリックス『ヴァンダの部屋』ホームページ（http://www.cinematrix.jp/vanda/essay2.html）。

（4）この論考を書いているのとちょうど同じ頃、アテネ・フランセ文化センターでは、「ペドロ・コスタ特集」が開催されていた。

（5）DVD『ヴァンダの部屋』ゼイリブ、二〇〇四年。

（6）Mônica Horta Azeredo, “Vidas desperdiçadas? Uma análise de Estamira, de Marcos Prado, e No quarto de Vanda, de Pedro Costa,” in *Estudos de literatura brasileira contemporânea*, n. 41, jan. / jun., 2013, pp. 151-153. しかし彼女の論文の主眼はジャンルではなく、ジグムント・バウマンの「廃棄された生」という概念を用いて、困難な生活を強いられた女性を撮る試みとして、『ヴァンダの部屋』をマルコス・プラダの『エスタミラ』（二〇〇四年）と共にフェミニスト的に検討することにある。

（7）ミゲル・アンジェル・ロミロスも「ドキュフィクション」という用語こそ使用していないが、『ヴァンダの部屋』を「ドキュメンタリーを遥かに超えているが、フィクションが不足している」作品とみなす。Miguel Angel Lomillos, “No Quarto de Vanda e a trilogia de Fontainhas de Pedro Costa: plasticidade, documentário, história encontrada,” in *Revista Brasileira de Estudos de Cinema e Audiovisual*, Vol. 6, pp. 65-98, 2017.

（8）Googleで検索をかけると、日本におけるいくつかの最近のプロジェクトが引っ掛かるので、浸透しつつはあるのだろう。

（9）Bill Nichols, *Introduction to Documentary*, 2004, Indiana University Press, p. 1.

（10）Azeredo, ibid., pp. 157-161.

（11）Com Pedro Maciel Guimarães e Daniel Ribeiro, *Entrevista a Pedro Costa*, Estúdio do realizador na Baixa Lisboeta. Tarde de 2a feira, 29 de Outubro de 2007, p. 1. このインタビューの全文は以下のサイトからダウンロードすることができ

る（http://www.forumdoc.org.br/2007/wp-content/uploads/2007/11/entrevista_pc.pdf）。コスタはドキュメンタリーについてこうも語っている。「ドキュメンタリーはわたしが好むものではなかった。見たことがないと言いたいくらい。最近も古典映画ばかりを見ている」（p. 2）。

（12）（対談）蓮實重彦、ペドロ・コスタ「『ヴァンダの部屋』をめぐって」、『UP』第三三巻七号、東京大学出版会、二〇〇四年七月、二〇頁。

（13）同前。

（14）同前。コスタは、ヴァンダ・ドゥアルテが年齢不詳であることがキャスティングの決め手であったと語っている。

（15）João Bénard da Costa, "O Negro é uma cor ou o Cinema de Pedro Costa" in Thom Anderson (ed.) *Cem Mil Cigarros Os Filmes de Pedro Costa*, 2009. この内容は以下のサイトでも読むことができる（http://pedrocosta-heroi.blogspot.com/2010/09/o-negro-e-uma-cor-ou-o-cinema-de-pedro.html）。

（16）このインタビューは動画ストリーミングサービス兼批評サイト「MUBI」で読むことができる。Scout Tafoya, *THE CAMERA BECOMES A FRIEND: AN INTERVIEW WITH PEDRO COSTA*, Feb, 23, 2020（https://read.kinoscope.org/2020/02/23/the-camera-becomes-a-friend-an-interview-with-pedro-costa/）〔校正者注——この記事は「MUBI」ではなく、同様のストリーミングサイト「KINOSCOPE」に掲載されたものである。〕

（17）「ペドロコスタとの対話」（聞き手＝アルゼンチンの雑誌 *EL Amante.com*、翻訳＝赤坂太輔）、遠山純生編『マノエル・デ・オリヴェイラと現代ポルトガル映画』エクスファイアマガジンジャパン、二〇〇三年、二八二頁。初出は、二〇〇二年六月一六日。

（18）「インタビュー　ペドロ・コスタ　Part. 1「裸型の映画」を目指す」、「image F」二〇〇八年四月二六日（http://www.imagef.jp/interview/library/017/index.html）。

（19）同前。

（20）「『ヴァンダの部屋』と『労働者たち、農民たち』　ジャン＝マリー・ストローブとペドロ・コスタの対話」（採録＝フィリップ・アズリー、翻訳＝翻訳部隊）、前掲『マノエル・デ・オリヴェイラと現代ポルトガル映画』、二八四頁。初出は『リベラシオン』二〇〇一年九月一九日号。

（21）https://en.wikipedia.org/wiki/Pedro_Costa

（22）Tafoya, ibid.

（23）ibid. 彼は、「音と光を扱うのが好きだ」としつつ、「サウンド・ディレクターが録音するアンビエントな音響を多くのトラックで再現している。彼にはそれをする時間がある。それはスタッフと制作アシスタントの仕事だ」と自分ではやっていないと言明している。

（24）『ヴァンダの部屋』のエンドクレジットによる。編集者の名はIMDbにすら登録されていない。紀伊國屋書店から発売されている DVD ボックスに納められている各 DVD にはきちんと主要スタッフの名前が表記されている。

（25）「ペドロ・コスタ監督のトーク採録（出町座）／Entretien avec Pedro Costa (à Demachi-za, Kyoto)」、聞き手、採録＝堀潤之（https://tricheur.hatenablog.com/entry/2020/01/20/224103）。

（26）たとえば、日本語で読めるものとしては以下のもの。ジェームズ・クヴァント「静物　ペドロ・コスタの映画について、ジェームズ・クヴァントが語る」アートフォーラム、二〇〇六年九月、シネマトリックス、『コロッサル・ユース』ホームページ（http://cinematrix.jp/colossalyouth/texts/post-19.html 最終アクセス二〇二〇年八月二九日）。

（27）Lomillos, ibid.

（28）Maciel e Ribeiro, ibid., p. 9.

（29）（対談）「ペドロ・コスタ×小野正嗣　映画が生まれる場所、言葉が生まれる場所」、『文學界』二〇二〇年三月号、二三〇頁。

（30）Maciel e Ribeiro, ibid., p. 10.

（31）すべて前掲のスカウト・タフォヤのインタビューによる。

（32）『UP』、前傾、二〇頁。ここで蓮實はコスタの年上の女性に対する関心を聞き出そうとしているのであるが、コスタはそのことを「私が映画をつくる理由の一つ」と認めつつも、「そのことについてあまり自分では考えたくない」と述べている。

思春期、反メロドラマ、自己言及性
――ソフィア・コッポラの作家性にかんする二、三の事

思春期の少女たち――無知、浮遊感、自意識

ソフィア・コッポラは現在までに六本の長篇劇映画を手がけている[1]。そのうち四本は女性を主人公、二本は男性を主人公とする作品であり、ソフィアはそのすべての作品で、思春期の少女、もしくは思春期から抜け出せずにいるような若い女性を登場させている。

長篇デビュー作『ヴァージン・スーサイズ』（一九九九年）では、一三歳から一七歳までの年子の五人姉妹が謎めいた集団自殺を遂げる。第二作『ロスト・イン・トランスレーション』（二〇〇三年）のシャーロットは成人した既婚者であるとはいえ、年の離れた夫の庇護下にある社会経験のない元学生であり、自立した大人の女と言うには似つかわしくない。夫に付随してやってきた言葉の通じない異国で孤独な子供のように頼りなく退屈な日々を過ごす。続く『マリー・アントワネット』（二〇〇六年）は、ファッションとパーティーに夢中になるフランス王太子妃の青春を、真面目な伝記映画としてではなく、パステルカラーに彩られた絵空事として描いて批判も浴びた。第四作

『SOMEWHERE』（二〇一〇年）は、家庭的でない映画俳優の父親と、彼に愛着と嫌悪を覚える一〇代前半の娘との微妙な関係をテーマとし、彼女自身の少女時代の記憶が反映されているとみなされることも多い。第五作『ブリングリング』（二〇一三年）の主人公は、SNSを通じて発達した自己顕示欲に囚われ客観的な自己像を見失っていくごく現代的な少女たちである（そのなかにはメトロセクシュアルな少年が一人含まれている）。彼らは盗品とSNS用の写真を通じて作りあげた虚飾の青春をいつしかリアルと混同する。

最新作『The Beguiled／ビガイルド 欲望のめざめ』（二〇一七年）もまた、思春期を女性的な主題として取り扱ったものである。教師と生徒から成る年齢の様々に異なる女たちが登場するが、彼女たちは男性との接触から断絶された環境しか知らないという点で、抑圧された思春期を潜在的に共有している。ドン・シーゲルの『白い肌の異常な夜』のリメイクを謳ってはいるものの、ピンク色の筆記体で示されるタイトル・クレジットが初めから宣言している通り、本作では去勢不安をスペクタクル化したようなオリジナルの男性的な世界観はまったく再現されていない。

このように、女性の思春期を描くことへのこだわりは、ソフィア・コッポラのフィルモグラフィー全体に通底している。そもそも監督処女作の短篇映画『リック・ザ・スター』（一九九八年）ですら、その主人公は女子高校生四人組なのである。なぜこんなにも彼女の作品は思春期の少女たちで溢れているのだろうか。そして、この映画作家にとって思春期の少女たちを撮ることの意味はどこにあるのだろうか。

まず、ソフィアの描く思春期にはいくつかの特徴がある。たとえば、彼女が描く思春期の少女たちは総じて思慮深くなく、賢明でもない。愚かさそのものは、アメリカの青春映画で最もよく利用される一〇代の若者のステレオタイプな性格付けであり、たとえば『今を生きる』（一九八九年、ピーター・ウィアー）は、少年たちの純真さと表裏一体の愚かさが哀切きわまる展開をたどる典型的な例である。しかしながらソフィアの少女たちの愚かさは、その意味では必ずしも典型的ではなく、むしろ次の三つの傾向によってその特異性を際立たせている。

一つ目は、倫理的な価値観や理性的な判断に対する無知あるいは無関心である。たとえば、『ヴァージン・スーサイズ』のラックス（キルスティン・ダンスト）は厳格な家庭の規範を破って一夜のアバンチュールに浸り、『マリー・アントワネット』のマリー（同じくダンスト）は政治的な義務を果たすことよりもファッションとパーティーに象徴される軽薄な快楽に没頭していく。

二つ目は、「浮遊感」と表現すべきような頼りなさ、端的には的確な行動を取ることに対する無力さである。『ロスト・イン・トランスレーション』のシャーロット（スカーレット・ヨハンソン）はボブと出会うまで、自分の孤独と退屈を解消するためのいかなる術も持っていない。『SOMEWHERE』のクレオ（エル・ファニング）は、年の割に大人びた冷静な少女であったとしても、結局は身勝手な両親に振り回された挙句はらはらと涙を流すしかない弱い子供である。

三つ目は、空想的な自意識、そしてそれを成立させる条件としての間主観性である。『ブリングリング』の窃盗団のメンバーは、有名人の自宅から獲った盗品を私物化しながら自分たちを本物のセレブリティだと履き違えていくのだけれども、このとき彼らは一人一人独自に勘違いをするわけではない。彼らはまず彼ら五人の間で互いを特別な人間として承認し、そしてFacebook、Twitter、

Instagramの私的なコミュニティの拡張を通じて、馬鹿げた武勇伝とともに戦利品で着飾った自分のイメージをひけらかすことで、偶像であるはずのパブリシティを既成事実化するのである。

ソフィアの作品の少女たちはたいてい、程度の差こそあれ、この三つの傾向すべてを併せ持ち、あるとき、その愚かさゆえに危険を冒すことになる。ささやかであれ、大それたものであれ、彼女たちは自らを取り巻く規範を破壊する行動を取る。その行動には当然、代償が伴うだろう。もちろん青春映画というものは往々にして、若者たちが危険を冒しその代償を負うまでを描くものだし、ソフィアもある意味ではこの系譜に連なる作品を撮っているのだが、しかし、彼女の思春期の主題の真髄は、物語内容よりもその描き方にこそある。次節では、ソフィアの独特の演出技法に目を向けることで、彼女がこの主題を扱うに際していかに現代的なアプローチを採択しているかを例証していくことにしよう。

『ヴァージン・スーサイズ』のスタイルにおける反古典的メロドラマ性

――『理由なき反抗』、『17歳のカルテ』との対比から

ソフィアは思春期の主題にくわえて、演出のスタイルという点でもかなりはっきりした一貫性を持っている。しかもそれが長篇第一作の『ヴァージン・スーサイズ』ですでに確立されているように見えることは、やはり尋常ならざることには違いない。

本作は、真面目な数学教師の父親と過保護で厳格なキリスト教徒の母親を持つ一三歳から一七歳

の清く美しい五人姉妹という荒唐無稽な少女漫画のような、箱庭的な物語世界を映し出すところから始まる。少々長くなるが、物語の全体のあらすじを示しておきたい。

ある日突然、末娘が自殺を図る。それは失敗に終わるが、ほどなく彼女はふたたび自殺を試み、遂に落命する。その後物語の中心は、四女ラックス（キルスティン・ダンスト）へと移る。ラックスは、姉妹のうちで最も魅力的でませた少女であり、姉たちに先駆けて、ナルシシスティックな少年トリップ（ジョシュ・ハーネット）と恋に落ちる。奇跡的に母親の許可が下り、姉たちとともに初めて参加したプロムでラックスとトリップはベストカップルに選ばれる。同じ夜、ラックスは両親の言いつけ通り帰宅する姉たちを取り残して、トリップとパーティー会場から抜け出し、一夜のロマンスに身を任せたのち惨めにも野外に置き去りにされる。朝帰りは厳しく弾劾され、姉妹たちは連帯責任を負い、長い外出禁止の罰を受け自宅に閉じ込められる。大事にしていた雑誌やレコードは、悪影響をもたらすという理由で暖炉で焼かれる。同じ夜、ラックスはキッスのレコードだけはやめてと言って泣くが、それも火にくべられる。破れかぶれになったラックスは真夜中に窓から抜け出し、自宅の屋根の上でいろんな少年たちと交わるようになる。それを望遠鏡で覗く心優しい少年たちは、軟禁状態にある姉妹たちを救うべく密かにドライブに連れ出す。しかし彼らの奮闘も虚しく、四人姉妹はやがて一夜のうちに全員で自殺してしまう――。

これが『ヴァージン・スーサイズ』の物語で語られる一通りの出来事である。

五人姉妹はなぜ一人残らず死んでしまうのか。一般的なドラマの作劇においては、彼女らが死に至る過程を描くことが演出の要となりそうなものだが、この映画はそうした一般的な作劇に則って作られてはいない。ソフィアは、五人姉妹の自殺の理由をはっきりとは説明せず、ただ思春期のせいだとしか説明できないものとして描く。たとえば、末遂に終わった最初の自殺のあとで、末娘はなぜそんなことをしたのかわからないと言う医者に向かってこう答える。「先生は一三歳の女の子ではないもの」と。「わたしは一三歳の女の子だから自殺するのだ」と読み替えても差し支えないこの有名な台詞は、彼女の自殺の理由がそのようにしか説明できないものだということを端的に示している。

より具体的な言い方をすれば、ソフィアは、少女たちが抱えていたはずの精神的不安定さや家庭内の問題を、自殺を導く明確な要因として論理的に強調することに明らかに関心を持っていない。彼女はその点で、古典的なメロドラマから著しく距離を置いた演出スタイルを持っていると言える。

思春期や一〇代の危機といったソフィアの関心と同じ主題を、ハリウッド・ファミリー・メロドラマがどのように劇化したかは、たとえば『理由なき反抗』（一九五五年、ニコラス・レイ）を見ればよくわかることだ。主人公ジム（ジェームズ・ディーン）の反抗はその実、彼の家庭内の問題によって明確に動機づけられている。つまり、彼は「傲慢な母親と女々しい父親のせいで非行に走る」[2]のであり、作品を構成する諸画面は随所で、彼の非行が些かも「理由なき反抗」でないことを訴え続ける。たとえばジムの母性への飢えは、貪るように飲み干した牛乳瓶に頬ずりするというような、露骨な暗喩によって顕示される。その直後に続く場面では、ジムの母親は目を大きく見開き歯を剥き出しにして階段の上に立ち、階下に座り込む父親を威嚇しながら、その間に立つジムを怒鳴りつける。ここでは、彼女の常軌を逸した専制的な言動が、演技、カメラワーク、ステージングなどのあらゆるミザンセーヌを通じてこれでもかというほど視覚的に強調される。最終的に、『理由なき反抗』における「反抗」は、主人公の個人的な問題というよりも、戦後アメリカにおける家父長制イデオロギーの崩壊を背景とする少年非行という社会的な問題へと誇大化されていく(3)。

『17歳のカルテ』(一九九九年、ジェームズ・マンゴールド)は、古典的メロドラマのメソッドを正しく引き継いでいるという意味で現代版『理由なき反抗』と呼ぶべき作品であり、『ヴァージン・スーサイズ』と同じ年に撮られ、また同じく少女たちの思春期を題材としているという点で興味深い対照をなす。『思春期病棟の少女たち』と題された小説を原作とする本作の主人公は、境界例とソシオパスという現代的な精神疾患に侵された二人の少女たち(それぞれウィノナ・ライダーとアンジェリーナ・ジョリーが演じる)である。カジュアルセックスや暴力や自傷といった破滅的な衝動を抑えることができない彼女たちは、感情的に極端に浅薄であったり、無謀なほど凶暴であったりすることで、一見すると『理由なき反抗』のジムのように可哀想でも憐れでもない。しかし、病は確実に彼女たちの心身を蝕んでおり、彼女たちが幸福になることを阻害している。重要なのは、本作の背景には、ベトナム戦争最中におけるアメリカの政治的正しさの喪失という歴史社会的な事象が念頭に置かれているということだ。つまり、思春期病棟の少女たちはある意味では当時の若者たちの寄る辺のない孤独や不安を体現する存在であり、彼女たちの病質は六〇年代アメリカの傷ついた道徳のメタファーとして機能しているのである。彼女たちは決して思春期のせいで病に侵されているのではない。

ところが『ヴァージン・スーサイズ』は、『理由なき反抗』でもなければ『17歳のカルテ』でもない。もちろん五人姉妹の反抗、病、自殺は、彼女たちを取り巻く社会や家庭の問題とまったく無関係というわけではないだろう。だが少なくとも、そのせいだと断言することのできる帰結はこの映画のどこにも用意されていない。

まず、本作においては、その時代背景は明示的ではない。七〇年代後半か八〇年代初頭という設定ではあろうが、この時代と五人姉妹の自殺との間には何の因果関係も結ばれていないことは明白だ。姉妹たちの母親にしても、堅苦しく寛容さに欠けるが、結局のところ中産階級の家庭においてはさほど珍しくはない融通の利かない母親に過ぎず、その振る舞いは、厳しすぎるかもしれないが、少なくとも異常ではない。ラックスが受ける焚書の罰もまた、隣憫を誘うほどの受難でもない。それは単に「よくある話」であるからではない。ソフィアは、五人姉妹の母親のキリスト教的道徳観に対する狂信を、WASPの家庭に顕著な問題として取り沙汰したりしないからだ。姉妹たちの自殺は、テレビのワイドショーで取り上げられるなど、一見スキャンダラスなものとして示される。しかし厳密には、ソフィアは、スキャンダラスなものとして見られているということを映し出すだけであって、自殺のプロセスや情景そのものをドラマティックに強調してはいないのである。五人姉妹たちは、家庭に問題があるからとか、社会が抑圧的だからといった理由で、精神を病んで自殺するのではない。彼女たちはただ、一三歳だから、思春期の少女だから、死にたいのではなく消えてしまいたくなって、自殺するのだ。

思春期映画としての『ヴァージン・スーサイズ』と『17歳のカルテ』は、その演出と語り口のスタイルにかんして両極端の特徴を持っている。前者は後者に比べるとより現代的な手法を追求しており、古典的メロドラマに対するアンチテーゼという性格を色濃く持つ。『ヴァージン・スーサイズ』の監督は、主人公たちの道徳的葛藤を劇化したり、観客にカタルシスの涙を流す同一化の過程を要請したりすることで思春期を誰もが経験する世代的な問題としてノスタルジックに再現しようとするよりも、この物語世界のなかでのみ生きる思春期の少女たちの精神的浮遊感を現前させようとする。

自己言及的虚構、あるいは私事として他者を語ること

ソフィア・コッポラは現代的な映画作家である一方で、前衛的な映画作家というわけでもない。彼女は奇抜なカメラワークや抽象的なセットを用いることはまずないし、突拍子もなく風変わりな人物を登場させることにも関心はない。彼女は周到なシナリオを自ら用意し、物事のはじまりと終わりがある物語だけを撮り続けている。そして、ミュージックビデオ的な編集やスローモーションやソフトフォーカス、ハレーションなどの視覚効果を通じてファンシーな世界観を作りあげることをしばしば好む。(4)『SOMEWHERE』や『ロスト・イン・トランスレーション』のようにナチュラルな撮り方をするときもあるにせよ。

ソフィアはメロドラマ的な方法論から距離を置いているだけで、むしろシークェンスを起伏に富んだものにするための巧みな術を持っている。たとえば、彼女の作品においては、思春期の少女としての主人公たちの自意識がおとぎ話のようにロマンティックに描かれる一方で、彼らの愚かさに

対する無自覚については皮肉なほど客観的な視点を通じて捉えられる傾向がある。たとえば『マリー・アントワネット』では、馬上から振り返るフェルゼンを捉えたスローモーションを伴う視点ショットがマリーの空想的な主観を表す一方、そのラストショットにおいては、この上なく豪奢であった彼女の麗しい寝室がレジスタンスによってズタズタに荒らされた様子をほんの一瞬だけフィックスで見せて画面を暗転させることで、マリーが見た夢の代償を虚しく冷ややかに映し出すのである。

先述したように、彼女は少女の思春期を主題とするにあたって、それをある時代や社会に固有の普遍的な経験としてノスタルジックに再現することよりも、物語世界のなかの登場人物の私的で独我論的な経験として現前させることに力を注ぐ。こうしたスタイルは、実のところ、彼女の映画制作に対するいくぶん特殊な自己言及的な姿勢とかかわりを持っているように思える。そして、わたしがソフィアを現代的な作家と位置づけるのは、その演出スタイルにおける新奇性や独創性に対してというよりも、まさにこの彼女のスタンスにかんしてなのである。

ソフィアは『SOMEWHERE』の公開に際して行われたインタビューのなかで、偉大な映画監督を父に持つ彼女の過去の経験が本作に反映されているとみなす質問者の問いにこう答えている。

わたしが言えるのは、父はジョニー・マルコのようではなかったし、わたしの子ども時代もこんな風ではなかったということだけなのですが、登場人物たちがやることをリアルなものにするために自分の個人的な経験を取り入れていることは確かです。わたしは父にカジノでクラップスを教えて貰ったことを覚えていますけれど、それは子どもには普通はできないことなのでとても楽しかったのです。そういう楽しさ、ビガー・ザン・ライフな一面における父親をわたしは物語のなかに取り入れています。(5)

また、彼女は同作にかんする日本のインタビューでも次のように述べている。

私は、常に自分の経験に基づいた脚本を書きたいと思っています。娘を産んだ後、1年間休養をとって彼女とずっと一緒にいました。そのとき考えていたことは、親であることがどれほど自分に影響を及ぼすか、いかに自分の考え方を変えるか、ということ。それをストーリーの中に織り込みたいと思ったんです。(6)

『SOMEWHERE』にかんする二つのインタビューにおける彼女の発言が示唆するのは、ソフィアが私小説的な映画を作ることには関心がないとしているということである。彼女は彼女自身とは全く似ていないキャラクターの人生をフィクションとして物語り、その虚構にリアリティをもたらすために、ただし挿話的な細部や全体的な主題に対しては、自らの記憶や経験、観念や思考を取り入れる。これは自分を他者として描こうとする私小説的な創作とは根本的に異なった過程である。なぜなら、彼女はむしろ他者の出来事を私事として物語るような、複雑な自己言及性によって独特の虚構の世界を作りあげようとしているからである。

ソフィアはおそらく、思春期や青春を誰もが共有することのできる普遍的な経験だとは考えていない。むしろ彼女はそれを根本的に私的な経験であり、他の誰かと共有することはできないのだと思っている。物語世界のなかでただ一人の〈わたし〉として存在する彼女たちは、「彼女はまるでわたしだ」というような自己同一化の感覚を観る者に対して決してもたらさない。少女たちは、少女であるという感覚を共有することのできる仲間たちを除いて、誰にも自分のことをわかってもらおうとは思っていない。ソフィア・コッポラが思春期の少女たちに固執する理由の一つは、〈わたし〉としてしか存在しない彼女たちに、映画が一人の他者を虚構として創造する可能性を見ているからなのかもしれない。ソフィアの描く思春期は、たびたび言われるように、彼女自身や、あらゆる人が経験する少女時代のノスタルジックな再現などではあり得ない。ソフィア・コッポラはただあたかも私事のように他者について語ることで、物語世界のなかで永遠に現前する思春期を繰り返し描いているのである。

註

（1）テレビ映画『ビル・マーレイ・クリスマス』（二〇一五年）は除外とした。

（2）ジョン・マーサー、マーティン・シングラー『メロドラマ映画を学ぶ――ジャンル・スタイル・感性』中村秀之、河野真理江訳、二〇一三年、フィルムアート社、四五頁。

（3）『理由なき反抗』に限らず、五〇年代のハリウッド・ファミリー・メロドラマの多くには、アルコール依存症や麻薬中毒、あるいはセックスレスや不倫といったあらゆる個人的なトラブルを、戦後アメリカ社会や家族制度全体の問題に凝集して捉えるような傾向がある。主人公は社会や家庭の被害者として強調され、観客の同情や憐憫の情を煽る。古典的なメロドラマの目的は、可哀想な主人公に観客を感情移入させる過程を通じて、物語の背景となっているより大きな社会的問題へと観る者の道徳心を刺激することにある。

（4）このセンスは、長篇劇映画以外では、ディズニーの『リトル・マーメイド』実写版の予告篇というコンセプトで作られたお遊び風のショート・ムービー『Sofia Coppola's Little Mermaid』（二〇〇四年）で炸裂している（Amazon Prime Video で無料公開中）。〔校正者注 —— 現在 Amazon Prime Video 上では公開されていないが、YouTube で見ることができる［https://www.youtube.com/watch?v=YPT4bdo1kZw］（最終アクセス二〇二三年一〇月三〇日）。なお、このショート・ムービーはソフィア・コッポラの手によるものではなく、ジャック・ビショップとジャスティン・ナイムという若手監督によって作られたパロディである。監督を降板することになった実写版『リトル・マーメイド』の架空の予告篇であり、いかにもソフィアらしい画面づくりで構成されたパロディになっている。〕

（5）"Interview: Somewhere Writer-Director Sofia Coppola," *Cinema Blend*［https://www.cinemablend.com/new/Interview-Somewhere-Writer-Director-Sofia-Coppola-22306.html］（最終アクセス二〇一八年二月八日）。

（6）「ソフィア・コッポラ監督インタビュー「私は、常に自分の経験に基づいた脚本を書きたい」」映画 .com［http://eiga.com/movie/55730/interview/］（最終アクセス二〇一八年二月八日）。

ハイパー・メロドラマ
――映画『バーフバリ』の凄まじさに見る雑種性、抽象性、超政治性

突然変異の映画

『バーフバリ 伝説誕生』と『バーフバリ 王の凱旋』の二篇からなる映画（以下、『バーフバリ』と総称する）は、評判に違わず面白い、そして凄まじい映画である。非現実的なアクション・スペクタクル、誇張と装飾の限りを尽くしたミザンセーヌ、怒涛のごときハイテンションで語られる神話的なドラマ、愛と憎しみ、善と悪とが相剋する人間模様……このような極端な要素が、とにかくぎっしりと詰め込まれている。ひと昔前の言い回しなら、まさに「大メロドラマ」といったところだ。

そう、この映画には「大メロドラマ」などと言ってしまいたくなるような、どこか古典的な、ものすごく王道的な貫禄がある。『十戒』や『ベン・ハー』『クレオパトラ』といった五〇年代ハリウッドの超大作映画を引き合いに出す声はそうしたところから生まれているのだろう。(1) しかしこの映画を、もう少し真剣に映画史的な観点から捉えようとするならば、このような声は的外れではないものの結局のところ本質的な部分に触れてはいないのではないか。『バーフバリ』は、インドの

ナショナルな映画史から見ても、またメロドラマという映画ジャンルの歴史から見ても、あらゆる前例と似て非なる要素を数多く含んでいる。その突然変異というべき新しさにこそ驚きがある。

本題に入る前に、まず基本的なこととして確認しておきたいのは、『バーフバリ』がいわゆるボリウッド映画ではないということだ。世界最大の製作数を誇る北インドの映画都市から遠く離れて、インド南部の都市ハイダラバードの、一九九六年設立という新興のスタジオで作られたテルグ語映画なのだ。文化地理的な条件のみをみればごくローカルでマイナーな文脈から現れた本作は、しかし製作規模と配給市場においてはまったくそうではなかった。インド映画市場最高の予算と三年の時間とが費やされ、インド国内の興行収入記録を更新し、アメリカをはじめ世界各地で大ヒットを記録した。そして日本でも、ご覧の通りの大きな話題を呼んでいる。『バーフバリ』が世界的なヒットを記録するまでの急速な過程は、従来のインド映画が国際的に展開する過程とは大きく異なっている。このテルグ語映画はインド国内の四つの言語圏でそれぞれ異なる配給会社からリリースされると同時に、約二〇分短縮された海外配給版が国際映画祭へと出品され、世界中の観客に一気に受け入れられていった。ごくマイナーなヴァージョンが、他の多くのローカルなヴァージョンへと再編集されることで本作は非常にグローバルな展開を遂げた。

どうしてこのようなことが『バーフバリ』には可能だったのか。破格の予算をかけた大作映画が、自国以外ではほとんど評判にならないということはよくあることだ。ところが『バーフバリ』は違ったのである。技術や品質の高さでは説明できない何かが関与している。本稿では、雑種性、抽象性、超政治性という三つの特質から『バーフバリ』を分析し、最終的には本作がメロドラマであることの意味を明らかにすることで、この謎に少しばかり迫っていきたいと思う。

イメージの雑種性——似て非なるものたちの混交

映画『バーフバリ』の画面を構成する諸イメージは全体として、至るところで何かがとんでもなくごちゃ混ぜになった得体の知れない雰囲気に満ちている。雑種性、とひとまず乱暴な言葉を当てておくことにするが、それはいかなる事態として成立しているのだろうか。

約二〇年前に『ムトゥ 踊るマハラジャ』(一九九五年)が紹介されたあたりから、グル・ダットとサタジット・レイという二人の映画作家の作品とは全く別の、歌と踊りを中心とする熱狂に満ちた大衆的なインド映画が広く知られるようになって久しい。九〇年代後半から二〇〇〇年代まで、諸外国に輸入されたインド映画は、ハリウッド映画をスタンダードとする世界中の映画とは全く異なるキッチュでオリエンタルなモードを持つと見なされ、その新奇性が興味を呼んで、いわゆるコアなファンを生み出してきた。しかし近年、日本で「カレー屋で流れているアレ」と認知されているようなインド映画の様態は大きな変化を見せている。転機の一つは『スラムドッグ$ミリオネア』(二〇〇八年)というインド風イギリス映画の登場だったように思う。インドでの実話を基にダニー・ボイルが監督した本作は、ボリウッド形式の演出を多く取り入れて世界的に大ヒットしたはじめての非ボリウッド映画であった。『スラムドッグ』は、ハリウッドをスタンダードとする映画がオリエンタル化する可能性を初めて示した。それから約一〇年がたち、今度は『ダンガル』

（二〇一七年）のような、ハリウッド映画的な作劇のシステムに強く支配されたインド映画が生まれてきている（なんといってもこの映画はウォルト・ディズニー製作配給である）。

『スラムドッグ』から『ダンガル』までの流れは、インド映画がその熱狂的な形式を通じて、ハリウッド的な形式と急速に混血化したばかりでなく、むしろハリウッド映画を世界映画のスタンダードとする力学そのものを覆しつつあることを意味している。『バーフバリ』はまさに、現代映画におけるインド的なるものとハリウッド的なるもののハイブリディズムの極として現れてきた。

たとえば『伝説誕生』と『王の凱旋』にはそれぞれドリームシーンと呼ばれるインド映画特有の場面が一つずつ設けられている。男女のラブシーンを、非現実的な背景や衣装とともにソング＆ダンス・シークェンスや水にかんする符牒を通じて描くこの手法は、性描写の厳しい規制と多言語国家であるというインド独自の背景から発達したと言われる[2]。つまり、生々しい肉体の接触表現や台詞による駆け引きなどの演出は避けられ、むしろ物語世界の現実から離れた快楽の時間を観客に与えることが重要になる。ヤシュ・チョープラーの恋愛映画に代表されるような典型的なボリウッド・メロドラマでは、このドリームシーンが何度か挿入されるが、『バーフバリ』も恋愛の描写にかんしてはこのインド映画の伝統的な形式に頼っていると言える。一方で、アクションシーンと舞台装置にかんしては、超ハリウッド的なスペクタクルが追求されている。広大なロケーションとオープンセット、ワイヤーアクション、クレーンやドリーを使用したダイナミックなカメラワーク、ＣＧＩ、その他諸々最先端の技術と基本的な映画技法とがこれでもかというほど結集されていることは誰の目にも明らかだ。

この事態は明らかに、インド映画の進化が世界的な水準に達した、といったような単純なものではない。そうではなく、この映画の成り立ちには、インド映画であると同時にトランスナショナル映画であるという非常に現代的な達成を見るべきだろう。『バーフバリ』の面白さと凄まじさは、これまで私たちが見てきた映画のイメージと似て非なる感覚、つまりローカルなものとグローバルなものとが渾然一体となる不思議さから生じているに違いない。

あるいは『伝説誕生』と『王の凱旋』でそれぞれ山場の一つとなる戦闘場面で用いられる擬似夜景では、古典的なものと先端的なものの融合を見ることができる。一瞬、フィルム時代の「潰し」の技法を思わせる懐かしい夜の色を見た気がしたその画面は、しかし実際にはフィルム時代にはありえなかった現代的な手法（ハイスピード撮影、CG合成処理、カラーグレーディングなど）によって成立している。擬似夜景は元来、不自然な効果を持っているものだが、『バーフバリ』の煌々とした夜の場面の違和感は、フィルム的で古典的な技法がデジタル的で現代的な技法によって再現されるのではなく、再試行されたことから起っている。この画面では、ノスタルジーよりも、古典的なものと現代的なものとがごっちゃになっている異様さが不思議な迫力を醸し出しているのである。

キャラクタライズの抽象性——勇者／英雄／ブラフマン

『バーフバリ』におけるこのような雑種なイメージは、登場人物のキャラクタライズにかんして抽象性という次元に到達する。『バーフバリ』の登場人物は皆、現実味や親近感を欠いたフィクショナルな存在である。マヒシュマティ王国の面々を見る限りでも、良くも悪くも熱烈な国母シヴァガミ、身体的なコンプレックスと王としての資質の低さゆえに屈折する前王の弟ビッジャラデーヴァ、シヴァガミの実子でありバーフバリの従兄でもある卑劣な野心家バラーラデーヴァ、バーフバリに父のように慕われる忠実な奴隷カッタッパなど、明瞭なキャラクターばかりが登場するが、にもかかわらず興味深いことに、彼らはありきたりで薄っぺらな類型に嵌っていない。登場人物たちのイメージは、やはり似て非なる複数の類型の微妙な混交によって成り立っているからだ。

最も顕著なのは、やはり主人公のキャラクタライズであろう。本作ではバーフバリ父とバーフバリ子という二人の主人公が同じ俳優によって演じられているが、偉大な父の伝説とその血を引き継ぐ子の冒険とが交互に語られていくなかで、二人のバーフバリは抽象的なカリスマとして物語上も表象上も同一視されていく過程を経る。

いささか突飛な話であることを承知で主張しておきたいのは、出来事の要約だけをみる限り、バーフバリは『ドラゴンクエスト』のロトシリーズにおける「勇者」とよく似たキャラクターであるということだ[3]。つまり、陰謀によって殺された伝説の王の子である赤ん坊が密かに落ち延び、とある村で自らの出生を知らずに他人の手によって育てられる、とこのように書いてみると、この主人公は『ドラクエ』と設定をほぼ共有しているように見える。さらに、成長した彼は運命に導かれるようにして村を離れ、旅先で自らの出生の秘密を知り、王座の後継者であることを自覚し、出会った仲間たちと共に王座の奪還を目指して王都へと向かうという展開もまた『ドラクエ』的である。バーフバリと『ドラクエ』の勇者との最大の共通点は、伝説を継ぐものとして覚醒する過程と、悪によって蝕まれた世界を正義の力で救う使命にある。わたしがあえて『ドラクエ』を引き合いに出すことで明らかにしたいのは、バーフバリと勇者の双方が、同一化の楽しみとはまったく異なった仮想現実の快楽をもたらすキャラクターであるという点である。とはいえ、『ドラクエ』の勇者には決定的に異なる部分もある。魔法や特殊な力を持つ武器を駆使してモンスターや悪魔と対決する勇者とバーフバリは住む世界が違う。

いっぽうで、バーフバリ父子のイメージは外見のレベルでは、ワールドワイドなアクション映画のヒーローとしての要件を満たしている。二人のバーフバリを演じるプラバースは、筋骨隆々とした肉体を誇り、その肉体の視覚的な迫力を通じて、常識的にはありえないアクションに超リアリズム的な説得性を与する。『伝説誕生』の前半に置かれた度肝を抜く瀑布登りの場面が、ギャグのような馬鹿馬鹿しさに集束せず、目を見張るスペクタクルに仕上がっているのはその肉体によるところが大きい。プラバース演じるバーフバリはアジアのカンフースターのようなテクニカルな迫真性は持っていないが、往年のアーノルド・シュワルツネッガーやシルベスター・スタローンのような過剰な肉体の厚みによって常人ならざる映画的ヒーローとしてのイメージを自ら担保している。しかし、ハリウッド映画的なアクション・ヒーローとバーフバリ父子は、内面においては一致するところが少ない。アメリカ的なヒーローは、しばしば過去のトラウマに引きずられ、皮肉とジョークを口にし、大抵は孤独な人物であり、王子の血統のような権威付けを必要とすることはほとんどない。

バーフバリのキャラクタライズにかんして見過ごすことができないのは、やはりインド固有のコンテクストである。本作の監督S・S・ラージャマウリのインタビューでの発言によれば、彼は幼少期からインドの神話のコミックに親しみ、そこに登場するような人物を映画のなかで描きたいと思っていた。(4)バーフバリは明らかにこうした作者の意図を反映しており、『ドラクエ』的な勇者ともハリウッド映画的なアクションヒーローとも異なる神話的な超人性を備えている。アマレンドラ・バーフバリが三本の矢を同時に射ることができるとき、その超越的な力は、経験値の獲得や筋力トレーニングや増強剤の結果としてあるのではなく、彼の力がヒンドゥー的なブラフマンの概念とかかわっていることを示唆している。実際、『バーフバリ』の登場人物と、『マハーバーラタ』や『ラーマーヤナ』のような古典的な叙事詩に登場する人物との類似を比較する声はすでに少なくない。けれども、わたしが偶然にもたどり着いた文学者チャンダン・ゴワダの分析は、より核心的な部分に触れている。ゴワダによれば、『マハーバーラタ』と『バーフバリ』の登場人物を簡潔に比較し、前者が「英雄が挫折し、悪者たちが美徳を回復する」ような「道徳の両義性」を強調するのに対し、後者はより単純明快に「完全な善」としての英雄を描いている。(5)

バーフバリの名を持つ二人の主人公は、完全無欠のカリスマであるという意味では極端に抽象的だが、その抽象性は既存の類型的な主人公像の掛け合わせによって成立していると言える。(6)

道徳の超政治性——メロドラマ的想像力と正義の感覚

ここまで『バーフバリ』のイメージやキャラクターのハイブリッドで抽象的な性質について見て

きたが、本作が国境を越えて多くの観客の興味を引くことのもう一つの理由は、物語にある。ゴワダが、本作についてインド叙事詩風の世界観を背景としつつも、善悪の価値観がいっそう明確であると指摘していることはすでに述べたが、そのことはこの物語が普遍的なメロドラマのモードに動機づけられていることを意味している。『バーフバリ』はダグラス・サークのファミリー・メロドラマのように、人間が経験しうる日常的で社会的な葛藤を描いてはいないけれども、共感や憐憫のような同一化の過程とは別の、より原初的なメロドラマ的想像力と大きな関わりを持っている。

メロドラマとして見た『バーフバリ』は、一見例外的な作品であるかもしれない。なぜなら、メロドラマ映画は多くの場合、時代と地域とに固有の道徳的な葛藤を劇化するものだからだ。それはグリフィスの『イントレランス』（一九一六年）からスピルバーグの『戦火の馬』（二〇一一年）に至るまでのハリウッド映画はもちろん、ヨーロッパとラテンアメリカ、そしてアジアにも共通して見られる傾向である。[7] 善悪の相剋はつねに物語の中心にあるが、その正義は実際には観る者すべてにとっての正義であるとは限らない。特定のイデオロギー価値に支配されるからこそ、メロドラマはしばしばナショナル・フィルムとしての役割を担ってきた。

ところが、『バーフバリ』は、カーストのようなインドの文化に固有のヒエラルキーを描いてはいるものの、あくまでも古代インド風の架空の王国が舞台となっているために、カーストのイデオロギー的矛盾は現実的な問題として呈示されてはいない。奴隷としての宿命と自らの忠誠心との間で苦しみぬいた末にバーフバリ父を裏切るカッタッパは、最後まで奴隷の身分から解放されることなく、むしろバーフバリの新たな子孫の足の裏に再び自らの額を押し付けて喜んで忠誠を誓う。

『バーフバリ』の物語世界の軸となる道徳的葛藤は、イメージやキャラクタライズにかんしてすでに述べてきたように、様々な価値観のハイブリッドとして、またそれゆえに抽象的で普遍的なものとして、超政治的な次元で成立している。

このとき比較してみたいのは、本作と同様に莫大な制作費を投じて作られたアメリカのファンタジー・ドラマ『ゲーム・オブ・スローンズ』（二〇一一年—）〔校正者注——二〇一九年に最終話が放送された〕のことである。このドラマと『バーフバリ』はどちらも、それぞれ中世のイギリスと古代インドの王朝に着想を得て、壮大な物語世界と複雑な人間模様を描き出している。一方でこの二つのドラマは、道徳的な価値観の示し方をめぐっては対極的な超政治性を持っているように見える。

『ゲーム・オブ・スローンズ』が現代において多くの視聴者の関心を攫っている理由の一つには、その世界に絶対的な正義が存在しないということがある。七つの王国の諸侯たちが鉄の玉座をめぐって繰り広げるこの物語には明確な主人公すら存在しない。権力者の大半は悪心と私欲に染まり、心優しく勇気ある者はしたたかさと賢さに欠ける。思想や宗教もさまざまに異なり、神ですらも絶対ではない。このドラマでは、政治的な駆け引きが幾度となく繰り広げられるが、作品全体の主張をなす価値観は存在しない。それゆえこのドラマでは、イデオロギー的な多様さが、善悪二元論には回収されることなくリアリズム的なレベルでの超政治性へと至ることになる。

対して『バーフバリ』の主人公は、不特定多数の「スローンズ」ではなく、物語のタイトルに据えられた固有の人物以外にはありえない。バーフバリ父子という絶対的な英雄が君臨するこの世界では、善悪は白か黒かでしかなく、正義は唯一無二である。王国を不当に支配する悪しき権力が最終的に挫かれるということを疑う者は初めから誰もいない。あらゆるコンテクストを必要としない抽象的で絶対的な正義——その道徳的神秘がこの物語における超政治性の正体であり、またメロドラマであることの確証である。つまり、ここで描かれる善悪の葛藤に、カースト制度であれ、キリスト教道徳であれ、特定のイデオロギーの影響を読む必要はない。『バーフバリ』の物語を突き動かす最も原初的なメロドラマ的想像力はただ、破壊と再生の果てに訪れる瀑布のごときカタルシスだけを目指している。

したがって、『バーフバリ』を見ることを愉しむのに、映画的教養や異文化理解は必ずしも重要な過程ではない。観客が圧倒的な感動と没入とを経験する可能性は、絶対的に正しく強い者に加担するという超政治的なプロセスを通じて無限に開かれるからである。だからこそ本作には、好き嫌いを別にして、どのような観客からも面白く、凄まじいと言わせる魅力がある。それを古めかしい表現で「大メロドラマ」と言ってしまうこともできるが、しかし本稿があえて映画史的な視点から出発し検証してきたのは、本作があらゆる前例と似て非なる、新しいタイプのメロドラマであるということだった。その諸イメージの表層と深層とで炸裂する雑種性、抽象性、そして超政治性は、『バーフバリ』がいわばハイパー・メロドラマとして現代映画史の最前線にあることを幾重にも証明している。

註

（1）「『バーフバリ 王の凱旋』S・S・ラージャマウリ監督インタビュー」、「MOVIE Collection」二〇一七年一二月二九日［http://www.moviecollection.jp/interview_new/detail.amp.html%36d=757］（最終アクセス二〇一八年五月一〇日）。

（2）「インド人は、映画のなかで親密になった男女が水辺で戯れるシーンや、波が岩で砕けるシーンを見ると、ベッドシーンが現れなくとも二人が性的に結ばれたことを暗に了解する」、山下博司、岡光信子『アジアのハリウッド――グローバリゼーションとインド映画』東京堂出版、二〇一〇年、一八四頁。

（3）細かなところでいえば、滝登りの試練とか、夢の啓示とか、変装して王宮に潜入するといった件や、また他の登場人物に加えて喜怒哀楽の抑制された表情なども、いかにも勇者の特徴を再現しているようにも思えてくる。

（4）前掲、「『バーフバリ 王の凱旋』S・S・ラージャマウリ監督インタビュー」。

（5）"This 'Baahubali' thing-Bangalore Mirror"［https://bangaloremirror.indiatimes.com/opinion/views/this-baahubali-thing/articleshow/58680948.cms］（最終アクセス二〇一八年五月一〇日）

（6）デーヴァセーナとアヴァンティカという二人のヒロインにも同様のことが言える。バーフバリ父子とそれぞれ恋に落ちる彼女らは共に、まばゆい美貌ばかりでなく逞しい戦士としての素質を持ち、強い意志と信念とによってバーフバリに選ばれるばかりでなく自ら彼を選ぶ。彼女たちはインド的で古典的なヒロインの系譜ばかりでなく、『トゥームレイダー』のララ・クロフトや『バイオハザード』のアリス・アバーナシーのようなハリウッド的で現代的なヒロインの系譜にも連なっている。デーヴァセーナとアヴァンティカがララやアリスほど無双でないのは、彼女たちが物語の主人公ではないからだ。男優が女優よりも優遇されるインド映画では、ハリウッド映画のような女性主人公のアクション映画は未だ受け入れられにくい現状がある。

（7）詳しくは拙稿「訳者解説　メロドラマ映画研究の現在」、ジョン・マーサー、マーティン・シングラー『メロドラマ映画を学ぶ――ジャンル・スタイル・感性』（中村秀之、河野真理江訳、フィルムアート社、二〇一三年、二五〇―二七七頁）を参照されたい。

「初恋」の行方――現代韓国恋愛映画論

「純愛映画」のその後

二〇〇〇年代半ば、純愛ブーム[1]、韓流ブームに沸く日本で受容されたかつての韓国恋愛映画は、一途な愛、永遠の愛を力強く描く一方、どこか死の匂いを漂わせた結末を迎えていた。たとえば、『バンジージャンプする』（二〇〇一年[2]、キム・デスン）のラストシーンで、イ・ビョンホン演じる高校教師イヌは、初恋の相手テヒの生まれ変わりである男子生徒とニュージーランドに旅立ち、手と手を握り合って命綱なしのバンジージャンプをする。口づけすらも交わすことなかった二人は、年齢や性別、前世と今世を超えた愛に結ばれて、ここではないどこかへと飛んで行く（あるいは落下していく）。

同様に、『私の頭の中の消しゴム』（二〇〇四年、イ・ジェハン）では終盤、若年性アルツハイマー――「肉体的な死よりも精神的な死が先に訪れる」と説明される――に罹患した妻スジン（ソン・イェジン）をチョルス（チョン・ウソン）が、思い出の場所であるファミリーマートに連れて行く。そこでは、家族や親しい人たちが店員や客に扮して彼女を待っている。記憶のすべてを失ってしまった彼女はその光景を見て、夫であったことも忘れたチョルスに、「ここは天国ですか?」と訊く。チョルスはその後、スジンをオープンカーの助手席に乗せる。彼が「愛している」と言うと彼女は彼に抱きついて頬を寄せる。映画は、チョルスとスジンの乗った車が山間の道路の遠くへと走り去っていくのを捉えたショットで終わる。

二つの映画の結末は、永遠の愛が成就する場所を、楽園や天国のような空想的なイメージとして映しているという意味ではよく似ている。このような結末は、映画がセクシュアリティにかんするステレオタイプを突破しようとした時代の『テルマ&ルイーズ』(一九九一年、リドリー・スコット)、『プリシラ』(一九九四年、ステファン・エリオット)のような作品でも示されていた。このことは、一九九〇年代の映画が、新しいタイプの女性やゲイの主人公に、現実的なイメージとして呈示しうるハッピー・エンディングを用意できなかったことを意味している。とすれば、『バンジージャンプする』と『私の頭の中の消しゴム』は、永遠の愛を描き切ろうした先に、結局のところ地上ではその成就は叶わないという無惨な現実を、その夢幻的なイメージの中に示唆していたことになる。

この二つの映画だけでなく、『ユア・マイ・サンシャイン』(二〇〇五年、パク・チンピョ)、『夏物語』(二〇〇六年、チョ・グンシク)、『連理の枝』(二〇〇六年、キム・ソンジュン)、『悲しみよりもっと悲しい物語』(二〇〇九年、ウォン・テヨン)といった二〇〇〇年代の韓国の恋愛映画は、長期間にわたる時代設定と悲しくもロマンティックな結末を通じて、永遠の愛というテーマをこの世ならざる次元へと昇華させる作品が多かったように思う。

現在、韓国の恋愛映画にはどのような作品が生み出されているのだろうか。本稿では、ここから過去作と同様に長い時間が経過する三つの「初恋」をテーマとした恋愛映画をレビューすることで、現代韓国の恋愛映画と過去作品とのジャンル的連続性と、その新たな方向性を探求してみたい。

初恋の形見――『建築学概論』（二〇一二年、イ・ヨンジュ）

建築士スンミン（オム・テウン）の前に突然現れた、初恋の相手ソヨン（ハン・ガイン）は、済州島にある実家の改築を依頼する。物語はここから、現在と彼らが交際していた過去（九〇年代後半）を交差させつつ展開していく。

スンミンの記憶として回想される過去は、白い陽光に満たされた講義室から始まり、彼（イ・ジェフン）がソヨン（スジ）を見初め、フィールドワークを何度か一緒にこなすうちに淡い交際へと発展していく時間を辿る。過去のイメージは、バスや大学のキャンパスのような青春時代を強調する舞台と、旧式の建築物としての韓屋、ポケベル、ウォークマン、ムース、まがいもののブランド服（GUESSならぬGEUSSのTシャツ）といった九〇年代的な若者文化を象徴する小道具によって、幾重にもノスタルジー化される。同時に、男性主人公の視点に据えられた記憶は、公開当時の日本の言説で指摘されたように「おっさんの乙女心」[3]を刺激するかもしれない。

楊平への遠出の場面で、彼らは九屯駅（現在は廃駅となっている）の線路の上を、両手を広げて戯れに歩く。野外食堂で昼食を取りながら漠然とした未来の話（ラジオのDJになりたい、子供は二人欲しいなど）をする。帰りのバスを待つ停留所のベンチでソヨンはスンミンの肩にもたれて眠り、彼はその唇にキスをする。既視感に溢れた、言ってみればベタな記号で埋め尽くされた場面。しかし、しつこいまでに「懐かしい」ものであるからこそ、誰もが一度は経験する「初恋」の集合的記憶を作り出す。(4)

彼らの恋は、スンミンの思い違いから唐突に終わりを迎える。「もう二度と僕の前に現れないでくれ」と彼は言う。やや不自然に思われるかもしれないが、『夏物語』や『バンジージャンプする』がそうであったように、初恋が男性主人公にとって最終的にトラウマ的なものになるのは韓国恋愛映画の一つの慣例である。初恋の相手の喪失は彼らが大人になるまで――しばしば兵役にいく前の時間と結び付けられる――に必要な通過儀礼であり、少年／青年時代の「死」を表す。

一方、現在の場面では、二人の再会はロマンティックなものとはならず、緊張に満ちたすれ違いの時間として示される。ソヨンは高飛車な医師の妻として現れ、スンミンには仕事のパートナーである婚約者ウンチェ（コ・ジュニ）がいる。ソヨンが実は夫と離婚しており、今は入院中の父と暮らす家を建てようとしていることがわかるところで、現在の二人の関係にも波が立ち始める。ウンチェはソヨンへの嫉妬をむき出しにし、スンミンはソヨンへの苛立ちと愛しさの間で動揺する。

スンミンは、やがてソヨンの本当の目的を知る。それは、彼女が学生時代に彼が作った二人が将来暮らす家の模型を大切に持っているのを見つけた瞬間に示される。「なんで来た？」と聞くスンミンにソヨンはすぐさま答えることができず、涙で瞳を潤ませたあとで、振り絞るような声で「あなたが初恋だったから」と答える。二人はこの後お互いを求め合う。

現在と過去のソヨンをそれぞれ演じるハンとスジの顔が似ても似つかないが、『マルチュク青春通り』（二〇〇四年、ユ・ハ）でも、「高嶺の花の初恋の人」を演じていたハンのペルソナはその不自然さをうやむやにし、むしろ「変わってしまった彼女」という戻らない時間の経過を強調する。だが、初恋の形見として現れる白い模型は、二人のもう戻れない過去と容易には変えられない現在の間に、密やかな空白の時間を与える。しかしその奇跡のような情事の一時を画面は映さない。彼らがキスを交わしたところですぐにフェードアウトすることで、それは悪戯にロマンティックなものとして映されない代わりに、許されるべき「一夜の過ち」となる。

初恋が形見のようなモノを通じて再び現れる瞬間は、『バンジージャンプする』のライターがそうであったように、従来の作品にも通じるが、『建築学概論』の白い模型は、ソヨンがこれから暮らしていく済州島の家屋へと実体化＝再生される。スンミンは婚約者と共にニューヨークへと去る。彼らは、初恋の舞台であったソウルの街からそれぞれ遠ざかる。そこは外国の大都会や美しい田舎であったとしても、楽園や天国のような「彼岸」ではない。

僕の初恋を君に捧いだ後——『君の結婚式』（二〇一八年、イ・ソックン）

高校時代に出会い、数度の別れを経験しつつ交際するウヨン（キム・ヨングァン）とスンヒ（パク・ボヨン）を描き、二〇〇五年から二〇一八年までの時間が経過する。日本のキラキラ映画にも似ているが、泣かせるというよりは、ロマンティック・コメディの要素が強い作品である。学園生活を描いた前半は、『猟奇的な彼女』（二〇〇一年、クァク・ジェヨン）や『ヒロイン失格』

（二〇一五年、英勉）男子版といった趣きのコミカルでスピーディーな展開。トッポギ屋に行ったり、海辺で話したり、ひょんなことから狭い倉庫に隠れることになって思わぬ密着、二人乗りの自転車……といった「胸キュン」のデート・シーンが、俳優の身長差を巧みに利用しつつ、たっぷり詰め込まれる。一方、ウヨンとその仲間たちによるアホな男子たちの性春の日々やライバルのアメフト部のイケメンとの闘いが描かれているところなどは、少女漫画ベースの日本のキラキラ映画との明確な違いで、アクション・シーンによって女子目線・男子目線のバランスが巧く取られているという感を受ける。

九〇年代的な記号で満ちていた『建築学概論』に対し、本作では二つ折りのガラケー、LANケーブル、洋ピンの裏DVD、iPodといった二〇〇〇年代に青春を送った一九八〇年代生まれの世代の身近にあった「懐かしい」モノが随所に散りばめられている。

従来の韓国の「初恋もの」との違いの一つは、兵役期間の取り扱い方であろう。それは、決定的な出来事というよりも、ウヨンとスンヒが引っ越しや留学といったかたちで何度か経験する別れのきっかけの一つに過ぎず、ウヨンの同級生の呑気な兵役期間の場面と合わせて、ほとんど簡略化されたイベントとして済まされる。

物語の後半は、さまざまな出来事や環境の変化があってもスンヒへの愛を貫くウヨンの一途な想いを綴り、前半で甘酸っぱく描かれた「初恋」を切ない思い出へと変えていく。スンヒは最終的には別の男と結婚してしまう。ウヨンは仲間たちとやけ酒を飲み、泊まりがけで釣り堀に出かける。彼は結婚式に行かないつもりでいるが、釣り道具の裏にかつてスンヒが描いたイラストと「わたしを釣るなんて幸せ者ね」というメッセージ——これもまた初恋の形見——を見つけて、その決意を改める。

結婚式場の控え室にはウェディングドレスに身を包んだ彼の人生で最も美しいスンヒがいる。仲間たちの計らいで、二人きりの時間を得たウヨンは彼女に最後の思いを伝える。その言葉にスンヒはとびきりの笑顔と感謝の言葉で応え、彼に握手を求める。

ウヨンは『悲しみよりもっと悲しい物語』のクォン・サンウのように、最愛の人を他の男に譲るが、彼のように彼女とバージンロードを一緒に歩いたりしない。ウヨンは、スンヒが式場に入ってくる場面を背にしつつ、扉を開けてそこから去っていく。そのとき彼が浮かべる苦し紛れのような微妙な笑顔は、長い初恋がとうとう終わりを迎えたことへの哀切と、その後の未来へと向かう小さな希望を同時に示す。

この映画が初恋物語に用意した結末は、ビター・スイートではあるが、ファンタジーや悲劇ではない。ウヨンは、彼の初恋をソヨンに捧げる。そして捧げ切った後、また新たな人生を生きる。恋愛映画は日本では一般に若い女性観客をターゲットとしているけれども、男子から男性へと大人になっていく男性主人公の成長物語を描いた本作はその点、女子ウケすると言われるような「キラキラ」したイメージに満たされながらも、男性観客への魅力も十分持っている。

静かなる愛のヒットパレード——『ユ・ヨルの音楽アルバム』（二〇一九年、チョン・ジウ）

一九九四年から二〇〇五年までの約一〇年にわたる男女の恋愛模様を、実在したラジオ番組の音声とその番組で放送されたリクエストソングという体で流される同時代の名曲に乗せて描く。不運にも少年院に入りかつての悪い仲間との縁を切れないヒョヌ（チョン・ヘイン）と、血の繋がらない姉以外に家族を持たないミス（キム・ゴウン）——主人公の男女の設定はこのように劇的に誇張されたものであるにもかかわらず、俳優二人のナチュラルな容姿と演技は、物語を必ずしも過剰なメロドラマとしては見せず、むしろ精緻なリアリズムによって印象づける。

この作品でも、過去の懐かしい品々は存分に活躍する。なかでも、ヒョヌの兵役期間によって引き裂かれた彼らがもどかしいやり取りをする、Windows95のパソコンは、『接続　ザ・コンタクト』（一九九七年、チャン・ヨンヒョン）のような韓国国内の作品と、『ハル』（一九九五年、森田芳光）、『ユー・ガット・メール』（一九九八年、ノーラ・エフロン）などの同様の海外作品の映画的記憶とともに、ある世代には思い出深いものとして、また現在のSNS世代には新鮮なものとして映るだろう。

一方で本作では、二人の一途な愛を描くにあたって、『建築学概論』や『君の結婚式』ほど、紋切り型のイメージは駆使されていない。その意味で、本作は、美学的にも、ジャンル的にも、過去作とは別のアプローチに取り組みたいという作り手の意図が強く押し出されていると言える。たとえば、恋人たちが初めてセックスをする場面は、俳優たちの裸体を映すことなく彼らがベッドに倒れこんだところでカットされるけれども、『ウンギョ　青い蜜』（二〇一二年）で大胆な性描写に挑んだチョン・ジウ監督は、レーティングの制約の中で、しぐさや間合いなどの細やかな演出によって、エロティックな雰囲気をギリギリまで引き出すことに成功している。ヒョヌと向き合って座るミスが自らブラウスのリボンをほどきボタンを外して見せるシーンは、『ジョゼと虎と魚たち』(二〇〇三年、犬童一心)の一場面を想起させる程度には十分に生々しい。

しばしば窓の内と外を行き来するカメラは、そらぞらしいほどに客観的な視点と、主人公たちに寄り添う主観的な視点とを交錯させ、「初恋」であった彼らの幼い恋愛が、長く持続する成熟した関係へと変容していく様子を丁寧に描く。また、過去は回想シーンを通じて示されることはなく、時制は一貫して現在という時間に繋ぎ止められたまま進んでいく。

劇中の音楽やユ・ヨルの声は、ドラマのモティベーションとなる絶妙な間合いで挿入されるので、懐かしいものとして聴こえてはこない海外の観客に対しても、その効果が失われることはない。恋人たちは、途中で明らかにさまざまな秘密や事件を受け入れながら、共に生きていくことを選ぶ。終盤、別れを考えたミスは、それでもヒョヌの元に戻ることを選ぶ。彼らが「ユ・ヨルの音楽アルバム」の公開収録をする放送室の内と外を隔てるガラス越しに出会うラストシーンで流れているのはColdplayの"Fix You"だ。それはカーラジオからラジオ局という物語世界内を移動する中で、場に合わせて音質をかえつつ背景に流れつづけることで、二人の仲を取り持つ(まさに修復fix youする)。

韓国の観客にしか通じない懐メロから"fix you"への音楽の移ろいは、音楽がインターネットやAppleテクノロジーとともに国境を失っていった時代の経過を回顧しつつ——実際この曲は、筆者の記憶にもiPodのずっしりとした重さと共に染み付いている――、二人の関係性が内から外へと開かれていくことを暗示している。二〇〇五年という微妙な過去に結末を設定しながらも、当時におけるあらゆる恋愛映画とは似ていない本作は、ミスの汗ばんだ顔に浮かぶ満悦の表情と共に、その時間を懐かしいものとしてではなく、まさに「今」、あるいはその後の「未来」を予感させて終わる。

時代や主題への自己言及的で意識的なまなざしにより、よくある恋愛映画という範疇を超えた本作は、とはいえ難解なアートシネマとして敬遠されるような作品でも決してない。窓の外に開かれた背景とともに、「韓国映画」という国境の外へと向かおうとしている、グローバル時代の恋愛映画であろう。

硝子箱の外へ――韓国恋愛映画の過去と現在、そして未来

三つの作品は、数多ある恋愛映画の中でも、質的にはウェルメイドなもので、いずれも見て損はない作品である。また物語内容や演出法にかんしては完全に似通った作品というわけではないけれども、「初恋」という共通のテーマを通じて、いくつかのイコノグラフィと慣例をジャンル的に共有している。どの作品においても、音楽の効果的な利用と、懐かしい事物のイメージは、長い時間の経過する「初恋」を軽やかに描くことを手助けする。そして、その恋が終わるのであれ維持されるのであれ、その後も主人公たちの人生がまた別のかたちで続いていくことを示す結末は、旧来の

恋愛映画との相違だ。こうしたオープン・エンディングの傾向は、恋愛に対する韓国社会の変容を単に反映しているというよりは、必ずしも映画館で映画を見ることがなくなった現在の観客のありようとも関わりを持っているようにも思う。今回、わたしはこの原稿を書くにあたって三つの作品を、全て動画配信サイトを通じて見た。そして、このようにして映画を見る観客は増えている。それは単に映画館における観客の減少を示すというよりは、映画館にも足を運ぶがNetflixでも見るというような観客がいるというような、映画をいかにして見るかという選択肢の多様化を意味している。配信映画は、映画をかつてよりもさらにポータブルでグローバルなものにした。そして、映画を見た後の観客は、映画館の暗がりから出てくる観客として必ずしも想定されなくなっている。観客と映画の関係は現在、劇場と内と外、明暗のような区別のつかない、地続きの現実に置かれるようになっている（「ながら見」やザッピングのような見方を含めて）。

このこととまったく同時進行に、『ユ・ヨルの音楽アルバム』が自己言及的に示してみせたように、ブロックバスターとしての映画の国境はかつてよりも曖昧になっている。とりわけ恋愛映画は、日韓の間を見ただけでも、メディア・ミックス的なリメイク合戦を通じて、そのジャンルは完全に混合しているか、少なくとも連動している。

一方で、韓国の恋愛映画は、今も昔もガラスのイメージに溢れている。ガラス越しに恋をする人物はどの時代のどの国の映画にも現れてきたが、しかし、ガラスの内側に共に入る恋人たちが、この国の恋愛映画には繰り返し現れる。『八月のクリスマス』の写真館、『バンジージャンプする』の電話ボックス、『私の頭の中の消しゴム』のファミリーマート。過去の恋愛映画はガラス製のフレームの中に恋人たちを入れることで、永遠の愛を硝子箱の中の宝石のようなものとして結晶化する一方、その外にある世界を一つの「死」として――愛の終わりであれ、生の終わりであれ――示してきた。

映画的ミザンセーヌの一部としてのガラスは、その脆さや透明性といった物質的特性を通じて、儚さと真実味に同時に特徴付けられる「永遠の愛」を表象するのに打ってつけの素材であることは間違いない。しかしながら、同様にガラスを駆使したセットを用いた『建築学概論』の講義室やバス、ソヨンが一人暮らしをする半地下のアパート、『君の結婚式』の教室、『ユ・ヨルの音楽アルバム』の二人が出会う製菓店や共に暮らす部屋、ヒョヌが働く事務所は、初恋や純愛を硝子箱のようなイメージによって示しているとしても、かつての「純愛映画」のような自己完結的な次元に終着点を置いていない。オープン・エンディングという結末の新傾向とも関係しているが、どの作品においても、硝子箱に共に入った愛し合う者たちのその後の時間は、外にある生きられた現実へと開かれている。彼らはそこでそれぞれに再び生きていくのである。

三つの良質な恋愛映画はいずれも、かつての「純愛映画」の面影を確かに背負いつつ、透明な未来と広い世界へと、その視線をしっかりと向けている。[5]

註

(1)「冬ソナ」と「セカチュー」に象徴されるこの現象については、二〇〇四年から二〇〇六年にかけて相当の議論があるが、一般には、「「古きよき時代」の中に何かを追い求める日本人の「ノスタルジー」志向」（湯浅幸代「「純愛ブーム」と「ノスタルジー」」、『物語研究』二〇〇五年、一一二―一一四頁）の表れと考えられた。

（2）日本では二〇〇五年から二〇〇六年にかけて宮崎映画祭や企画上映などで公開されたのちDVD化された。

（3）「ストレス解消に〝涙活〟してみる？　デトックス効果でブームに！　記者がイベントに参戦」、『朝日新聞』二〇一三年五月三一日。この記事は、泣ける映画、泣ける小説の消費者が男性に広がっていることを指摘しつつ、『建築学概論』を公開前に「熱烈にプッシュする」「おっサニー軍団」と名付けられたコミュニティについてリポートしている。

（4）実際、日本における本作のキャッチコピーは「みんな　誰かの初恋だった――。」である。

（5）本稿の執筆にあたり、映画研究者のファン・ギュンミンさんにさまざまなご教示を受けました。この場をお借りして御礼申し上げます。

「メロ」と「悪女」――韓国宮廷時代劇についての覚書

日本語では、ほとんど死語となって久しい「メロドラマ」という言葉。しかし隣国、韓国では멜로《メロ》と呼ばれるジャンルが、映画、テレビドラマ、コミックスといったメディア文化の中に広く根づいている。

フィルム・スタディーズないしメディア・スタディーズと呼ばれる学術領域においてメロドラマ(melodrama)という言葉はかつて、ハリウッドのある種の映画――上流中産階級の家庭を舞台として展開される男女のラブストーリーや、主人公と悪漢との葛藤を描き出すアクション混じりの映画――を指すことが多かった。しかし、今やメロドラマはこのようなアメリカ映画を超えて、様々な国と地域に存在することが明らかになっている。

東アジアを見渡しただけでも、日本における「メロドラマ」[1]、韓国における멜로、中国における情劇《チンジュウ》は、メロドラマのローカライズされたジャンルのヴァリエーションとして存在してきた。とりわけ韓国においてはこのジャンルの人気は熱烈なものがある。韓国におけるメロは、通常男女の複雑な恋愛模様を描く映画やテレビドラマのジャンルである。この言葉は、一般的に広く用いられているのみならず、批評的な意味でもたびたび用いられている。

この短いエッセイでは、宮廷メロ——朝鮮王朝時代を舞台とする韓国の時代劇の一タイプ——にしばしば現れる「悪女」の存在に焦点を当てて、その魅力を紹介することにしたい。

たとえば、日本でも大ヒットしたMBC製作の連続ドラマ『トンイ』(二〇一〇年、全六〇話)は、このような典型的な宮廷メロの一つである。賤民出身の女官トンイが宮廷に入り、数々の困難を乗り越えながら王に見初められ、ロマンスを繰り広げつつ、彼らの恋路を阻む悪辣な王妃ヒビンとの戦いに挑む。トンイが健気で逞しく自立した理想的なヒロインである一方、ヒビンは自らの欲望のままに行動し、王を欺くことさえ厭わないまったくの悪女である。しかし、彼女はその美貌とあまりに力強い眼差しで、視聴者を釘づけにした。終盤に数話にわたって描かれる彼女の刑死の場面は、メロドラマ特有のもったいぶった演出で視聴者をやきもきとさせるが、彼女が見事な死を遂げる時、わたしたちはトンイに訪れる平和に安堵すると同時に、もう一人のヒロインを失った喪失感を味わうことになる。(2)

「悪女」といっても古今東西さまざまなタイプがあるけれども、韓国の宮廷メロにおける悪女はほとんどいつも類型的である。すなわち、彼女たちは、いずれも美女であり、王との恋愛にはさほど関心を持たず(ヒロインの恋のライバルではない)、裏で実権を掌握することを目的とし、死に至るまで堂々たる悪者を演じきる。このような「悪女」は、フィルム・ノワールにおける図らずも男たちを翻弄してしまうファム・ファタルとは異なり、必ずしも男性の窃視の対象とはならない。すなわち、宮廷メロにおける「悪女」とは、道徳的なサディストであり、観る者は女であろうと男であろうと、またそのどちらでもないとしても、ゆめゆめこのような人物に現実に出会ってみたいとは思うまい。しかし、このような「悪女」の妖しい魅力がまさに、わたしたちを惹きつけるという事実は「怖いもの見たさ」という一言では片付けられないミステリアスな現象である。[3]

事実、韓国で四〇％という驚異的な視聴率を叩き出した『善徳女王』（二〇〇九年、全六話）のミシルは、美貌と知性を武器に宮中で実権を握ろうとする。このドラマのクライマックスで、彼女は自らの背後で次々と切腹をする兵士たちに目もくれず、たじろぐ王をも前にして凛として姿勢を崩すことはない。彼女を演じたコ・ヒョンジョンは、主人公のトンマンを演じたイ・ヨウォンを差し置いて、MBC演技大賞を受賞した。

比較的近年においても、稀代の「悪女」ヤムジョン（キム・ヒョンジュ）を主人公とする『花たちの戦い〜宮廷残酷史〜』（二〇一三年、全五〇話）のようなドラマがある。このドラマでは、朝鮮王朝第一六代王・仁祖の側室として子を身ごもった彼女が、その子を自ら流産し、真っ白な韓服を鮮血で染める凄惨な場面があるばかりでなく、渾身の演技でその要因を王妃に擦りつけ、王を見事に騙し、王妃をついには廃位させる劇的な展開が待っている。

このような「悪女」のステレオタイプはおそらく一九九〇年代にまで遡ることができるが、その魅力を開花させたと言えるのは、『女人天下』（二〇〇一年、全一五〇話！）のカン・スヨンが演じたナンジョンであろう。パク・チョンファによる同名原作小説は一九六二年に映画化もされているが、テレビドラマ版では彼女の生い立ちから野望に満ちた生涯、そして没落と死までを余すところなく描く。ヒビンと共に朝鮮三大悪女に数えられる彼女は、ドラマの始まりから終わりまでほとんど笑顔を見せることなく、ただそのおぞましい眼力だけで思いのままに権勢を掌握する。彼女の目前で一体何人の女官たちが涙を流したかを数えきることもできない。にもかかわらず、視聴者はこのあまりに長大なドラマの行く末を最後まで見守ったのである。

さて、このようなサイコパス的ともいえる「悪女」にわたしたちが心惹かれてしまうのはどうしてなのか。とりわけ、フェミニスト的な立場におけるその価値評価は宙吊りにならざるをえない。つまり、「悪女」は、宮廷という男性主権の狭い世界で、自らの意志で能動的に行動し、男性（王）に成り代わって権勢を握ろうとする野心において支持されうるかもしれないが、彼女たちがまさに女であることを武器にして——往往にしてそれは妊娠という手段になる——それをなしうるという点では、ある種のフェミニストの価値観とは相容れない。にもかかわらず、観る者がどんな思想の持ち主であろうとも、「悪女」に惹きつけられてしまうということは否定できないのである。「悪女」たちに惑わされてしまうとき、わたしたちはたびたび血の気も冷めるというよりは、ある種の興奮状態に置かれ、食い入るようにしてそのパフォーマンスを見つめている。大げさな演技はメロに付き物であるが、「悪女」の場合、それは彼女が自らを演じているという二重の意味を持つことで、かえってリアリティを持つ場合がある。つまり、一人の女優がドラマの中で「悪女」を演じ、その「悪女」が周囲をかどわかすために演技をしているという過剰さが、ジェンダーやセクシュアリティの類型的表象を超える瞬間がある。このような経験はむろん、残虐なものや恐ろしいものを見たいというようなホラーにおける快楽とはまったく別種のものである。なぜならホラーにおいて、わたしたちはしばしば目を背けたくなるという経験に出くわすが、[4]「悪女」たちはむしろ、目を離せなくなるという経験をもたらすからだ。このことは、人々が架空の人物を演じることを楽しむという演劇の真髄を示していると同時に、過剰なものを目にすることの快楽というグローバルな意味でのメロドラマの根幹と関わっている。宮廷メロを観ることの醍醐味の一つとなっているのは過剰なまでの「悪女」の悪女ぶりである。

フェミニストたちは「悪女」たちが誰にとって悪なのかを論じてきたが、このような演技にかかわる問題とも向き合うべきなのであり、それを議論することで初めて「悪女」の魅力が明らかになることだろう。

註

（1）日本映画における「メロドラマ」の隆興と衰退については拙著『日本の〈メロドラマ〉映画——撮影所時代のジャンルと作品』（森話社、二〇一二年）を参照されたい。

（2）彼女を悲劇のヒロインとして描く『妖婦 張禧嬪』（一九九五年、全六三話）のようなドラマもあるが、『トンイ』におけるヒビンの魅力には遠く及ばない。

（3）笠間千浪が述べるように、「悪女」は「男だけでなく、女までをも魅了してきた表象である」。笠間千浪「序文」、笠間千浪編『〈悪女〉と〈良女〉の身体表象』青弓社、二〇一二年、九頁。

（4）リンダ・ウィリアムズは、メロドラマとポルノとともに身体的な反応をもたらすという意味でホラーを"Body Genre"の一種であると位置づける。Linda Williams, "Film Bodies: Gender, Genre, and Excess," *Film Quarterly*, vol. 44, 1991, pp. 2-13.

*

解題・中村秀之『特攻隊映画の系譜学――敗戦日本の哀悼劇』

ジャンル映画にかんする本である。が、映画ジャンル論の「入門書」ではない。このことは、フィルム・スタディーズにおけるジャンルについての基礎知識をあらかじめ有していなければ、読んでも理解できないという意味ではない。むしろ、そのような先行研究への知見を持たなくとも読むことのできる本である。

本書が扱う「特攻隊映画」とは、アクション映画や喜劇のようなプログラムピクチャーではなく、戦中期から現在にいたるまで断続的に現れてきた作品群を事後的に同定したものである。この「事後性」をめぐる問題はフロイトの解釈に依拠しつつ第五章で論じられるが、中村は、特攻隊映画を単に抽出するのみならず、本書の全体を通じてそのジャンル生成の過程そのものを展開してみせることで、このジャンル映画においては、まさにその事後性が最大の特質となることを示している。

戦争映画の日本固有のサブジャンル、とひとまず要約できるこれらの作品群に焦点を当てた文章は、本書の一八六頁で記されている通り、以前にも評論というかたちでわずかばかり存在してきた。しかし、特攻隊表象の変遷や個々の作品分析、特攻隊を描いた映画をめぐる言説の読解から、このジャンルの総体を多角的に捉えた研究は、中村が自認する通り、本書において初めて著されたものである。特攻隊が登場する日本映画は数多く存在するが、中村はこのうち、「特攻隊を主題」とする、つまり「特攻作戦を主な題材とし、原則として特攻隊員――生存者も含む――を主人公としている」、一九四五年から二〇一五年までに製作された劇映画三三本を特攻隊映画として同定している。

本書については、すでに複数の書評が書かれており、主題や分析手法については、十分に総括されている。とはいえ、改めて本書の概要と特徴をひととおりさらっておこう。

特攻隊映画には〈昇天〉のショットと〈蕩尽〉のショットが反復的に用いられ、戦中、占領期、戦後、高度経済成長期、そして現代の、異なる製作環境下で生み出された特攻隊映画全体に通底するクリシェとなっている。わけても『雲ながるる果てに』(一九五三年、家城巳代治)はその二つのイメージが融合した範例的な作品である。あらゆるジャンル映画がそうであるように、範例を踏襲した典型的な作品もあれば、その枠から逸脱した例外的な作品もある。

一方で、特攻隊映画の特攻兵たちの表象は、戦中と戦後とで著しく異なる。前者が「生きてゐる神」として特徴づけられるのに対し、後者は、体当たりをして犬死することに疑問を抱き葛藤する、肉体を「取り戻した」若者として特徴づけられる。

戦後の特攻隊映画において前景化されるのは生と死の葛藤で、これはしばしば登場人物間の対立を通じて主題のレヴェルにまで引き上げられる。物語は原作である戦記ものをベースとして脚色されることが多く、この過程で作り手(脚本家と監督)と送り手(製作・配給会社)とはたびたび折衝と衝突を繰り返した。また、人物造形には、実在した特攻隊員の遺稿集や合作川柳から流用された台詞が重要な役割を果たした。〈昇天〉と〈蕩尽〉のショットは儀礼化され、中村はその過程を「喪とメランコリー」という精神分析の概念を用いて鮮やかに読み解く。

別の大きな特徴として、特攻隊映画は、枠物語、回想形式を採る傾向がある。特攻隊員の死や特攻作戦を過去として振り返るという語りの構造は、観る者に戦争の反省を促すことを意図した製作者ら（時に映倫の審査員も含む）によってパターン化された。監督や俳優の従軍体験が特攻隊表象に加味したところも少なくない。中村はとくに、独特の「潤み」を帯びた声を持つ鶴田浩二のスターイメージが、撮影所時代の特攻隊映画に積極的に利用されたことを指摘する。

さらに、この時期の批評言説においては、映画の中で特攻隊を描くことの「むずかしさ」――つまり、作品に固有の論理と特攻隊という題材との間に齟齬が生じること――がしばしば議論されており、実際、その結果として範例から逸脱した、あるいは退行した作品も少なからず存在する。

中村は終章で、記憶としての特攻隊表象を論じる中で、近年に製作された『永遠の0』（二〇一三年、山崎貴）を「ほとんど決定的といってもよい」作品として取り上げ、本作のラストシーンにおいて特攻隊映画が「表象の自壊を遂げる」と述べ本書を結ぶ。この末文を「やや唐突に議論を終える」と受け止めた劉洋は、むしろこの場面に「主人公のかっこよさ」に「とどめを刺すような演出」を見出し、現代の若者がその姿に「魅せられる」可能性を指摘しているが[(1)]、しかし中村のここでの意図は、「哀悼劇」としてジャンル化されうる「特攻隊映画」が、文字通り真っ逆さまに墜落して表象もろとも自爆したことを示すことにあったであろう。

他方、この末尾の筆致を「圧巻」と評した志村三代子は、「本書の刊行によって、今後、特攻隊映画が製作されなくなるのではないか」と懸念を抱いたと述べた。[2] しかし、実際には、本書が同定した二〇一五年以降も特攻隊映画は製作されている。そこで、ここからは本書のリストから漏れた一本の特攻隊映画について補足しておきたい。

小沼雄一が監督した『空人』は、二〇一五年一〇月に先行公開されたのち、二〇一六年一月に封切られた。小さな作品ではあるが、『永遠の0』以後の特攻隊映画として一見の価値がある。主人公は、特攻隊の生き残りである橋本という名の老人で、演じる奥野匡は一九二八年生まれである。この映画は、橋本が戦友の墓参りをする折、三機の特攻機が頭上を通り過ぎていくのを幻視するタイトルバックから始まり、現在と過去を行き来するかたちで物語が進行する。丸刈りのあどけない特攻兵たちを演じるのは皆、ほとんど無名の俳優であり、[3] かつての橋本は、自分の命が「消耗品」となることに疑問を抱いていると意見して上官の体罰を食らうような、現代の観客の共感を得やすい（当時においてはありえない）人物として描かれる。

この映画の最大の特質は、回想形式という従来のパターンに則っているにもかかわらず、特攻隊員たちが出撃していく場面はおろか、彼らが特攻死したことを示すシーンすら在しないという点にある。つまり、〈蕩尽〉のショットは存在せず、〈昇天〉のショットも帰還することのない身体の表象とことさらに結びつけられることはない。橋本は墓参りを終えた後、戦友の姪である紀和（高橋かおり）に偶然出会うのだが、戦争が終わったら「嫁にもらってくれ」と言われていた紀和の母でもある戦友の妹はすでに他界しており、彼はそのかわり戦友の兄（織本順吉）[4] と面会し彼の最期を語る。映画の後半のストーリーは、橋本の生き残ってしまったことへの「償い」と「赦し」の儀礼を描く[5]。

エンドロールに映されるのは、肩の荷を下ろしたように入院先で息子の妻と談笑する橋本の姿や、戦友の墓のある森の中の道、そこにひっそりと佇む地蔵、特攻隊員らが賑やかに会話を楽しむ様子や彼らが肩を組んで写真撮影をする様子を捉えたセピア色に染まった場面、そして紀和が墓掃除をするショットなどである。さらにカメラは橋本宛に手紙でも書いているらしき紀和が、飛行機の音を耳にして窓の外の空を見上げ、ガラス越しに一筋の飛行機雲が通るのを見つめて微笑む姿を映す。そして彼女の住む街を囲む森を俯瞰しつつ大空を捉えた画面で映画は幕を閉じる。『空人』は、そのラストで、特攻隊員たちの死があたかも平和の礎になっているかのような大地のショットと共に、ノスタルジーに満ちた美しい大空のショットに〈昇天〉した特攻兵たちの面影を偲ぶよう促すのである[6]。

『永遠の0』、そして本書以降の特攻隊表象は、漫画にも見ることができる。二〇一八年から『ヤングマガジン』で連載中の「不死身の特攻兵生キトシ生ケル者タチヘ」（画：東直輝）は、万朶隊唯一の生き残り佐々木友次を主人公とし、何度も特攻出撃しながら、さまざまな理由で不運にも敵に体当たりすることができずに帰還するのを描く。鴻上尚史が存命中の佐々木に行ったインタビューに基づくルポルタージュ『不死身の特攻兵軍神はなぜ上官に反抗したか』（講談社現代新書）のコミカライズ版である本作では、鴻上が佐々木と面会する現在と、佐々木が特攻隊員であった戦中期とを往来しながら物語が進む。主人公である佐々木のみならず特攻兵たちの心理的葛藤が克明に描かれ、とくにその全員が特攻死することに疑問を抱いているように描かれるという点で、その死生観はごく現代的である。特攻機や爆弾の描写は細密で、特攻隊映画における張り子にしか見えないそれらよりもはるかにリアリズム的な迫力を持ち、凄絶かつスペクタクル的な激戦の場面が随所に織り込まれている。現在八巻までコミックスが刊行されているこの作品が、「実話に基づく」という触れ込みで実写映画化される可能性もそう低くないように思われる。

また、「戦艦擬人化」という言葉がピクシブ百科事典に登録されているように、「艦隊これくしょん」などを代表とするゲームの流行が記憶に新しいこんにちである。桜花、菊水、飛龍、回天などと名づけられた特攻機擬人化キャラクターがサブカルチャーにいつ登場したとしてもおかしくはない(7)。そのような創作物にはいつも複雑な思いを抱くが、戦争も特攻も、現実味を伴わない史実としてしか知らない、またその記憶さえ継承しない世代の者たちが、今後の特攻隊表象を切り開いていくことだけは確かである。

その意味でも、ジャンルとしての特攻隊映画の系譜をたどり、その終焉を告げる作品として本書が『永遠の0』を日本映画史の中に位置づけていることは、的確にして重要というほかない。特攻隊映画とその表象は、岡田准一の虚無的な笑みと共に、頂点に達したというよりは――つまり〈昇天〉したというよりは――、やはり「自壊」して海深く沈没したのである。

最後に、本書で十分に検討されていない問題を二点指摘しておく。一つは、特攻隊員たちとかかわる女性の表象で、中村は特攻隊員たちと肉体関係を結ぶ「慰安婦」や「芸者」について言及する一方、『肉弾』（一九六八年、岡本喜八）や『あゝ予科練』（一九六八年、村山新治）などで、「観音様」とみまがわれる女性像についてはまったく検討していない。もう一つは、戦時中の記録映画との関係で、中村はニュース映画における特攻隊表象を掘り下げて論じる一方、日本映画社で製作されていた戦記映画については記していない。しかし、その中には、イコノグラフィ――〈昇天〉のショットへと連なる、ハンカチを振る見送りの人々や出撃前の盃の儀――や音楽の使用法――出撃のシーンで軍歌が流れる――にかんして、戦後の特攻隊映画との類似がみられる『陸軍特別攻撃隊』（一九四五年、陸軍報道部監修）のような作品がある。この二点については、今後の映画研究者に残された課題であろう。特攻隊映画研究の系譜学は、本書を契機として今後も紡がれていくべきである。

註

（1）劉洋「書評中村秀之著『特攻隊映画の系譜学――敗戦日本の哀悼劇』」、『創：映像と表現』vol. 10、二〇一八年二月、二八七頁。

（2）志村三代子「レヴュー　中村秀之著『特攻隊映画の系譜学――敗戦日本の哀悼劇』」、『映像学』九九号、二〇一八年一月、七二頁。片岡佑介も、この末文の筆致に注目し、「鬼気迫るものがある」と評したうえで、「保守層に極めて好意的に評価された」『永遠の0』が、「特攻隊映画史上、最も〈蕩尽〉の不気味な回帰を刻印した作品であることとの捩れ」に同作の特質を見出す。片岡佑介「書評　中村秀之著『特攻隊映画の系譜学――敗戦日本の哀悼劇』」、『歴史評論』八二四号、二〇一八年一二月、一〇七頁。

（3）この点は、撮影所時代の映画との決定的な違いで、プログラムピクチャーにおける特攻員を演じる俳優たちは、たいてい次の映画の役柄に備えて有髪であった。つまり、石原裕次郎は、特攻隊の制服を着た石原裕次郎にしか見えないし、鶴田浩二も鶴田浩二にしか見えない。『俺は、君のためにこそ死ににいく』（二〇〇七年）の木村拓哉がやはり丸刈りでないのには、クリスチャンだからという言い訳がましい設定が一応加えられていたが、五〇年代の特攻隊映画ではスターをはじめとする俳優たちが有髪であることの弁明はとくになされないので、その外見はほとんどリアリティを欠く。鶴田らが上官に「昇進」し、このジャンルが「実録」風になってきた六〇年代後半から俳優たちは五分刈り頭で登場することが多くなる。

（4）『雲ながるる果てに』で特攻隊員の一人を演じたほか、『人間の條件』シリーズ（一九五九―一九六〇年、小林正樹）や『あゝ声なき友』（一九七二年、今井正）などの戦争映画に端役で出演した。

（5）彼はこの地に伝わる「むさかり」――死者と死者とを結婚させる――という風習を知り、戦友の妹とむさかりの儀を執り行うことを希望する。彼は、次第に実の娘のようにふるまう紀和と共に過ごしながらその日を迎え、無事に式を終えた後、帰路につく。本来であれば生者と死者を結婚させることはできないのだが、橋本の熱意と事情を汲みとった寺の住職が特別に式を執り行うことを許諾する。

（6）ちなみに『空人』は愛国主義的な映画では決してない。その政治性は曖昧であり、それを明示することを避けるために出撃シーンを割愛したのかと思うほどだ。

（7）実際、個人的な趣味のレヴェルで特攻機を擬人化したイラストをインターネット上に掲載している「絵師」はすでにいる。

変貌するペルソナ

――北村匡平『スター女優の文化社会学――戦後日本が欲望した聖女と魔女』書評

本書は、原節子と京マチ子の表象を中心に、戦後の日本映画におけるスター女優の特質を論じている。二〇一五年に東京大学大学院学際情報学府文化・人間情報学コースに提出された修士論文が基になっているが、著者自身があとがきで「もはや原型をとどめないほど加筆されている」（四二七頁）と言及している通り、高峰秀子や若尾文子についても扱っていた修士論文から、原と京の二人に照準した論考へと全体的に改稿されている。

本書の最大の特徴は、二人のスター女優の表象に大衆の「戦後意識」との関連性を見出そうとする政治的な関心にある。著者は、フィルム・テクストと、雑誌や広告等の他のメディアによる言説や、観客の受容、映画会社による販売促進のシステムや産業的戦略との相関を丹念に紐解きながら、占領期からポスト占領期にかけての歴史の変容において、原節子と京マチ子がいかにして特権的なスターでありつづけたのかを跡づけている。

全六章から成る本書の第一章では、戦後の日本で、国民的な人気を誇るスター女優が次々と誕生していくプロセスが記述されている。その背景には、映画の大衆娯楽化にともない観客数が急増していったことや、映画が民主主義的イデオロギーを啓蒙するために女優の接吻や裸体を見世物としたこと、ファン雑誌を主体として大規模なファンダムが形成されたことなどの様々な条件が複雑に関与している。著者は日本映画の黄金期において原節子が圧倒的な存在であったことを認めたうえで、対抗的なスターとして京マチ子を召喚し、原と京の異なるスターペルソナの「共犯性」（五一頁）にこそ戦後のスター女優の特質があるという仮説を端的に示す。

第二章では、戦後の原節子のスターペルソナの国民記号《ナショナル・シニフィアン》としての特権性が、戦前からの連続性を考慮しつつ検証される。著者によれば、トランスナショナルな魅力を持つ原節子の身体はそもそもプロパガンダとの親和性が高く、それゆえ、デビュー間もない戦中期において軍国主義と調和していた彼女のスターペルソナは、戦後に至るとイデオロギー的にまったく逆の民主主義にも適合することができた。『わが青春に悔なし』（一九四六年、黒澤明）で演じた男性的な振る舞いをする解放的な女性像は当時の男性批評家には不評であったが、一般の観客にとっては彼女の躍動する身体は戦中に完全に失われていた「青春」の理想的なイメージとして受け入れられた。さらに、大柄な体躯と力強い眼差しなどの身体的特徴に加え、その肉感性を強調する演出や撮影技法により、彼女の身体表象は従来の女性規範を逸脱する迫真的なエロスを担って、戦中において抑圧されていた観客の欲望に応えてもいた。

第三章では、京マチ子のスターダム構築の過程をプロモーションの変遷から読み解いている。松竹歌劇団出身である京は、大映に入社すると、「ヴァンプ女優」という戦前期から引き継がれる類型に組み入れられ、その豊満な肉体の魅力を積極的にアピールしつつ華やかに売り出された。著者はこの経緯を踏まえながら、彼女のスターペルソナがごく戦後的なアイデンティティによって価値付けられたと主張する。スターとしての京は販促の過程で、「スリル」、「お色気」、「アプレゲール」、「エロ」といったカストリ文化を直接に連想させるような扇情的なキャッチフレーズと関連づけられた。さらに京は『赤線地帯』（一九五八年、溝口健二）で演じたパンパンのように、アメリカ的な価値観に従属しながらも従属していることに「無関心」であるような、自らの性的魅力に肯定的な女性を演じることで、敗戦意識を持たない「敗者の身体」と言うべき特異なペルソナを作り上げていったのである。

第四章では、分析対象を原節子に戻し、彼女が占領期においてスター女優のヒエラルキーの頂点を極めたことの意義が検証される。著者によれば、原節子は一九四六年から一九四九年まで他の女優たちと同様に様々なパターンの役柄を演じたが、その最も典型的なペルソナは『わが青春に悔なし』以後、とくに『安城家の舞踏会』（一九四七年、吉村公三郎）と『青い山脈』（一九四九年、今井正）を通じて構築された。理知性、頑固、孤独、潔癖といったイメージに集約されるこのペルソナは、しかしフィルム・テクストのみを通じて創出されたのではなく、インタビューでの原自身の発言や映画スタッフの証言といった彼女の実在的なパーソナリティを示唆するファン雑誌等の言説（たとえば入浴や裸体を映す演出を拒絶したというようなエピソード）と密接に連関していた。著者は、原節子の言説上での振る舞いを同時期の田中絹代のそれと比較することで、原が田中とは対照的に性的な意味でも文化的な意味でもアメリカに「強姦」されることを拒否する身体として理想化されたと指摘する。

第五章では、ふたたび京マチ子を取り上げ、出演作が国際映画祭で相次いで評価されたことで、「グランプリ女優」と呼ばれスターとしての格が高められていくまでの産業的な経緯と、これに伴うスターペルソナの複雑化を論じている。著者によれば、『羅生門』（一九五〇年、黒澤明）で、京は従来の「ヴァンプ」と、「古典的な日本女性」という新たな仮面を同時に被ることに成功した。さらに『雨月物語』（一九五三年、溝口健二）で現代性を捨て去った「静の演技」を、『春琴物語』（一九五四年、伊藤大輔）で芸術的な風格を、『千姫』（一九五四年、木村恵吾）で豊満な肉体に頼らない色気を獲得し、この新たなペルソナを完全に定着させていく。実際、古典的な作品群と並行して出演していた現代劇でも、彼女は西洋人と調和・融合する奥ゆかしい日本女性を演じるようになる。著者は京の女優としての役柄や演技の変化と、彼女をとりまく言説の変容——肉体的なエロティシズムを低俗に煽るものから実際のパーソナリティの古風な清楚さや女優としての格調を強調するものへ——を関連づけることで、ポスト占領期における京のスターペルソナを「ナショナリズムとオリエンタリズムが交錯する結節点」（二九七頁）へと位置付けていく。

第六章では、同じくポスト占領期における原節子のスターペルソナが検証される。著者はまず小津安二郎の「紀子三部作」を取り上げ、『晩春』（一九四九年）で原が演じた初老の男性の再婚を嫌悪する紀子に、当時すでに広く流布していた「潔癖言説」（三〇四頁）との関連性を見出す。紀子のキャラクターは、原節子その人と同一視できるようなリアリティによって、「永遠の処女」という原のスターペルソナに類稀な強度を齎したのみならず、当時の年齢規範に「遅延」した女性であるという保守的な理想に与するものだった。もう一方で、著者は『麦秋』（一九五一年）や『東京物語』

（一九五三年）と合わせ、「紀子三部作」における紀子が皆「死者を記憶することという責任を引き受けた」（三三五頁）女性であったことを見逃さず、紀子を通じて原節子のペルソナが「民主主義の指導者」という占領期における役割を終え、敗戦によって忘却された伝統的な日本をノスタルジックに復元しようとするナショナリズム的な欲望に応えるようになったと主張する。同時期に成瀬巳喜男が撮った『めし』（一九五一年）でも、原は家父長制に抵抗しつつもその犠牲となる前近代的な女性を演じて、敗戦経験のトラウマを乗り越えようとする男性イデオロギーに加担しており、そのペルソナはいつしか超越的な理想にリアリティをもたらすような政治性を帯びることになる。

以上が本書の大まかな流れである。著者は、精神分析的な解釈やテクスト分析主義から基本的に距離を置き、歴史的・社会的なコンテクストからスターの表象にアプローチする姿勢を貫いている。スターダムやスターペルソナを、演出や演技を通じてスクリーン上で構築された類型的イメージとファン雑誌や批評言説などを通じたパブリシティ・イメージの相関から実証的に捉えることにより、大衆の「戦後意識」をスター女優の身体に見出していく全体の論旨は常に明快である。とりわけ、占領期／ポスト占領期にというジェンダー規範が大きな転換を余儀なくされた時代に、男性的なまなざしとイデオロギー的価値観に対して理想的に表象されたスター女優の身体の特質を、原節子と京マチ子の「聖女」と「魔女」という対照的なスターペルソナの「共犯性」に見出す視点は簡潔にして的確である。

しかしながら、フィルム・スタディーズにおけるスター研究は、プロモーションや言説化といった映画産業をとりまく人為的な操作の過程とスターのカリスマ的な身体性との間の相互作用的な結合にスダーダムの超越的な力を見出してきた。[1] このような見方について、本書ではたとえ異なった立場を取るにせよ言及を欠いており、結果としてより大きな問題を生じさせているように思われる。すなわち、「戦後の日本人の屈折した感情」が「スターの身体や言説にそのまま投影されている」（二六四頁）などの筆致に示される、スターを特定の文化や社会に帰属する大衆の欲望の反映として理解する姿勢には、スターが欲望する観客を潜在的に生み出すというもう一つの可能性について、十分な検討を踏まえずに否定しているかのような印象をいくらか受ける。[2] このことは、「スター」という現象ないし概念を理論的に総括することに対して著者が消極的な態度を取っていることとも関係しているだろう。本書がそのタイトルで示す通り、カルチュラル・スタディーズではなく文化社会学に根差しているのだとしても、スターペルソナという映画学的な概念に主要な関心を置き、原節子と京マチ子に「圧倒的な美」という抽象的な価値を見出している以上、スターが大衆の欲望の対象であるばかりでなく、そのような欲望を創造する主体でもあるとみなす先行研究への理論的批判を回避するべきではなかったのではないか。

著者は映画テクスト上のスター女優の表象を分析するにあたって、演技や演出の効果を詳細に論じる一方で、身体的特徴に包摂される読解可能性についてはそれほど考慮していない。たとえば、大映の古典的な文芸作品に主演した京マチ子が格調ある古典的な女性というペルソナを新たに形成する過程で、著者はカメラワークやメーキャップ、しぐさや表情といった人為的な要因を重視しているようにみえる。しかし少なくとも、下膨れの輪郭、絵に描いたような鈎鼻、小さな口を覆う出っ張り気味の下唇といった特徴をつぶさに見る限り、彼女の顔貌から、それ以前の現代劇で誇示してきた一見「バタくさい」顔つきのペルソナが能面のような日本の伝統的な仮面へとすり変わる潜在的な可能性を読むことは比較的たやすいように思う（このペルソナはさらに『いとはん物語』［一九五七年、伊藤大輔］でパロディーとしての「おかめ顔」に到達するだろう）。実証的な資料を重んじる本書のスタンスとして主観的な読解や感性的な解釈を極力排したいとの判断は理解出来るものの、スターの顔や身体が大衆の感覚をつねにセンセーショナルに刺激してきたという全体の趣旨に対して、個々の画面の分析にやや不自然さと物足りなさを覚える箇所があった。

とはいえ、こうした疑問は本書の手法や論点の着実性を脅かすものではなく、むしろ多くの示唆に富んでいるからこそ生じてくるものである。本書のなかで私が最も刺激を受けたのは、スター女優のペルソナの変容を論じた部分である。すなわち、占領期からポスト占領期にかけて、原節子は理知性と潔癖という二つのイメージを保ちつつ民主主義の指導者から時代に遅延した懐古的で超越的な「聖女」へと、京マチ子は肉感的な魅力と親しみやすい清楚さという矛盾するイメージを包摂しつつヴァンプからより複雑な表情を操る格調高い「魔女」へと、それぞれにスターペルソナを変貌させた。この過程と、大衆の「戦後意識」における理想や欲望が、敗者として民主主義を受け入れることから、敗戦のトラウマを超克するために民主主義と調和しつつナショナリズムを復元することへと傾いていく過程とが軌を一にしているとの洞察は実に鮮やかであった。したがって、スター研究に対する本書の功績が原節子と京マチ子という二人の女優の事例研究に留まるものでは決してないことは厳に強調しておきたい。

註

（1）たとえば以下の論集では、スター研究の重要な成果の多くを知ることができる。Christine Gledhill(ed.), *Stardom: Industry of Desire*, Routledge, 1991.

（2）潜在的な観客（スペクテイターシップ）にかんする理論を示したものとしては、以下の著作がとくに有名である。Jackie Stacey, *Star Gazing: Hollywood Cinema and Female Spectatorship*, Routledge, 1994.

解説

木下千花

本書は、二〇二一年九月五日に急逝した河野真理江さんが残した映画批評と論文から編まれた遺稿集である。

遺稿集であること——三四歳の若さでこの世を去った女性がその著者であること——を全て封印し、テクストをあくまでテクストとして扱い、読み解き、映画研究や批評の歴史のなかに位置づけることに専心するのが、ここに集められた言葉たちに敬意を払うための正しい作法なのかも知れない。河野真理江の才能と力量をもってすれば、仮に彼女が生きていたとしても、このような映画論集は遅かれ早かれ出版されたのだし、作者の伝記的事実についての当てにならない感傷を投影してその名に帰せられたテクスト群を読むなんて、いったい今は何世紀だと?——でも、そうした正しい解説は私には書けない。「仮に彼女が生きていたとしても」とタイプしただけで涙腺がゆるんでしまうほど、河野さんの死は未だに私にとってある意味で生傷なのだが、それが理由ではない。河野さんは複雑で面白い人間で、彼女が書く批評や論文は、その人間としての豊かさに支えられていたからだ。逆に言えば、河野さんの文章は、その背後にいる人間への関心を刺激し誘惑するテクストであった。

以下では、まず河野さんの肖像をあくまで私の視点から描き、そのうえで三つの側面に焦点を絞って本書の批評と論文について解説し、最後に思いの丈を述べて締めくくりたい。なお、本書をすでに読まれた方はお気づきのとおり、この構成は河野さんの「岩井俊二の映画を巡る四つの断想」から拝借したものである。

河野さんと私

河野真理江さんは、一九八六年一一月二四日、東京都に生まれた。御父上は応用動物科学者である。ああこのひとも、現代日本の多くの優れた女性研究者たちと同じように、学者の家庭でのびのびと——女性だからといって知的探求心や向上心を挫かれることもなく、従って「アホのふり」をする必要もなく——育ったに違いない、と私はよく想像したものだった。なにかあるたび、河野さんが「父だったら……」と、御父上に教育者・研究者としての倫理的なモデルを見出していたからでもある。昨年九月に開かれた「偲ぶ会」の席でご両親にお目にかかって、私の想像は裏付けられた。さらに、御父上は名前の最初の音を取って河野さんをずっと「マー」と呼んでいたとか。ハードボイルド・シネフィル姐御だった河野さん本人からは、絶対に漏れてこなかった微笑ましい情報である。

立教女学院中学・高校から立教大学文学部日本文学科に進学した河野さんは、二〇〇九年三月に卒業、同年四月に同大大学院現代心理学研究科修士課程に入学している。

二〇一一年三月に上梓された単著『日本の〈メロドラマ〉映画——撮影所時代のジャンルと作品』（森話社）の後書きで、河野さんはその頃についてこう語っている。

附属高からそのまま立教大学に入り、周りの学生たちにつられて、映画館でそれまで以上に映画を観るようになった（当時の立教大学には映画オタクが大勢いて、映画の講義はいつも人気があり、学生の多くがそこここでマニアックな映画談義に興じていた）。新文芸坐、アテネ・フランセ、ユーロスペースとシネマ・ヴェーラ、フィルムセンター（現・国立映画アーカイブ）のどこかに行けば、必ず誰か知り合いに会った。皆が映画を観ていた、まだそのような時代だったから、映画を観た。きっかけはその程度だったのだが、大学生シネフィル文化とでも言うべきものがまさに終わろうとしていた時代に、わたしは就職活動をしないまま卒業を迎える程度には映画を観ることに取り憑かれていった。（二六九頁）

河野さんのなかでは、シネフィル文化への強い同一化と、その終焉に対する意識が表裏一体をなして存在していた。本書のなかでとりわけシネフィル文化の「終わり」に対する認識に濃く彩られているのは、山戸結希論「からっぽの女の子が〈映え〉な世界でキラキラしてる。」だろう。

ゼロ年代東京の映画文化に関して、本書にはさらにヴィヴィッドな断片も埋め込まれている。例えば、大林宣彦の『その日のまえに』（二〇〇八年）について。「観終わった後、「泣いていたね」と声をかけたわたしにその人は「だってあれだけやられたら」と苦笑いをして答えたのだが、わたしが初めて新作として見た大林作品でもあったその映画は、泣くことしかできないくらいに泣ける映画なのであった」（二六七頁）。もちろん、「ハンカチ三枚」といった惹句が端的に示すように涙と不可分とされているメロドラマというジャンルの専門家でありながら、映画を見て泣くという行為に身を委ねることがあまりなかった河野さんが、それなりに大切な誰かとともにこの映画を見て、「滝のように」泣いたというのは興味深い。しかし、それ以上に、シネフィル文化にとって厄介な異物でありつづけたこの映画作家との遭遇の歴史的文脈がありありと感じられる。

　初めて河野さんに会ったのは二〇一〇年の夏、東京国立近代美術館フィルムセンター（現・国立映画アーカイブ）で私が主催した特別映写でのことだったと思う。中村秀之さんをお誘いしたところ、指導している大学院生を連れてきていいですか、もちろん歓迎です、といったような流れになったのだと記憶している。河野さんがたしか一〇分ぐらい遅刻したので、中村さんがハラハラして気を揉んでいたこと、にもかかわらず試写室に現れた河野さんにまったく悪びれるふうがなかったことをよく覚えている。あの頃はまだ存在した美々卯でお昼を食べたときだったか、「映画やってる若い人で、私と同じぐらい映画見てる人がなかなかいないのが不思議」と宣うた河野さんは、絵に描いたような小生意気な院生で、面白そうな娘ではないか、と好奇心をそそられた。たしか、五所平之助の『或る夜ふたたび』（一九五六年）を見て、乙羽信子の歯並びの悪さについて意気投合したあたりから、私たちは急速に「お友達」になる。

ここでお友達にカッコが付くのは、私は一五も年上で当時すでに専任教員職についており、日本映画史という同一分野の研究者として、まだ博士号もなかった河野さんとは明らかに非対称な権力関係にあったからだ。河野さんは二〇一一年には順調に博士課程に進学し、二〇一五年に博士論文「戦後日本「メロドラマ映画」の身体——撮影所時代のローカル・ジャンルと範例的作品」によって学位を取得した。主査の中村秀之さんに加え、日本近代文学の石川巧さん、現代思想の田崎英明さんとともに私も副査として審査に参加している。このように河野さんには私を嫌うというオプションはなかったのだが、映画についても人生についても、雑駁な言い方をすれば要するにノリが似ていて気が合うというのは、私の思い込みではなかったはずだ。

二〇一六年の春、私は首都大学東京（現・東京都立大学）から京都大学に異動するとともに、東京から京都へと居を移した。幾つかの非常勤の後任として河野さんを推し、彼女のために何通か推薦状を書いた。学会や研究会で行き交うたびに近況について語りあったし、お酒を酌み交わす機会にも恵まれた。けれども、私が最も大切にしていた河野さんとのコミュニケーションの様態は得がたいものになってしまった。フィルムセンターやアテネ・フランセで「偶然」に出くわして、別々の席で今観てきたばかりの映画について、軽く人目を意識しつつベラベラと立ち話する、あれだ。現存する貴重な日活向島作品『二人静』（一九一七年、小口忠）を観た後、なぜか「黒狐」エピソードについて盛り上がったみたいな。

そのかわり、河野さんの文章を『ユリイカ』などで読む機会は増し、書き手として急激に成長してゆくさまに瞠目した。本書の第二部後半や第三部に顕著なように、撮影所時代の日本映画という専門から離れて「お題」に応えて書けば書くほど、河野さんは書き手としての声《ヴォイス》を獲得し、声を通して「わたし」という語るペルソナを確立していった。

こうして一冊の書物として読み通してみると、河野さんの文章がどれもみな、程度の差はあるにしても何らかの「真実」を見出していることに感銘を新たにした。一九世紀メロドラマ的な意味においてではない。批評家として自ら納得のゆく解釈にたどり着いているということである。以下では、河野さんのそれらの真実を三つの主題へと配列し、私なりの読みを提示することになる。

範例とジャンル

本書の第一部は河野さんの研究テーマであるメロドラマを扱い、単著『日本の〈メロドラマ〉映画』と相補的な関係にある。議論の前提として『日本の〈メロドラマ〉映画』というプロジェクトを概観しておこう。同書は、右述の博士論文の基本的な骨格と問題意識を保ちながら、調査研究をアップデートしつつ、一般読者をも視野に入れて徹底的に書き改めたものである。この書物は、文献調査と映画テクスト分析を通して、メロドラマという映画ジャンルがいかに日本の土壌へと移植され、ローカルな形態へと進化し繁茂するに至ったかを明らかにした。一九三〇年代の映画雑誌や新聞に現れた「メロドラマ」を巡る言説を根こそぎ読みまくることによって、若い女性をターゲットと見定めた松竹が、城戸四郎のイニシアチブのもと、大衆的でセンセーショナル、かつ西洋風の洒落た響きもある「メロドラマ」という片仮名語を積極的に自社の作品のラベルとして導入したプロセスが浮き彫りになった。四半世紀に亘ってまさに同じ問題に関心を寄せてきた私は、真っ当な映画史的手続きを踏んだ決定版がついに活字になったことを言祝いだものだ。

『日本の〈メロドラマ〉映画』を貫いているのは、作家の名に帰すことができない複数の映画作品をみずからの分析の対象とする場合、コーパスの選択をいかに正当化するか、さらにそのコーパスを名指す既存のラベルがあるなら、それとどう折合をつけるか、という人文学の根幹をなす問題意識である。その帰結として同書では一方で映画史の方法論が取られ、同時に、他方では「範例的作品」という概念が採用される。この概念は誤解を招いてきたが[1]、要するに、パラダイム（可能なオプションの総体）に属すと同時にパラダイムそのものを提示し、その特権的な在り方によってパラダイムの総体と境界線とを指し示す作品のことである。例えば、ジェレミー・ベンサムの建築モデルたるパノプティコンは、ミシェル・フーコーの言う近代の規律世界にとってのパラダイムである――つまり、パノプティコンは規律世界の一部であると同時に、まさにこの統治の様態を具現している[2]。「範例的作品」は直接にはジョルジョ・アガンベンが二〇〇八年に提示した概念だとしても、『事物のしるし』を読めばわかるとおり、ミシェル・フーコーをはじめとしたパラダイムを巡る言説の歴史との対話のうえに成り立っている。従って、例えば蓮實重彥の映画作家論のなかに類似の概念を見出すことは易しい（小津安二郎論における『東京暮色』の位置づけ）。歴史研究の対象たる日本のローカルジャンルとしての〈メロドラマ〉と、一九七〇年代以降のフィルム・スタディーズが定式化したメロドラマ＝女性映画概念を相互に照らし合わせる同書の企画は、古代ローマにおける〈ホモ・サケル〉と強制収容所――つまり直接の影響あるいは因果関係では説明しがたい概念や事象――を結びつけるアガンベンのパラダイムという方法論によって理論的に支えられている。

本書第一部はまさにこのようなパラダイムの二つの方向性を捉えている。「メロドラマ映画前史」は、明治・大正期の辞典や演劇をめぐる言説を調査し、〈メロドラマ〉映画以前にメロドラマという語がすでに担っていた意味を明らかにする優れた歴史研究である。一方、ジョン・マーサー、マーティン・シングラーの『メロドラマ映画を学ぶ――ジャンル・スタイル・感性』(フィルムアート社、二〇一三年)の訳者解説として書かれた「メロドラマ映画の現在」は、模範的な手さばきで英語圏のフィルム・スタディーズにおけるメロドラマ概念の歴史をサヴェイし、今世紀に入ってからの動向、とりわけ非西洋の映画史における「メロドラマ」的なるものの検討が担う決定的な重要性を指摘する。河野さんによれば、映画学者アウグスティン・ザーゾサは、

メロドラマ的モードを「経験上の実際的な問題を解決するための戦略」と位置づけ、それが「歴史的特殊性を通じた普遍性」をもっていると主張する。ザーゾサによれば、メロドラマのモードが本質的な越境性を備えているのは、それがひとつの歴史的起源に遡ることのできる広範で抽象的な概念であるからではなく、むしろ「経験を劇化するという原初的な要請」にかかわっているからである。(本書五一頁)[3]

つまり、ピーター・ブルックスは『メロドラマ的想像力』のなかでフランス革命後の神なき時代、善悪の道徳的ドラマを生みだす必要が生じたと定式化したが、[4] ひょっとすると西洋近代のブルジョワ革命はメロドラマの唯一の「歴史的起源」ではないかも知れない。河野さんはザーゾサがメキシ

コ出身であることを重視し、中南米やアジアにおけるメロドラマ研究は、単なる地理的な拡がりや多様性の称揚ではなく、「中心」のメロドラマ理解を再考する端緒となると考えている。

本書の第三部で河野さんは現代韓国恋愛映画からフォーミュラを抽出し、韓国宮廷時代劇に息づくメロドラマ魂と悪女の強烈な魅力を活写している。さらに『バーフバリ 伝説誕生』（二〇一五年）と『バーフバリ 王の凱旋』（二〇一七年）について、絶対的な善であることが自明のヒーローたるバーフバリ父子（ブラバース）の驚異的なアクションに目を見張り、最新のデジタル・テクノロジーが可能にするスペクタクルに身を任せることで、観客には「破壊と再生の果てに訪れる瀑布のごときカタルシス」（二八七頁）が約束されるという。観客が政治性も異文化理解も映画的教養もバイパスして圧倒的な感動を得るのは、つまり『バーフバリ』の普遍的な雑種性ゆえであり、この作品が「いわばハイパー・メロドラマとして現代映画史の最前線にあることを幾重にも証明している」（二八七頁）。中国語が読めたことも作用するのか、河野さんのこのような地政学的姿勢は、意地悪な言い方をすれば「名誉白人」として欧米の映画理論をあがめ奉っては輸入して応用してきた私たちの世代までの映画研究から見ると、隔世の感がある。

からだと身体

本書の第二部には、河野さんの専門分野である日本映画について多様な批評と論文が集められているが、そのうち幾つかは俳優の身体を巡って書かれたものだ。まず、撮影所時代のスター女優について二〇一〇年代後半の『ユリイカ』に寄稿した批評として、「永遠の処女」イメージに収まり切らない原節子の「からだ」を論じた「「わたし、ずるいんです」」、悪女だの魔女だの牝犬だのと言われた占領期のセックスシンボル京マチ子の演技とペルソナから「倒錯的な従順さ」を抽出する「変化《へんげ》する顔、蝶の身体」が冒頭に掲げられる。

一九五〇年代前半の成瀬巳喜男作品の原節子に対する容赦ない扱いを河野さんは容赦なく描写する。鬱屈した主婦を演じる『めし』（一九五一年）の原を「瑞々しさと母性のどちらとも縁遠い熟した女のからだ」をもっと形容した河野さんは、こう続ける。「べったりと顔に纏わりつく淫靡なパーマネントの髪、くたびれたシャツの下のずっしりとした乳房の撓み、柔らかく弛んだ腹の肉にくい込む白いエプロン。正座をすると臀部から太ももにかけての厚みが豊かな腰回りを際立たせる」（六五頁）。神格化された女優の特集ということでやや露悪趣味に傾いているのかも知れないが、中年女の身体の描写として微に入り細に入り実に酷薄である。しかしながら、『山の音』（一九五四年）のヒロイン菊子を演じる原についての以下の的確なコメントは、そこらの小便臭い小娘には逆立ちしても書けるものではない――「彼女は堕胎したからだで義父への恋慕をつのらせる程度には複雑に成熟しており、性欲を持たない退屈な「こども」であろうはずもない」（六六頁）。「からだ」という平仮名が指し示すのは、経験と記憶が折りたたまれたセックスする肉に他ならず、ちょっとイヤラシすぎて私は活字にする文章では使うことができないのだけれど、冒頭で河野さんを「複雑」で面白いと形容したのは、一つにはこのような意味である。なお、変化《へんげ》しパフォーマンスする主体として俳優を捉えた京マチ子論から性行為についての最もグラフィックな描写を含む「映像メディアにおける同性愛表現の現在」まで、他の論考では「身体」の語が使われている。

〈メロドラマ〉の代名詞ともなった『君の名は』（一九五三年、大庭秀雄、三部作）のマーケティングと受容の分析「『君の名は』とは何か」において、鍵になるのは岸惠子によるヒロイン真知子の造型に他ならない。あんなに女性に人気があったはずなのに、一般の女性観客による座談会では、真知子が頼りないとかユーモアのセンスがゼロだとか言われ、岸自身にまで「わがままで決して「純情な女」なんかじゃない」と突き放される始末だからだ（八七頁）。さらに、同作については『日本の〈メロドラマ〉映画』においても当然ながら第四章が捧げられているが、そこにはこのような記述がある。

（…）彼女の甲高く粘り気のある声や、もったいぶったような話し方（たとえば、「……しゅうございました」「……しとうございました」というような古式ゆかしく芝居がかった口調）、女性としても華奢な体躯、思わせぶりに動く大げさな瞳、そして泣いているときですらなぜか笑うようにつり上がった口角——といった身体の諸部分が、真知子というヒロインの言動の意味を不可解で曖昧なものにする。（一二九頁）

学術書としての建て付けを取り払って言えば、みずからの犠牲者性を演出してひけらかす真知子＝岸惠子がイラつく、ということだろう。しかし、映画研究において画面上の身体がこの水準で具体的かつ詳細に描写・分析されることが極めて稀なだけに、強い印象を残す。

五所平之助作品『新道』（一九三六年）を扱って『日本の〈メロドラマ〉映画』第二章のもとと

なった「上原謙と女性映画」は、二〇一一年に日本映像学会機関誌『映像学』第八七号に査読を通って掲載されたスター研究／マスキュリニティ研究であり、河野さんの出版された文章としては最初期に属する。ここでも上原謙について、「横からのショットでは彼は身長差により男性性をアピールするとともにウエストの細さが強調された華奢な体躯により女性性をあらわしている」（二五〇頁）とある。

このように、画面の連鎖のなかに立ち現れる俳優の顔貌、表情、仕草、声や抑揚、体躯、たたずまい、そして「からだ」を綜合したものを映画的身体と呼ぶならば、その描写の在り方は河野さんの批評および研究にとって抜き差しならない意味をもつ。映画批評史に照らせば、彼女の映画的身体の描写は明らかにシネフィリアの系譜に連なる。すなわち、おそらくはアンドレ・バザンのハンフリー・ボガート論およびジャン・ギャバン論あたりを嚆矢とし（いや、ジャン・エプシュタインの早川雪洲論まで遡るべきか）[5]、ミシェル・ムルレのチャールトン・ヘストン論をひとつの頂点もしくは底として[6]、一九七〇年代以降の日本の作家主義者たちへと至るマッチョな系譜のことだ。同じく俳優を対象とするとはいえ、受容の言説分析や実在の歴史的観客への聞き取りなどの方法論に基づくカルチュラル・スタディーズ系のスター研究とは似て非なるものである。身体描写、役名ではなく俳優名を使うことへの拘泥なごとともにシネフィル俳優論を特徴づけるのは、「演技」という審級の欠落もしくは無視である。批評家であるばかりではなく研究者だった河野さんには上原謙論のような立派なスター研究もあるし、後述するように歴史的なホモソ映画批評には鋭い批判の矛先を向けてきたが、演技についての描写を欠いている――というよりは、瞬きをする、口角を上げるといったミクロな運動を俳優の演技という創造行為としては認識しない点で、この流れを汲む。
演技という審級を捨象し、映画的身体を剥き出しの俳優＝人間であるかのように捉え、あるいは俳優＝人間を剥き出しにするように描写すること。シネフィル的な映画的身体の提示そのものが常にマチズモと手を携えているわけではないし、実際、河野さんのものは違うと思うのだが、そこには暴力が存在するのも確かだ。また、とりわけ近年であれば、こうした批評的営為をルッキズムと親和性が高いとして、あるいはルッキズムそのものとして批判する向きもあろう。

しかしながら、暴力や差別へと転じる可能性を見据えつつ、いや、見据えればこそ、映画的身体に対する河野さんのシネフィル的アプローチの重要性を確認したい。映画以前には、間近で人の顔をながめ、さらにその睫毛の震えを見まもり、あるいは無防備な姿態に瞳を凝らし続けるのは、親密な関係にある者にのみ許された特権であった。映画によって初めて、クロースアップやフルショットとしてそのような像《イメージ》を、しかも暗がりに身を潜めた匿名の観者たちに、広く頒布することが可能になった。したがってあらゆる映画は広義のポルノグラフィであり、リリアン・ギッシュの見開かれた瞳やすぼめた唇を捉えたＤ・Ｗ・グリフィスが「映画の父」と呼ばれるのは、この意味においてである。現在でも、映画は巨大なビジネスとして公的な側面を持ちながらも、ルッキズムのような概念が必ずしも適応されない私的な欲望と幻想の領域を商う。もちろん、過去十年ほどの間に、ＳＮＳの普及によって映像と身体を巡る公私の境界線は不断に書き換えられている。だからこそ、ステレオタイプを右から左へ動かしてお茶を濁すのではなく、メディウムを根底で支える幻想のポルノグラフィ性に向き合わなければならない。

「渋谷実の異常な女性映画」は志村三代子、角尾宣信編著『渋谷実 巨匠にして異端』（水声社、二〇二一年）に寄せられた論文で、実に読み応えのある研究である。河野さんはまず、『母と子』（一九三八年）はメロドラマでも母物でもシングルマザー物でもなく、「お妾映画」であると指摘する。ヒロイン知栄子（田中絹代）の母おりん（吉川満子）は、大企業の重役・工藤（河村黎吉）の妾だからだ。ヒロインは父の部下・寺尾（佐分利信）と交際しているが、この男が下宿のそばの食堂の娘（水戸光子）とも並行してつきあい、父のように「二人妻」を持つことと目論んでいたことを知ると、結婚を拒否する。本作はまずこの点で当時の松竹大船メロドラマ路線の規範に露骨に背いて女性の「抵抗」を前景化し、さらにおりんは家庭を営みつつも母ではなく妾という名の性労働者としてみずからを規定し死んでゆくので、母物としてもシングルマザー物としても成立していない。このように「多様な女性映画のさまざまな要素を組み込んで生み出されたキメラ」（一〇六頁）たる『母の子』の似非女性映画としての化けの皮を剥ぐことに本章は傾注し、そのためにサスペンスとしての構造を持つ。おりんや知栄子のような「オンナコドモ」をリテラルに排除し、工藤がアジアの帝国の企業戦士として天下国家を語る『母と子』は男性映画である――こう喝破するクライマックスの切れ味は抜群である。しかも、河野さんは単に映画テクスト分析に基づいてこの結論を導くのではない。同時代の映画批評言説を読み込んだうえで、『母と子』が一九三〇年代後半の女性映画たる（あるいはその皮を被った）作品としては例外的に、まさにそうした唾棄すべき女性映画との差異において、「最近の日本映画に於ける優れた仕事の一つ」として高い評価を受けたと主張し、傍証として山本喜久夫による「男性映画」としての記憶に基づく粗筋を紹介して論を閉じる（一二六―一二七頁）。

同じように『キネマ旬報』や『映画評論』『新映画』、さらには『日本映画』の誌面に親しみ、一九三〇年代ホモソ映画批評の物言いに精通している私には、映画史家としての河野さんの主張がよくわかる。例を挙げよう。溝口健二の『浪華悲歌《なにわえれじい》』（一九三六年）公開から一年後、街の映画館でこの作品を鑑賞した男性批評家のコメントが半民半官のイデオロギー雑誌『日本映画』に掲載された(6)。曰く、家を出て妾をしている「不良少女」アヤ子（山田五十鈴）が地下鉄の駅で妹と偶然に出会って悪態をつく「リアリスチック」な名場面で、近くに座っていた中年の婦人が隣の夫らしき紳士の方を向いて、「なんていけ好かないんでしょう」と言った。そしてこの批評家氏は、家父長制に「抵抗」する女性であるアヤ子の肩を持ち、この中年女性の反応を、「あや《ママ》子の勝気な性格に対する反感だけとはおもわない。それも些少あったかも知れないが、それ以上に彼女の逆鱗に触れたのは恐らくこの場面が彼女自身の内部に棲くっているメロ・ドラマ趣味、つまり一種の既成概念と反撥した結果ではなかっただろうか」と説明する。そして、この解釈に基づいて、『浪花《ママ》悲歌』が智的に低い婦女子の鑑賞力の範囲を超えた作品である。ということをしみじみ感じたのであった(7)」と締めくくる。つまり、『母と子』において知栄子を賞賛した批評家たちと同様に、サッカリン中毒の女性観客を「下げる」ため、実のところインテリ男目線にフィットしやすい「抵抗」の身振りを、さらに言えばそうした身振りを生みだした男性作家を、「上げる」のである。

河野さんがホモソ映画批評、つまり強烈にジェンダー化された日本の映画言説のダイナミクスを最初に明らかにしたのは、二〇一三年の論文「『猟銃』論――「文芸メロドラマ」の範例的作品として」（『映像学』第九〇号）である。現在では『日本の〈メロドラマ〉映画』の第五章として改訂され収録されているので、これからも新しい読者を獲得し、フェミニスト映画史へと覚醒させてゆくに違いない。ここで追求される問いは、以下のようなものである。増村保造監督・若尾文子主演の『妻は告白する』（一九六〇年）が、公開当時から現在に至るまで、女性の不倫を主題とした「文芸メロドラマ」としては極めて例外的にホモソ批評コミュニティから熱狂的な支持を得てきたのは何故か？　河野さんは批評言説を読み解き、若尾の演じる人妻がまさに「無自覚」で我を忘れ、つまるところ主体性を欠いているからこそ、五所平之助の『猟銃』（一九六一年）などで主体的に不倫する人妻キャラクターに対して嫌悪感を露わにした男性批評家たちによって、「真の女性の姿」として受け容れられたという結論を導く。

日本映画史は男性によって書かれており、〈メロドラマ〉の女性観客たちはほとんどの場合、言説の布置によってあらかじめ語りを封じられていた。だからフェミニスト映画史家は、肌理に逆らって資料を読むことで、そのような言説の布置自体を浮上させなければならない。河野さんが私たちに示したのは、ホモソ映画批評コミュニティが画面内外の女性の素行について、批判の嵐やら熱狂やら、何やら不穏な動きを見せたら、そこには興味深い鉱脈が埋まっているに違いないということだ。河野さんはみずからをフェミニストと呼ぶことはなかったと記憶しているけれども、ときおり見聞きする彼女の研究に対してのある種の反応そのものが、ホモソ映画批評に対する脅威として抜群に機能していたことを示している。

河野真理江さま

「わたしはこの本を手に取る読者のためにこれを書き始めたが、わたしが対話を試みたのはどうやら岩井俊二という映画作家当人のようだ。はたして彼はこれを読むだろうか?」(二〇六頁)。岩井俊二論の末尾近くで、あなたはこう自問していましたね。その「実験」に年甲斐もなく触発された私は、ここからあなたに宛ててお便りめいたものを書いてこの解説を終わらせようとしています。でも、その便りがあなたに届くことはないのですから、結局のところ読者のために演出《ステージ》しているわけで、建て付けからしてこの試みは作為に満ちています。

とはいえ、作為なくしては書けないことというのもあります。

あなたのご著書の書評会を二〇二一年六月に開きました。コロナ禍中にあったので、開催はZoomが適切だったとして、どうして、あなたを京都にお招きして対面でお目にかかることをしなかったのでしょう。もちろん、最後の機会になるなんて思い及ばず、スケジュールを優先してしまったのですが、未だに私は残念でならないのです。

それから、ペドロ・コスタについて。そりゃコスタの映画は見てるんだけどさ、私もどうしてもダメなんだよね、って伝えて盛り上がりたかった。

でも、私がいちばん悼んでいるのは、あなたに約束されていたはずの未来についてなのです。

例えば、まとまった長さの批評としては遺作になってしまった「映像メディアにおける同性愛表現の現在」ですが、これからのあなたのさらなる可能性を示していたように思います。その後、私は「フェミニスト映画批評の性器的展開」というものを主張するようになるのですが、あなたの映画的身体の描写とこそ、対話してゆきたかったのです。あなたが着手していた、非異性愛やノンバイナリー、トランスの身体と政治についての思考は、あなたの映画批評をさらに遠くへ連れていったのではないかしら、と夢想しているのです。そして、愛について。あなたはやがて、愛について、愛することの脆弱性《ヴァルネラビリティ》について、脆弱性の政治的な可能性について、書くことがあったのでしょうか。

あなたのピンク映画や日活ロマンポルノについての批評や論文が読みたくてしかたがありません。例えば、あなたが学部生のころから好きだった小沼勝について。それから、「日本映画における女性パイオニア」のために、あなたにこそ国映の佐藤啓子プロデューサーにインタヴューして欲しいのですけれど、いったい私はどうしたらよいのでしょう。

生き残ってしまった私は、これからもこうして、あなたの文章との対話を続け、それを通してあなたのような読者、あなただったかも知れない読者に語りかけてゆくつもりです。

註

（1）大久保清朗「レヴュー『日本の〈メロドラマ〉映画——撮影所時代のジャンルと作品』」、『映像学』第一〇六号、二〇二一年七月、一二六—一二七頁。なお、評者はジョルジョ・アガンベンの「範例性／単独性」の英訳を exemplarity/singularity とし、「範例的作品」は exemplary work との推測をしているが、paradigmatic case である。Giorgio Agamben, *The Signature of All Things: On Method*, Luca D'Isanto and Kevin Attell trans. (New York; Cambridge, Mass.: Zone Books ; Distributed by the MIT Press, 2009), 31. また、河野による単独性と特殊性の混同を指摘するが、

河野が「特殊」と呼ぶのは（一二三頁）ローカルジャンルとしての〈メロドラマ〉であって範例的作品ではない。

（2）ジョルジョ・アガンベン『事物のしるし——方法について』岡田温司、岡本源太訳、筑摩書房、二〇一一年、一二四—一二六頁。

（3）Agustin Zarzosa, "Melodrama and the Modes of the World," *Discourse* 32, no. 2 (2010): 236-255.

（4）Peter Brooks, *The Melodramatic Imagination: Balzac, Henry James, Melodrama, and the Mode of Excess* (New Haven: Yale University Press, 1995).

（5）アンドレ・バザン『映画とは何かI——その社会学的考察』小海永二訳、美術出版社、一九六七年、九九—一一二頁。むろん、全集を精査してバザンにおける俳優論の進化を跡づける作業が必要である。Jean Epstein, "Magnification," in Richard Abel ed. and trans., *French Film Theory and Criticism: A History/Anthology*, 1907-1939 (Princeton, NJ: Princeton University Press, 1988), 235-41.

（6）Michel Mourlet, "In Defense of Violence," trans. David Wilson, in Jim Hillier ed., *Cahiers du Cinéma: 1960-1968, New Wave, New Cinema, Reevaluating Hollywood* (Cambridge, MA: Harvard University Press, 1986), 132-34.

（7）矢野文雄「時評」、『日本映画』一九三七年七月号、八五頁。

（きのしたちか・映画研究）

初出一覧

I

「「メロドラマ」映画前史――日本におけるメロドラマ概念の伝来、受容、固有化」、『映像学』第一〇四号、日本映像学会、二〇二〇年、七三―九四頁。

「訳者解説――メロドラマ映画研究の現在」、ジョン・マーサー＋マーティン・シングラー『メロドラマ映画を学ぶ――ジャンル・スタイル・感性』中村秀之＋河野真理江訳、フィルムアート社、二〇一三年、二五〇―二六二頁。

II

「「わたし、ずるいんです」――女優原節子の幻想と肉体」、『ユリイカ』第四八巻第三号、二〇一六年二月、一九四―二〇二頁。

「変化《へんげ》する顔、蝶の身体――京マチ子のスター・イメージに見る倒錯的従順さ」、『ユリイカ』第五一巻第一三号、二〇一九年八月、八九―九五頁。

「『君の名は』とは何か――ブームの実態とアクチュアルな観客」、『NFAJニューズレター』第一四三号、二〇二〇年七月、五―六頁。

「語らざる断片の痺れ――メロドラマとして見た清順映画」、『ユリイカ』第四九巻第八号、二〇一七年五月、九七―一〇三頁。

「渋谷実の異常な女性映画――または彼は如何にして慣例に従うのを止めて『母と子』を撮ったか」、志村三代子＋角尾宣信編『渋谷実 巨匠にして異端』水声社、二〇二〇年、四七―七一頁。

「上原謙と女性映画――１９３０年代後半の松竹大船映画における女性観客性の構築」、『映像学』第八七号、日本映像学会、二〇一一年、二四―四三頁。

「映画『その日のまえに』論――メロドラマ的、あまりにメロドラマ的な「A MOVIE」」、『ユリイカ』第五二巻第一〇号、二〇二〇年九月、二七二―二七九頁。

「傷口と模造――北野武の映画にとっての「涙」あるいは「泣くこと」」、『映画監督、北野武。』フィルムアート社、二〇一七年、三一八―三二九頁。

「岩井俊二の映画を巡る四つの断想」、夏目深雪編『岩井俊二 『Love Letter』から『ラストレター』、そして『チィファの手紙』へ』河出書房新社、二〇二〇年、一三五―一四八頁。

「からっぽの女の子が〈映え〉な世界でキラキラしてる。――『ホットギミックガールミーツボーイ』論」、『ユリイカ』第五一巻第一二号、二〇一九年七月、一四二―一四八頁。

「映像メディアにおける同性愛表象の現在」、『現代思想』第四九巻第一〇号、二〇二一年九月、一九四―二〇一頁。

Ⅲ

「映画における「仕方がないこと」のすべて？――『ヴァンダの部屋』について」、『ユリイカ』第五二巻第一三号、二〇二〇年一〇月、二二一―二三一頁。

「思春期、反メロドラマ、自己言及性――ソフィア・コッポラの作家性にかんする二、三の事」、『ユリイカ』第五〇巻第四号、二〇一八年三月、一〇一―一〇九頁。

「ハイパー・メロドラマ――映画『バーフバリ』の凄まじさに見る雑種性、抽象性、超政治性」、『ユリイ

カ』第五〇巻第八号、二〇一八年六月、一六一―一六七頁。

「「初恋」の行方――現代韓国恋愛映画論」、『ユリイカ』第五二巻第六号、二〇二〇年五月、二三二―二三九頁。

「「メロ」と「悪女」――韓国宮廷時代劇についての覚書」、『エトセトラ』vol. 5、二〇二一年春・夏、七〇―七二頁。

＊

「解題　中村秀之『特攻隊映画の系譜学――敗戦日本の哀悼劇』岩波書店、2017」、『立教映像身体学研究』第八号、二〇二一年、七六―八〇頁。

「変貌するペルソナ　北村匡平『スター女優の文化社会学――戦後日本が欲望した聖女と魔女』書評」、『表象』第一二号、表象文化論学会、二〇一八年、二七六―二八〇頁。

本書の校正において、山本祐輝氏と早川由真氏にお力添えを賜りました。ここに記して感謝申し上げます。

——編集部

河野真理江（こうの　まりえ）

1986年東京生まれ。映画研究。立教大学大学院現代心理学研究科映像身体学専攻博士課程修了。博士号（映像身体学）取得。立教大学兼任講師、青山学院大学、早稲田大学、東京都立大学、静岡文化芸術大学非常勤講師を歴任。著書に『日本の〈メロドラマ〉映画——撮影所時代のジャンルと作品』（森話社、2021年、第13回表象文化論学会賞奨励賞を受賞）がある。2021年死去。

メロドラマの想像力

2023年12月20日　第1刷印刷
2023年12月28日　第1刷発行

著　者　河野真理江
発行者　清水一人
発行所　青土社
101-0051　東京都千代田区神田神保町1-29　市瀬ビル
電話　03-3291-9831（編集部）　03-3294-7829（営業部）
振替　00190-7-192955

装　幀　北岡誠吾
印刷・製本　シナノ印刷
組　版　フレックスアート

ISBN978-4-7917-7612-2　Printed in Japan